社会福利与社会救助

SOCIAL WELFARE
AND SOCIAL ASSISTANCE

主　编　袁书华
副主编　贾玉洁
　　　　赵世超

山东人民出版社·济南

国家一级出版社　全国百佳图书出版单位

图书在版编目（CIP）数据

社会福利与社会救助 / 袁书华主编 . -- 济南 : 山
东人民出版社 , 2024. 8. -- ISBN 978-7-209-14976-1

Ⅰ . C913.7

中国国家版本馆 CIP 数据核字第 20245E09V9 号

社会福利与社会救助

SHEHUI FULI YU SHEHUI JIUZHU

袁书华　主编

主管单位　山东出版传媒股份有限公司
出版发行　山东人民出版社
出 版 人　胡长青
社　　址　济南市市中区舜耕路517号
邮　　编　250003
电　　话　总编室（0531）82098914
　　　　　市场部（0531）82098027
网　　址　http://www.sd-book.com.cn
印　　装　日照日报印务中心
经　　销　新华书店

规　　格　16开（169mm×239mm）
印　　张　21
字　　数　320千字
版　　次　2024年8月第1版
印　　次　2024年8月第1次
ISBN 978-7-209-14976-1
定　　价　45.00元
　　　　　如有印装质量问题，请与出版社总编室联系调换。

序言

我国已实现全面建成小康社会的宏伟目标。针对现阶段存在的人民日益增长的美好生活需要和不平衡不充分发展之间的矛盾，社会福利承载着满足人们美好生活需要的责任，社会救助则在解决相对贫困问题中继续发挥兜底的作用。社会福利和社会救助制度在不断完善的过程中，共同助力民众共享经济发展成果。

本书的主要特色在于，采取社会福利与社会救助高度统合的编写思路，在经典福利理论和救助理论的指导下，对我国相关福利制度和救助制度的发展历程进行梳理，针对现行福利制度与救助制度运行中存在的问题，充分借鉴国外的社会福利与社会救助制度，为我国相关福利制度与救助制度的发展完善提供借鉴思路。

本书的创新之处：一是充分融入课程思政元素，将党的二十大精神、习近平新时代中国特色社会主义思想充分贯穿于教材内容；二是改变以往教材将社会福利与社会救助相关内容呈现过于碎片化的情况，按照最新颁布的政策文件对传统社会福利与社会救助的内容进行重新归类和整合，充分体现与现行政策的高度契合性；三是阐述当前最新的政策，呈现各领域最新的数据，力求将教材内容做到与时俱进。本书适合高等院校劳动与社会保障专业、社会学专业、社会工作专业必修课程，或公共管理类专业选修课程。

　　本书由袁书华担任主编，贾玉洁、赵世超担任副主编。各章撰写分工为：袁书华负责第一章、第二章、第四章、第五章、第六章、第七章；贾玉洁负责第三章、第九章、第十章、第十二章；赵世超负责第八章、第十一章。山东师范大学公共管理学院2019级硕士研究生朱聪聪，2020级硕士研究生姜丹丹、王彤，2023级硕士研究生马兆飞、栾雪，2022级本科生寇筱晨等同学参与了资料收集和整理、引用文献查证和文字校对等工作。全书由袁书华负责拟定大纲和统稿定稿。

　　　　　　　　　　　　　　　　　　　　　　　袁书华

　　　　　　　　　　　　　　　　　　　　　2024年6月

目 录

第一章

社会福利与社会救助的发展历程与理论渊源

◇ **学习目标**

通过本章的学习，了解社会福利与社会救助在各个时期的发展背景和关键事件，对社会福利与社会救助的发展历程形成清晰的认识。同时，了解西方社会福利与社会救助思想的形成及不同阶段的思想流派，了解我国社会福利与社会救助发展的思想渊源和发展历程。

习近平总书记在全国脱贫攻坚总结表彰大会上指出，贫困是人类社会的顽疾。反贫困始终是古今中外治国安邦的一件大事。一部中国史，就是一部中华民族同贫困作斗争的历史。摆脱贫困，成了中国人民孜孜以求的梦想，也是实现中华民族伟大复兴中国梦的重要内容。

第一节　社会福利与社会救助的发展历程

一、慈善事业发展时期

在人类社会发展进程中，传统社会福利主要是起到社会救助的作用，它起源于慈善和同情，主要表现为一种慈善事业。具体来说，分为宗教慈善事业、官办慈善事业和民间慈善事业。

（一）宗教慈善事业

社会救助活动来源于西方的各种宗教教义，它直接指导各个宗教团体的慈善活动。宗教慈善事业主要体现为以下两个方面：

一方面，"行善"是各种宗教教义的宗旨。如佛教宣扬慈悲为怀，倡导布施、利行等行善做法。基督教在《圣经》中则强调仁慈、行善和怜悯，甚至主张施爱于敌。另一方面，宗教机构组织慈善活动。许多宗教组织在宣扬行善思想的同时，组织开展各种济世救人的活动，如开展各种救灾活动、为穷人提供食物、施医赠药等。在政府介入济贫事务之前，教会组织开展的慈善活动在一些西方国家是主要的社会救助形式。

虽然对于宗教机构组织慈善活动的动机和目的一直以来充满争议，认为宗教机构举办慈善活动只是一种传统的布道手段，是上帝意志的具体体现，并不是真正关注人的需要。但是，这种慈善活动在早期救助和福利事业中确实扮演了积极的角色，一定程度上发挥了扶危济困的作用。直到现在，政府全面介入救助和福利领域之后，宗教机构举办的慈善活动仍然是福利制度的重要补充。

（二）官办慈善事业①

官办慈善事业，也可以理解为由官方开展但还没有制度化的社会救济活动。这一时期的救济活动是国家以政治需要为基础进行介入，开展的救济活动往往是临时、有限的措施。在我国历史上，因为宗教的影响十分微弱，在没有形成制度化的社会救济之前，主要有两种常见的救济方式：仓储后备和以工代赈。仓储后备是平时进行谷物储备，一旦发生灾荒对贫民进行接济的一种措施。如《孟子》等文献中都有关于开仓赈民的记载。在西方社会，在《济贫法》颁布之前，除了宗教慈善活动以外，也有一些由官方介入的救灾济贫活动。如在6世纪末，罗马城邦的市政当局曾购买谷物，无偿向丧失劳动能力的人和阵亡将士的遗属分发。

这一时期由政府介入的救灾济贫活动之所以仍称之为慈善事业，原因在于，这种政府干预既没有活动约束，又不是经常性的措施，开展的救助活动十分有限，政府提供的救济主要是一种恩赐行为。

（三）民间慈善事业

民间慈善事业主要是由民间人士自发举办的慈善活动。如1657年，在美国波士顿出现了由27位苏格兰人举办的民间慈善协会，经常性开展各种慈善救济活动。在我国历史上，由地方知名人士举办的义田、社仓、粥局、育婴堂、慈幼局等都是民间慈善活动的典型。民间慈善活动的救济效果取决于举办者的意愿和财力，主要彰显举办者的慈善情怀。

另外，以互助为特征的社会救助活动对慈善事业形成重要补充。如欧洲中世纪出现的吉尔特是由职业相同者基于互助精神形成的互助基金会，通过向会员收取会费筹集资金，当会员生活陷入困境时由会员基金进行救济。18世纪英国出现的互助会与吉尔特相似。我国古代比较典型的互助组织有同乡会、同业公会等。

纵观历史发展进程，在济贫制确立之前，虽然在中西方社会救助实践存

---

① 唐丽娜编著.社会福利与社会救助[M].北京:清华大学出版社,2020:29.

在差异，但都可以称之为慈善事业发展时期。

二、济贫制的产生和发展

1601年英国颁布《济贫法》，国家开始通过立法的形式介入济贫事务，这在社会救助史上是一个里程碑。

（一）济贫制的产生

英国颁布《济贫法》有其特殊的社会背景。首先，在16—17世纪的英国，大规模的圈地运动使大批农民失去土地，他们一部分人进入城市成为靠工资吃饭的劳动者，但大部分人成为无业游民，沦为乞丐和流浪者。贫困使他们对政府和社会极为不满，经常出现抢劫、偷盗等行为，甚至在一些地方出现骚乱，这些对政府的统治造成极大的威胁，仅靠宗教力量已无法解决当时的社会问题。其次，16—17世纪的英国，教权衰落、王权兴起，欧洲地区开始进入民族国家时期，随着贫困人口数量大增和贫困程度加深，原来由宗教组织开展的济贫活动已不能满足社会需要，社会救济责任由国家承担已不可避免。由国家采取相应措施进行社会救济也是缓和社会矛盾、促进社会发展的重要举措。

在上述背景下，1601年，英国政府在以往救济措施的基础上颁布了《济贫法》，也称为旧《济贫法》。该法律的主要内容包括：第一，为有劳动能力的人提供劳动机会；第二，资助老人、盲人等失去劳动能力的人，为他们建立住所；第三，组织贫困者和儿童学习技术；第四，建立特别征税机关，从比较富裕地区征税补贴贫困地区；第五，提倡父母与子女的社会责任。《济贫法》提出对贫困人口进行分类救济，对身强力壮的流浪、乞讨人员可以进行强制收容，对他们进行劳动改造甚至可以在监狱中关押；对真正需要救济的残疾人、老人、孤儿等通过资格审查进行院内救济，不允许在城市自由行乞。旧《济贫法》既体现了政府对需要接受救济者所承担的必要责任，也体现了依靠个人劳动摆脱贫困的自助精神，"惩戒性"和"恩赐性"并重。

此后，英国又通过《居住法》使贫民只能在自己的教区得到救济，一定程度上缓解了社会贫困，但从法律上限制了劳动力的自由流动。1722年，英国颁布的《习艺所收容失业贫民法》强迫所有穷人进入习艺所，被救济者接受救济的代价是失去一定的人身自由，更为甚者是丧失尊严。1723年，英国又通过设立济贫院的法律，旨在使穷人"懂得"劳动。1782年，英国通过的《伯格特法》，放宽了济贫法的实施范围，对贫民的惩罚和管制有所减轻。

1795年，英国伯克郡制定了《斯皮纳姆兰法令》，提出了按照面包价格涨落幅度确定当地人最低生活标准的原则，该法标志着英国的社会救助进入了崭新时期。该法令的核心是明确了"最低生活保障"思想和"普及性权利"原则，开启了"院外救济"的先河，任何贫民在家都有请求和接受救济的权利，这对于缓解贫困和保障最低生活水准具有积极意义。

（二）济贫制的发展

19世纪，随着产业革命向纵深发展，旧《济贫法》已很难适应当时对穷人进行救济的需要。1834年，英国议会根据济贫法调查委员会提交的报告，通过了《济贫法修正案》，也称作新《济贫法》。新《济贫法》确立了"劣等处置"和"济贫院"规则，前者指让享受救济的穷人的生活状况低于任何独立自由的劳动者；后者指将享受救济的穷人放在济贫院中，并进行准监狱式的严格管理，目的是使穷人道德完善并使懒人克服懒惰变得勤劳。新《济贫法》明确了两个主要内容：一是停止对身体健康和游手好闲者的院外救济，将救济对象严格限定在失去劳动能力的老弱病残幼身上，重新缩小救济对象的范围；二是废除以教区为单位的救济，扩大到较大的地方单位，组建济贫法实施委员会管理救济工作，通过中央督导制提高国家对救济的行政监督力度。[1]新《济贫法》和旧《济贫法》的根本区别在于，新《济贫法》把保障公民的生存作为国家的一项义务，变消极救济为积极的社会保障，并由专职的工作人员从事该项工作。这意味着英国的社会救济制度发生了质的变化，由原

---

[1] 唐丽娜编著.社会福利与社会救助[M].北京:清华大学出版社,2020:31-32.

来的济贫向防贫转变。^①

英国《济贫法》所确立的国家对贫困问题的干预，对于与英国面临相同社会问题的欧洲其他国家产生了深刻的影响，北美作为英国的殖民地也受到英国济贫思想的影响。

三、现代社会救助制度的建立和福利国家的兴起

（一）现代社会救助制度的建立

19世纪，随着欧洲国家先后进入工业社会，机器大工业生产逐渐占主导地位，工人阶级逐渐成为社会结构中的主体。工业生产的大规模普及使越来越多的劳动者从乡村转移到城市就业和生活，一个庞大的无产者阶层因此产生。每个劳动者都面临着因年老、疾病、失业、工伤所带来的收入减少或中断的风险，仅靠以往的社会救助措施难以解决社会所面临的普遍问题。

政府在对贫民、灾民进行继续救助的同时，不得已又建立了新的安全保障机制。1883年，德国颁布《疾病社会保险法》，在世界上率先建立了社会保险制度。此后，德国又先后颁布了《工伤事故保险法》《老年和残疾社会保险法》《孤儿寡妇保险法》等，共同构成《社会保险法典》。受德国影响，其他欧洲国家以及南北美洲先后建立了自己的社会保险制度。

真正具有现代意义的社会救助制度产生于20世纪初。进入现代社会以后，人们意识到，贫困并非万恶之源，导致贫困的主要原因已经不在个人而是社会。因此，为贫困者提供救助应该成为政府和社会的责任，社会救助应当成为国民的一项基本权益，接受救助的贫困者不能被看作低人一等。20世纪二三十年代，欧美各国爆发了严重的经济危机，大量人口陷入贫困，社会处于不稳定状态。传统的济贫制度和现代社会保险制度都不足以解决这些问题，各国政府开始尝试建立社会救助制度，从而弥补社会保险制度和传统救助制度的

---

① 赵映诚，王春霞，杨平主编.社会福利与社会救助(第三版)[M].大连:东北财经大学出版社,2019:131.

不足。如，1946年，英国通过《国民救助法》，正式确立了社会救助制度。随着社会保险的普及化和社会福利事业的持续发展，尽管社会救助在现代社会保障体系中的地位相对下降，但社会救助所承担的对贫困人口的救济功能不可替代，在整个社会保障制度中的基础地位不可动摇。[1]

（二）福利国家的兴起

福利国家是那些接管以前由家庭、宗教机构、志愿组织或私营部门所承担的为全体人口提供保护责任的国家。[2]尽管不同国家和不同学者对国家在福利供应中是承担全部责任还是部分责任存在不同理解，但是都承认国家在福利供应中的责任。"福利国家"一词最早出现于英国，它的出现与第二次世界大战密不可分。1941年，英国大主教坦普尔在《公民与教徒》一书中最早提到"福利国家"一词，主要用来与纳粹主义的"战争国家"相对立。但在当时还没有赋予福利国家确切的含义。

其实，早在1924年，福利国家的奠基人贝弗里奇就曾发表文章，提出"为全体人民和所有事件提供保险"，这被认为是完整版的福利国家的制度设计。1940年，战时联合政府劳动部部长欧内斯特·贝文邀请社会福利学者贝弗里奇着手研究社会保障计划。1941年，英国成立了"社会保险和相关服务部际协调委员会"，贝弗里奇担任委员会主席，负责对英国当时的社会保障方案和相关服务进行调查，并对战后重建社会保障计划提出具体方案。1942年，贝弗里奇提交了题为《社会保险及其相关服务》的报告，即著名的《贝弗里奇报告》，该报告为英国设计了一个福利国家的框架。

贝弗里奇把当时英国存在的贫困、疾病、无知、肮脏和懒惰称为"五大恶"，他向英国政府提出建立福利国家的方案，主要实行失业、残疾、养老、生育、死亡、寡妇等七个项目的社会保险和福利政策，以缓和社会矛盾。《贝弗里奇报告》具有以下几个特征：首先，它以建立一个单一的综合保险制度为

---

① 陈良瑾主编.社会救助与社会福利[M].北京:中国劳动社会保障出版社,2009:5.
② 黄晨熹著.社会福利(第二版)[M].上海:格致出版社·上海人民出版社,2020:23.

目标，由政府提供资金和管理；其次，以社会保险计划为主，社会救助为辅。凡有收入的国民都必须参加社会保险，没有被纳入社会保险的人可以享受社会救助；再次，以保障基本生活、消除贫困为目的。失业者、生病者和退休者通过社会保险保障生活，工作者通过收入保障生活，没有保险的人通过救助得到保障，所有的人都不会贫困。

从1944年到1948年，英国政府以《贝弗里奇报告》为蓝本，通过制定教育、就业、家庭津贴、保险、健康、救助等法案，初步建成了"福利国家"的基本体制。1948年，英国第一个宣布自己为"福利国家"。此后，西欧和北欧的许多国家，如瑞典、芬兰、挪威、法国、意大利等国也都效仿英国的福利模式，纷纷建立自己的"福利国家"。

四、多元福利社会阶段

（一）福利国家危机

从英国宣布建立福利国家到20世纪70年代期间，福利国家制度对社会稳定、经济发展、劳资合作以及人类自身的良性发展起到了积极作用，可以在很大程度上避免市场经济给人们带来的不可预测的风险。然而，进入20世纪80年代，福利国家开始面临多重危机，主要表现为财政危机、合法性危机和经济危机。

首先，福利国家面临财政危机。财政危机是由于福利支出日益庞大，政府所掌握的资源无法承担实际的福利开支。造成财政危机的原因是多方面的，主要概括为以下四个方面：一是政府管理因素，主要表现为公共支出出现失控，中央或地方政府对福利成本缺乏有效监管；二是人口和社会因素，主要表现为由于人口老龄化所引起的退休和医疗费用支出增加；三是经济因素，主要表现为经济衰退导致政府税收基数减少；四是政府因素，主要表现为一些利益集团对税收进行抗拒。①

---

① 黄晨熹著.社会福利（第二版）[M].上海:格致出版社·上海人民出版社,2020:33.

　　其次，福利国家面临合法性危机。福利国家建立的初衷是为社会提供安全网，消除市场机制所带来的负面影响，消除社会不公平现象。然而，当以消耗大量财物资源为基础对市场风险进行干预时，如果不能实现预期目标，政府的执政能力或从国家层面推动福利实施的正当性就会受到质疑，可能会导致执政党执政困难甚至下台。同时，在许多国家，福利国家制度逐渐成为官僚化机构，会产生奖懒罚勤的后果，这会引起人们工作动机下降，形成养懒人现象，致使该制度目标被质疑。

　　最后，福利国家会面临经济危机。福利国家的高标准福利是通过向企业和个人征税来实现的，这就会给企业带来沉重的经济负担，导致企业竞争力下降。如欧洲一些国家沉重的社会福利负担加重了企业的生产成本，使欧洲难以与美国、日本等国家展开竞争。高福利引发的财政危机和经济危机会导致失业危机，失业人数的增加会导致失业保险规模扩大，同时纳税人数减少，从而进一步加剧财政危机和经济危机。

（二）福利社会的再现

　　福利国家所面临的重重危机使福利国家形成一个共识，即进行福利改革。但究竟如何进行改革，各国都在探寻自己的道路。如有些欧美国家在进行福利缩减，南欧和部分东欧国家则对福利进行完善，在另外一些东欧国家，福利国家则在重组。

　　福利社会是针对福利国家政府社会福利开支过高提出的改革思路和措施。福利社会是指福利提供除政府之外，应由多个部门（如志愿部门、私营部门和非正式部门）共同提供，以减少政府在福利提供中的作用，达到控制福利开支的目的。各国政府逐渐转变自身在社会福利提供中的主要角色，出现福利市场化、志愿化、地方分权化及福利社区化的趋势。

　　福利社会的特征体现在以下几个方面：一是福利供给主体的多元化，即社会福利的供给主体除国家之外，市场、家庭、志愿组织等也是福利的重要来源。应对福利国家的危机应充分发挥政府以外的其他主体在福利提供中的作用。政府应改变以往对福利提供大包大揽的传统做法，形成政府部门、志愿部门、商业部门和其他非正式部门共同提供福利的局面。政府、志愿机构、营利部门和非正式部门可以根据自身的特点，建立伙伴关系向居民提供不同类型的福利。二是福利资源分散化。政府将福利提供的责任转移到私有市场，这也意味着政府将职权进行下放，将福利资源进行分散，使社会福利和服务实现地方化、社区化供给。三是强调参与性。福利服务制度的制订和福利服务的传输过程，不仅政府、社区、非营利组织等福利提供者参与其中，福利消费者也应共同参与，行使福利资源获取的参与权。

第二节　社会福利与社会救助的理论渊源

一、西方社会福利与社会救助的理论发展

社会福利与社会救助思想作为一种上层建筑，有其自身发生、发展的过程。了解西方社会福利和社会救助的理论发展过程，有助于掌握其发展脉络，这些思想对社会福利和社会救助的发展具有重要的影响和意义。

（一）西方社会福利与社会救助思想的形成

西方社会福利和社会救助思想历史悠久，最早可以追溯到古希腊思想家柏拉图，他在其著名的《理想国》中强调整体幸福与社会和谐。古希腊的思想家亚里士多德在《政治学》中提出了人类为了共同的利益而组成社会的思想。古罗马的西塞罗指出，正义要求我们博爱，为了全人类的利益，应该不分贫贱地给每个人正当的报酬。基督教教义中的仁爱与慈善思想对西方早期的社会福利思想产生了直接影响。西方早期的社会福利思想与社会慈善行为密不可分，个人慈善行为对西方早期的社会福利思想产生了积极影响。中世纪欧洲市民的互助行为和行会组织发挥了重要的救济职能。

在西方国家，真正意义上的社会福利思想萌芽于15—16世纪，当时欧洲社会经历了包括社会经济和社会思想两方面的社会变革。15—16世纪，在西

欧封建经济开始解体，资本主义经济逐渐发展过程中，产生了流民、犯罪、贫困等严重的社会问题，尤其是17—18世纪欧洲资产阶级政治革命的爆发进一步加剧了这些社会问题。18世纪中期的工业革命在助推封建社会向资本主义社会转变的过程中，原有的社会问题不仅没有缓解，同时又出现了失业、工伤等新的社会问题。这些愈演愈烈的社会问题引起全社会的关注，在探讨社会问题出现的原因、寻找解决社会问题办法的过程中，开始出现社会思想变革。

近代西方社会思想变革经历了文艺复兴、宗教改革和启蒙运动三个时期。文艺复兴运动中产生的以人为中心的"人文主义"价值理念，信奉依靠自己的勤奋劳动追求金钱和现世幸福，人们开始为追求自己的现世幸福活着，人的正常生活和社会的和谐发展成为社会的中心，这为西方现代社会福利思想的形成和发展奠定了必要的社会思想基础。宗教改革运动进一步弘扬了以人为核心的人文主义思想，关注民生、追求幸福生活的愿望更加深入人心，这为西方社会福利思想的形成创造了条件。启蒙运动使自由、民主、法制和人权成为西方社会的基本理念，追求现世的幸福生活不仅成为基本人权的重要内容，也使通过有效的社会政策为民众提供充分的社会福利成为政府义不容辞的职责。在上述社会经济和社会思想变革中，西方现代社会福利和社会救助思想逐渐形成。

（二）西方社会福利与社会救助的思想流派

西方社会福利与社会救助思想的发展是随着社会经济的发展而逐渐发展的，在社会经济发展的不同阶段，都有一种主流社会福利思想。

1. 空想社会主义社会福利与社会救助思想

15—16世纪到19世纪中期，在西方社会由封建主义向资本主义社会转变时期，空想社会主义社会福利与社会救助思想是主流思想。早期空想社会主义注重对资本主义社会弊端进行揭露和批判，针对社会问题提出的解决办法缺乏明显的社会基础，空想性特征比较明显。如莫尔认为，当时存在的大量流民和盗窃是产生严重贫困问题的根本原因，要解决这个问题，要反对私有制，主张人人劳动、没有剥削，追求幸福快乐的生活，人类社会福利得以充分发展。康帕内拉则提倡建立一个互帮互助、和谐自然、注重人类福利的社会。马布利主张建立平等的社会，政府应采取一切有效措施维护公民的平等权利。19世纪空想社会主义开始提出一些更加具体的办法解决社会问题，并开始将一些思想付诸实践。如圣西门提倡通过社会改革实现人类精神福利和物质福利的改善，"实业体系"计划便是其改造社会的理想蓝图。傅立叶提出建立劳动协作组织——法郎吉，建立自愿协调、公正合理的分配制度和完整的保障制度。欧文关注贫困问题，认为其存在的真正原因是私有制度存在，提出通过国家教育来治理贫困。

2. 自由主义社会福利和社会救助思想

自由主义社会福利和救助思想是西方近代社会福利思想的重要流派，它直接影响着19世纪前期西方社会福利实践。古典政治经济学关于劳动价值的学说、自由的观点是其主要内容，认为社会问题是个人责任的结果，只能依靠自己而不是社会和政府，对济贫法制度的态度集中反映了这种思想。功能主义提出的"最大多数人的最大幸福"、对个人自由和政府职能有限性的强调也使其具有自由主义福利思想的特点。

古典政治经济学于17世纪由英国经济学家威廉·配第创立，它以资本主义生产为主要研究对象，在对资本主义生产过程的分析中揭示资本主义经济发展的规律，以此为基础分析经济思想与福利和救助思想之间的关系。主要代表人物有威廉·配第、亚当·斯密、大卫·李嘉图、马尔萨斯、西斯蒙第等。威廉·配第提出以最低工资理论为基本内容的分配理论，认为工资的确定要考虑劳动者为了"生存、劳动和传宗接代"所必需的最低限度的生活资料，工人的工资应等于最低生活资料价值。在劳动力资源的利用问题上，威廉·配第提出将无业游民集中起来，组织他们兴建公共设施，以增进社会的财富。这些主张构成了社会福利的基本范畴，奠定了古典经济学福利思想的经济学基础。亚当·斯密是英国古典政治经济学的奠基人和杰出代表。亚当·斯密的社会福利思想以整体幸福观为基础，在政治上主张平等与正义，在经济上主张"富国裕民"，在伦理上主张整体幸福高于个人幸福。①他认为，有大部分成员处于贫困悲惨状况的社会，决不能说是繁荣幸福的社会。要制定最低工资率，保证工人自己及其家庭的基本生活需要能够得到满足，从而保证劳动力的持续供应。亚当·斯密主张的市场第一、福利第二是一切自由主义福利观的基本态度。

大卫·李嘉图是英国古典经济学的完成者，他秉承了斯密经济自由、反对国家干预的观点。他认为当时的济贫制度不能消除贫困，反而会使富者变穷，因此，他主张废除济贫制度，反对在全国范围内征收济贫税，强调贫民应该通过个人努力摆脱自己的困难状态。马尔萨斯作为古典经济学的一个重要代表人物，他从人口学的角度论证了贫困与社会福利思想。马尔萨斯认为，贫困产生的原因在于人口增长远远大于土地为人类提供生活资料的能力。对于这种不平衡状态，有积极抑制和道德抑制两种手段，前者的主要形式有战争、灾荒、瘟疫、贫穷等，后者主要是对"没有道德观念"的社会下层阶级进行人口限制。他反对当时英国以家庭人口数量为基本单位的济贫法制度；主张尽最大可能鼓励人们从事农业和耕种；为极端贫困者建立济贫院，目的是帮助他们暂时缓和生活困难，但不是为贫民提供终身避难所，被收容的贫民必须通过劳动获得相应报酬。

功利主义是以心理学和伦理学为基础，假设人具有趋乐避苦的本性，主张利己主义幸福论和功利主义福利观。英国的杰里米·边沁是功利主义学说的奠基人。边沁认为，判断一个事物是否有"功利"和"效用"，其标准就是"求乐避苦"，这是个人行为的基础和政府活动的准则。如何实现最大多数人的最大幸福是边沁关心的重要问题之一。边沁认为，在追求幸福的过程中不可避免会存在个人利益和社会全体利益之间的矛盾，为了实现最大多数人的最大幸福，应对个人利益和全体利益进行协调，必要时个人利益要服从全体利益。但是，国家、政府和法律也要尽可能把干预限制在最低限度，不能妨碍个人最大限度地追求自己的幸福与快乐。②穆勒将自由放在非常重要的位置，他一方

---

① 唐丽娜编著.社会福利与社会救助[M].北京:清华大学出版社,2020:38.
② 张剑,赵宝爱主编.社会福利思想[M].济南:山东人民出版社,2014:59-60.

面强调个人自由，另一方面又强调自由的有限性。他认为，社会利益不能与个人利益发生矛盾，不过，在某些情况下，公众的当前利益可能会通过忽视个人权利来实现。穆勒主张人与人之间应该相互帮助，社会应对贫困人口实行救济，但救济要考虑到两种结果：一种是帮助本身的结果，另一种是依赖帮助的结果。为了避免养成依赖他人帮助的不良习惯，政府要实施有限救济，尤其是以不损害个人自助精神和自立意识为界限。①斯宾塞的幸福观以社会有机体学说为基础，认为幸福是人体各种机能都获得满足的状态。个人获得最大幸福的先决条件是必须使个人能在自己的活动范围内得到完全的幸福，而不以任何直接或间接的方式使别人感到不幸福。同时，每个人都能够从其他人的幸福中得到幸福。他强调个人为实现自己幸福而努力，反对给个人努力施加其他无为的干预，国家的职责不能超越保护人们的范围。②

3. 马克思主义的社会福利与社会救助思想

马克思主义把社会福利问题的解决与无产阶级的解放联系在一起。

马克思恩格斯始终关心无产阶级的贫困问题。他们认为，无产阶级的贫困化包括绝对贫困化和相对贫困化。绝对贫困化表现为无产阶级生活条件和劳动条件的恶化；相对贫困化则表现为相对于资产阶级，无产阶级的收入所占比重越来越小。无产阶级的贫困化是资本主义制度的产物。在马克思主义看来，社会福利问题的解决必须以政治问题的解决为前提，只有通过彻底的社会改革，而不是社会政策的局部调整或通过再分配方式，才能从根本上解决社会福利问题。③

马克思指出应建立社会保障和福利基金，为社会弱势群体提供基本生活保障，并为全体社会成员提供公共福利服务，为此马克思提出了著名的六项扣除理论。马克思把"劳动所得"归结为社会总产品，在对总产品进行分配时，首先应从中扣除三项，分别为补偿消费掉的生产资料所需要的费用、用以扩大

---

① 丁建定,魏科科著.社会福利思想[M].武汉:华中科技大学出版社,2005:82-84.
② 张剑,赵宝爱主编.社会福利思想[M].济南:山东人民出版社,2014:63-65.
③ 钱宁主编.现代社会福利思想[M].北京:高等教育出版社,2006:64.

生产的附加部分、为预防不幸事故和自然灾害等用来保险的后备基金或保险基金，在此基础上再扣除三项，分别是一般的不属于生产的管理费用、作为共同满足需要的费用（如学校、保险机关等费用）、为丧失劳动能力的人设立的基金。从六项扣除来看，社会总产品的第一次有效扣除部分是国家保险或灾害预防和救助基金，相当于今天的社会福利范畴。第二次有效扣除部分用于满足社会需要，对应着今天的教育、医疗等福利项目。[①]同时，马克思主张，有工作能力的劳动者必须为失去工作能力者或者还没有工作能力者的生活福利提供一定的劳动。

恩格斯对传统济贫制度提出严厉批评，并对基于新济贫法制度建立起来的济贫院提出批判，认为新济贫法制度把穷人当作犯人，是英国资产阶级对付无产阶级的手段。恩格斯主张废除私有制，其重要目的之一是促进工人阶级共同福利的发展。

4. 凯恩斯主义社会福利和社会救助思想

凯恩斯主义是以英国经济学家凯恩斯的经济学为基础、主张通过国家干预经济和有效需求管理来实现充分就业和经济增长的理论体系。凯恩斯主义的出现，不仅标志着西方宏观经济学的诞生，同时也是导致西方国家经济从自由主义向国家干预主义转折的一个重要标志，被称为"凯恩斯革命"。从产生背景来看，凯恩斯主义的形成源于两个方面：一是20世纪30年代爆发的史无前例的经济大危机，导致资本主义世界陷入"全面毁灭"。二是新古典经济学的衰落，面对严重的经济危机所带来的生产剧烈下降、失业人数剧增的现实，主张自由放任的传统经济理论对此束手无策，以马歇尔新古典经济学为中心的自由放任思想濒临破产。

在此背景下，以消除资本主义经济危机和失业为目的凯恩斯主义诞生了。凯恩斯主义的社会福利思想可以概括为就业一般理论、有效需求理论和国家干预理论。凯恩斯理论的主要贡献之一是对失业问题进行重新解释，认为充分就业的前提是消除非自愿性失业，失业的原因在于有效需求不足。有效需求理论

---

① 张剑，赵宝爱主编.社会福利思想[M].济南:山东人民出版社,2014:68.

是凯恩斯对当代西方经济学理论的最大贡献,在边际消费倾向递减规律、资本边际效率递减规律和流动偏好规律三条心理规律的作用下,总需求通常小于总供给,即有效需求不足,于是出现失业和经济危机,单靠市场是无法自行调节的。对此,凯恩斯提出通过"举债支出"的财政政策、扩张性的货币金融政策、鼓励消费引导需求的政策对有效需求进行管理,实行国家干预。

凯恩斯主义为经济大危机后西方社会福利思想的发展提供了系统的经济理论支撑。对于消除经济危机和促进就业,凯恩斯主张政府举办公共工程以及承担私人和市场无法承担的救济责任,通过积极的财政政策,实行社会保障,从而提高社会有效需求水平来促进经济发展。对由于收入分配差距过大导致的消费倾向递减现象,凯恩斯主张把富人收入的一部分通过累进税集中到国家手中,再通过转移支付补贴给穷人,或由政府兴办公共工程,以此解决消费需求不足问题,也可以增加政府投资,实现增加就业的目的。凯恩斯理论的社会保障思想强调个人责任,政府负担较轻,从根本上来说是一种以生产为导向、以实现充分就业为目的的福利价值取向,但它仍然是现代社会福利思想的重要理论基础之一。

5. 社会民主主义社会福利与社会救助思想

社会民主主义社会福利思想产生于19世纪,成熟于20世纪。社会民主主义社会福利思想在政治上主张发展社会民主,提倡国家对经济和社会生活实施强有力的干预;在经济和社会生活上,强调国家应该担负起为全体民众建立充分社会福利的责任。社会民主主义社会福利思想对西方社会福利制度产生了重要影响。

费边社会主义是19世纪后期在英国流行的一种社会主义思潮,主张采取渐进措施对资本主义实行改良,它为英国现代福利制度提供了思想来源。费边社会主义的主要代表人物是马克斯·韦伯。费边主义者认为,社会是一个永恒变动的有机体,它的变迁应是平衡渐变的。费边主义者认可对生产资料实行公有化的思想,以追求"最大多数人的最大幸福"为目标。费边主义者主张在分配问题上首先实现国民生活的最低标准,随着公共财富的增加,要逐渐缩小收入差距。在私有制还存在的情况下,剩余价值应归社会所有。同时,费边主义者主张的社会民主、对地方和企业实现民主管理的思想都是有助于增进公民权利和公民福利的。费边主义者在上述福利思想的基础上，提出了一系列具体的社会福利政策，如"八小时工作法案"，学龄儿童膳食问题、公共设施问题、工人补偿问题、建立国家退休金、为工人阶级提供住房等。费边主义者认为，无论什么原因造成的贫困，都应被看作社会的责任，政府应该承担更多的责任，提供更积极的救助。另外，费边主义者崇尚普遍性的福利供给制度，而非选择性的福利供给，力图建立一个平等、自由、博爱、人与人之间互助的社会，这些主张对社会福利事业的发展都具有启发意义。

社会民主主义福利思想在瑞典、德国和法国等国家都得到了充分发展。总体来看，社会民主主义社会福利思想遵循自由、公正（平等）和团结的基本理念，其最大特点是运用社会主义的旗号来推动福利国家。社会民主主义社会福利思想的基本政策主张体现为：一是主张以满足人的需要为社会生产的目的；二是建立系统完善的社会福利制度；三是关注国际贫困和福利问题。社会民主主义社会福利思想推动了普遍主义的社会福利供给原则和实践，推动资本主义国家承担福利责任，推进了福利国家的形成和发展。[1]

6. 福利经济学的社会福利与社会救助思想

福利经济学作为经济学发展史上一个重要分支学科，构成社会福利思想的重要内容。福利经济学有旧福利经济学和新福利经济学之分，两种流派尽管在共同关注的效用理论上存在差异，但二者都关注共同问题：福利。

英国经济学家阿瑟·庇古认为，福利是人们对享受、满足或效用的生理反应或主观评价，包括经济福利和社会福利。一个国家个人经济福利的总和构成全部经济福利，在特定条件下，较大程度的收入公平可以提升经济福利。收入公平可以通过直接转移和间接转移两种方式来实现，前者是政府举办社会保险和社会福利措施，后者是政府为穷人在住宅建筑、失业培训、子女教育机会等方面进行补贴。帕累托则主张通过优化资源配置的方式来实现福利最大化，当不存在能够使任何人的处境变好、又不使任何人的处境变坏时，就实现了福

① 张剑，赵宝爱主编.社会福利思想［M］.济南:山东人民出版社,2014:93-96.

利最大化，即帕累托最优。对于现实中很难实现的帕累托最优，英国经济学家卡尔多和希克斯提出了补偿原则，其实质是当一些社会成员状况的改善可以补偿其他社会成员状况的恶化，社会福利就会增加。

补偿原则受到亚伯拉姆·伯格森和保罗·萨缪尔森等人的批判，他们认为，社会福利最大化取决于很多条件，只有将收入分配和其他影响福利的因素都列入"社会福利函数"，福利函数达到最大值时才能实现社会福利最大化。在此基础上，肯尼斯·阿罗又提出阿罗社会福利函数和阿罗定理，后者又被称为"阿罗不可能定理"，证明不可能从个人偏好次序达到社会偏好次序，即不可能得出包括社会经济所有方面的社会福利函数，也可以说在某些条件下阿罗社会福利函数是不存在的。

此外，印度经济学家阿玛蒂亚·森提出了"森不可能定理"，该定理认为以序数效用论为基础的帕累托准则和自由主义原则是相冲突的。他同时论述了社会政策的目标与社会成员中的偏好和意向之间的关系，认为社会上集体选择规则的有效性基本取决于个人偏好的结构，个人偏好也依赖于社会特性。对于贫困问题，森认为，造成饥荒的原因并非没有足够的食物，而是因为人们不能得到足够的食物，从权利的角度看，贫困的本质在于不平等，在于穷人自身不能有效地控制和支配资源。同时，不能将贫困成因进行泛化和简单化，这会忽视权利结构对他们的限制，也会忽视穷人之间在禀赋和能力之间的差异。因此，在制定针对贫困的公共政策时，森主张使贫困的测量标准与政策目标具有广泛的接纳程度。

7. 福利国家的社会福利与社会救助思想

福利国家作为一种国家制度，强调国家应为国民的福利负责，国家必须具备基本的福利功能并将其作为发展的目的。产生于战争危急时刻的《贝弗里奇报告》勾画出了福利国家的基本蓝图，为二战后英国和许多欧洲国家建立福利国家制度提供了基础。福利国家理论重要的代表人物有贝弗里奇、蒂特马斯、马歇尔等。

英国著名经济学家贝弗里奇在20世纪20—30年代曾长期担任失业保险法定委员会主席，面对英国严重的失业问题，他提出两个具有影响力的观点：

一是认为失业不是个人品行造成的，而是工业社会发展过程中对劳动力供需进行调节的某种经济力量没有真正发挥作用导致的结果，这就需要国家力量进行调节，由国家担负起解决失业问题的责任。二是认为大量无固定职业者的存在，是经济萧条时造成严重失业的重要原因，在失业期间给失业者一定的救济，同时建立劳动介绍所和失业保险制度是解决失业问题最有效的措施。①贝弗里奇从战后需要解决的贫困、疾病、愚昧、肮脏和懒散五大问题出发，吸收费边社会主义者提倡的必须由国家制定最低工资标准的社会福利思想，希望实行新的社会保障计划，保障每一位公民的最低生活，以此达到消除贫困的目标。《贝弗里奇报告》作为福利国家的基本框架，以实现充分就业为基本目标，通过建立全面的社会保障制度，为全体国民基本生活需要提供安全网。

英国的蒂特马斯作为费边社会主义思想的集大成者，对延续《济贫法》基本理念的福利国家制度给予了极大关注，认为个人需求和社会需求是相辅相成的，两者之间是一种动态平衡关系，当个人需求得到社会认可时，社会应尽可能满足其需求。在蒂特马斯看来，满足个人需求和社会需求的机制包括社会服务（公共福利）、财政福利的职业福利。蒂特马斯对由市场机制提供福利是持否定态度的，他认为国家必须通过财政政策、社会政策、职业福利等调节和纠正市场的失误，从而实现社会的平等与公平。蒂特马斯根据社会政策与手段在价值体系方面的差异，将社会福利制度分为剩余型、工业成就型和制度再分配型，被称为蒂特马斯范式。蒂特马斯的思想和理论对福利国家的建设产生了深远影响。

马歇尔的公民权理论是现代福利国家制度的一个重要理论基础，也是现代社会福利思想的理论基石。马歇尔根据社会发展历史将公民权利划分为民事权利、政治权利和社会权利。在三种权利中，马歇尔认为社会权利是影响最大的权利。人人享有平等的公民权利是马歇尔社会福利理论的基本原则，公民权

---

① 林闽钢著.现代西方社会福利思想——流派与名家[M].中国劳动社会保障出版社，2012:96~100.

利的平等性意味着每一个人都有权利享有国家所提供的福利，国家有义务建立社会福利制度体系来履行其对公民的福利责任，这使得对穷人的福利援助不再是一种屈辱，消除了社会福利服务中的污名化效应。

二、中国社会福利与社会救助的理论发展

我国社会福利思想可以按照古代社会福利思想、近代社会福利思想和现代社会福利思想几个阶段来划分。

（一）中国古代社会福利与社会救助思想

我国古代社会福利思想蕴含在两个方面，一方面是历代统治者为了国家的长治久安，在施政过程中有一些安民、抚民和养民的制度和措施；另一方面是在古代先贤的思想中体现出对民众福利问题的关注。古代儒家、道家、佛教等社会福利思想比较具有代表性。

儒家作为中国古代最有影响的学派，自春秋战国以来，儒家学派从民本思想出发，提出了一些社会福利思想。孔子提出"忠恕之道"，这是一种推己之心以爱人的精神。孔子提出"惠民""富民"主张，在连年战争中，要量力征役，藏富于民，少收赋税。孔子主张实现均无贫，同时要实现和无寡，即要实现公平与和谐。孔子主张"有教无类"，无论社会地位如何，每个人都应该有接受教育的机会。孔子最高的社会理想是大同，描述了一种美好的社会蓝图。孟子的人性善说为统治者实行仁政提供了可能，也是他社会福利主张的基础。孟子在孔子仁政思想的基础上，对仁政思想进一步阐述，一是制民恒产，二是赋税徭役有定制，三是救济穷人，四是尊老思想。孟子的民贵君轻思想，要求统治者推行仁政，施惠于民。《周礼》作为先秦儒家基本经典之一，孕育着社会福利构想思想，如提出设立执掌社会福利事务的官职，建立荒政制度，提出"保息"六政等主张。

道家作为先秦时期的主要学术研究流派之一，其代表人物老子和庄子的思想中蕴含着社会福利和救助思想。老子针对贫富差距悬殊、百姓困苦的现

实，提出天道均平的思想。老子的无为政治要求统治者要薄税敛、轻刑罚、慎用兵、尚节俭。庄子提出顺民情和平均思想，实现回归自然的"大道"社会。《太平经》作为中国道教史上的一部重要著作，承认人类的基本生活需要，提出爱惜生命和社会平等的思想，同时提出"周穷救急"的救济思想。

佛教中的慈悲思想在佛教伦理体系中处于核心地位，慈悲精神实施的途径之一就是布施，布施的行为完全出于怜悯心、同情心和慈悲心。佛教强调救助悲苦众生的悲田思想，这也是佛教热衷慈善公益事业的重要精神动力。

（二）中国近代社会福利与社会救助思想

中国近代社会福利和救助思想的发展可以分为三个阶段，分别是西方社会福利思想初步传播阶段、西方社会福利思想本土化阶段和近代社会福利思想形成阶段。

19世纪50年代到90年代，随着西学东渐帷幕拉开，西方社会福利思想通过各种途径传入中国。冯桂芬建议模仿西方各国的做法，在中国各省建立善堂，收养贫民、教授农桑技艺等。同时他推崇宗族发挥互助救济功能，即传统的宗族福利保障模式，分为私人救助和义庄救助两种形式。洪仁玕也是主张学习西方社会福利制度的代表人物之一，他提出的《资政新篇》中首次以西方资本主义的社会福利事业作为蓝本，形成了具有鲜明时代特色的慈善福利观，具体包括依靠民间捐赠举办社会福利事业，设立"士民公会"监督社会福利事业的正常有序运行。在济贫方式上，主张教养并举，通过积极救济而非消极施舍促使贫民自食其力。中国外交人员也在对西方社会福利事业进行介绍，肯定西方国家的教养事业，承认西洋国家救济贫民、解决就业方面的成就，以大同思想和民本思想解读西洋的社会福利现象。西方教会和传教士以社会福利为载体传播基督教思想、介绍和传播西方先进的社会福利思想等，这些都在一定程度上促使中国社会福利观念的改变。郑观应作为中国近代最早具有维新思维的社会慈善家，提出教养并举、富国强民的思想，主张学习西方发展民间慈善，同时提出保护与教养女子的思想。

19世纪末到20世纪20年代，是西方空想社会主义与本土大同主义社会福利思想结合的时期。康有为的大同社会福利思想主张通过"公农""公工""公商"等公生业来消除人类社会中的不平等现象；对传统的宗族福利文化和模式进行批判，主张破除"家界"舍小福利求社会"大福利"；主张实行公教、公恤、公养和公医制度；保护女性并发挥女性优势。孙中山作为三民主义的倡导者，提倡养民济穷、救济工农、安老怀少的福利思想，同时提倡平均地权，实现"土地国有"，消灭贫富分化，提升国民福利。这个时期，西方的人类互助社会进化观传入中国，出现了"人类均力说"和公产社会等无政府主义的理想社会，同时设想新村主义和工读互助团。

20世纪20年代末到1949年是现代社会福利思想正式形成并确立的阶段。随着国际社会的社会福利变化，国民的社会福利观念开始发生变化，国家发展社会福利事业经历了从恩赐、仁政到国家责任和人民权利的转变过程，国家在法律上承认了人民的社会福利权利。近代社会福利思想的基本特征就是强调国家责任、方法积极、覆盖全体国民，主张实行积极的社会救济、采取社会保险和完善医疗福利思想。在这一时期，西方的社会福利理论和专业社会福利服务方法不断传入中国，我国现代社会福利思想初步形成，并开始开展专业社会福利工作。

（三）中国现代社会福利与社会救助思想

新中国成立后，中国社会发生了深刻变革，社会福利和社会救助思想也发生了重大变化，这一时期的社会福利思想可以分为计划经济时期和改革开放以后两个阶段。

计划经济时期，政府通过指令性计划进行生产、资源分配和产品消费等方面的计划。为了完成社会重建的重大任务，国家采取优先发展重工业的战略，在城市建立了以单位为主的城市职工福利体系，在农村则主要建立了"五保"制度，这就形成了城乡分割的二元社会福利制度。城市职工的社会福利制度包括为职工建立集体生活福利设施和文化福利设施并提供相应服务，为困难职工发放各种福利补贴，为职工提供福利住房，同时在城市兴办各类社会福利机构和社会福利企业。在农村，依托农村集体经济组织，对享受吃、穿、烧、教、葬五项保证的"五保户"进行集中供养和分散供养。计划经济时期由民政部门实施的社会福利是一种主要针对社会弱势群体的"剩余型"社会福利，是基于公平的社会福利思想。

1978年，党的十一届三中全会拉开了我国市场化改革的序幕。农村成功推行以联产承包责任制为主体的经济改革，城市则以国有企业改革为主进行经济体制改革。与计划经济体制相比，我国社会经济政策呈现出所有制结构多元化、分配原则效率化、商品和服务市场化、劳动力流动自由化等特征，原有的集体福利解体。为满足日益增长的社会需求，我国提出多元或"混合"福利模式，政府注重经济增长和提升效率，强调家庭、社会和市场在福利提供中的作用，因此该阶段是侧重发展的社会福利阶段。

进入21世纪后，我国党和政府提出以民生为导向的社会建设，强调在发展中保障和改善民生，在改善民生和创新管理中加强社会建设，促进社会经济协调发展。科学发展观和构建和谐社会、新时代中国特色社会主义和全面建成小康社会成为社会福利建设的重要指导思想。尤其是在全面建设小康社会的政策导向下，我国基本建立了覆盖全民、统筹城乡、公平统一、安全规范、可持续的多层次社会保障体系。在乡村振兴战略背景下，我国继续把社会事业发展的重点放在农村，促进公共教育、医疗卫生、社会保障等资源向农村倾斜，逐步建立健全全民覆盖、普惠共享、城乡一体的基本公共服务体系。

本章小结

社会福利与社会救助经历了慈善事业发展时期、济贫制的产生与发展、现代社会救助制度的建立和福利国家的兴起、多元福利社会等几个阶段。西方社会福利与社会救助思想流派包括空想社会主义、自由主义、马克思主义、凯恩斯主义、社会民主主义、福利经济学和福利国家等。我国社会福利与社会救助思想包括中国古代、近代和现代社会福利与社会救助思想。

复习思考题

1. 简述慈善事业发展时期的不同慈善形式。

2. 简述福利国家的社会福利与社会救助思想及福利国家兴起的背景。

3. 简述福利国家面临哪些危机。

4. 简述福利社会的特征。

5. 简述马克思主义的社会福利与社会救助思想。

6. 简述我国现代社会福利与社会救助思想。

推荐阅读

1. ［英］A.C. 庇古. 福利经济学［M］. 朱泱, 张胜纪, 吴良健译. 北京：商务印书馆, 2010年.

《福利经济学》是西方福利经济学的第一部代表作, 其核心是研究如何增加社会福利, 包括两个部分：一是根据边际效用价值理论提出一套有关福利, 特别是经济福利的概念；二是从国民收入量的增加和国民收入分配出发, 推导出影响社会福利的一些重要因素以及如何可行地增加社会福利。

2. ［英］贝弗里奇报告——社会保险和相关服务［M］. 劳动和社会保障部社会保险研究所组织翻译. 北京：中国劳动社会保障出版社, 2004年.

贝弗里奇报告是一部关于全方位福利问题的报告, 该报告从人类需要出发, 设计了一整套"从摇篮到坟墓"的社会福利制度, 提出国家将为每个公民建立完整的社会保险制度, 提供全方位的医疗和康复服务, 并根据个人经济状况提供国民救助。

案例讨论

江山就是人民, 人民就是江山。中国共产党领导人民打江山、守江山, 守的是人民的心。治国有常, 利民为本。为民造福是立党为公、执政为民的本质要求。必须坚持在发展中保障和改善民生, 鼓励共同奋斗创造美好生活, 不断实现人民对美好生活的向往。

我们要实现好、维护好、发展好最广大人民根本利益, 紧紧抓住人民最关心最直接最现实的利益问题, 坚持尽力而为、量力而行, 深入群众、深入基层, 采取更多惠民生、暖民心举措, 着力解决好人民群众急难愁盼问题,健全基本公共服务体系，提高公共服务水平，增强均衡性和可及性，扎实推进共同富裕。

资料来源：习近平，《高举中国特色社会主义伟大旗帜 为全面建设社会主义现代化国家而团结奋斗——在中国共产党第二十次全国代表大会上的报告》，2022年10月16日。

思考题：分析上述材料中蕴含的社会福利思想。

◇ **学习目标**

通过本章学习，掌握社会福利的含义，包括内涵、体系构成、基本特征与功能，掌握社会福利制定的价值理念、制度设计及不同的社会福利体制，了解我国社会福利的发展历程和改革方向，为后面具体知识的学习呈现一个知识全貌。

党的二十大报告指出，"共同富裕是中国特色社会主义的本质要求，也是一个长期的历史过程。我们坚持把实现人民对美好生活的向往作为现代化建设的出发点和落脚点，着力维护和促进社会公平正义，着力促进全体人民共同富裕，坚决防止两极分化"。因此，建立健全以满足全民美好生活需要为目标的现代社会福利制度，是促进全体人民共同富裕的必然要求。

第一节　社会福利的含义

一、社会福利的内涵

关于社会福利的内涵和外延，国内外有不同的理解和解释，存在广义和狭义之分。

广义的社会福利是国家依法为公民提供旨在保证一定生活水平和尽可能提高生活质量的资金、物品、机会和服务的制度，包括收入维持（社会保险、社会救助、社会津贴）和社会福利服务（提供劳务、机会和其他形式的服务）两种，也称为大福利概念。[1]广义社会福利概念包含四层含义：第一，广义社会福利是以全体社会成员为对象的社会福利。第二，广义社会福利是以社会成员的基本福利需求为本的社会福利。第三，广义社会福利是多元主体共同提供福利支持的社会福利。第四，广义社会福利是包括社会救助、社会保险、公共福利和社会互助等四种供给方式的社会福利。[2]

狭义的社会福利是由国家和社会向一部分需要特殊照顾的社会成员提供物质帮助或服务的制度。[3]这是为增进与完善社会成员尤其是困难者的社会生活而实施的一种社会制度，目的是通过提供资金和服务，使这部分社会成员的生活水平得到保障，并尽可能提高他们的生活质量，也被称为小福利概念。狭义社会福利包含以下三种含义：第一，狭义社会福利是为弱势群体提供的福利即特殊福利。第二，狭义社会福利是由民政部门提供的福利即民政福利。第三，狭义社会福利是居于社会保障体系最高层次的福利。

① 彭华民.中国组合式普惠型社会福利制度的构建[J].学术月刊,2011(10):16-22.
② 景天魁,毕天云,高和荣等著.当代中国社会福利思想与制度——从小福利迈向大福利[M].北京:中国社会出版社,2011:3-4.
③ 赵映诚,王春霞,杨平主编.社会福利与社会救助(第三版)[M].大连:东北财经大学出版社,2019:3.

广义的社会福利外延大于社会保障的概念，除了包括增进收入的社会保障，同时还包括就业、教育、医疗、住房、福利服务等。在国际社会中，大多数国家和地区都从广义上理解社会福利。狭义的社会福利外延则小于社会保障的概念，它与社会保险、社会救助、社会优抚共同构成社会保障的四项主要内容。我国政府和学术界虽然比较认同社会福利从属于社会保障，但我国社会福利同时具有广义和狭义社会福利的特性，既有针对弱势群体的保障与服务，也有为全民提供的普遍福利设施和资金保障。我国的社会福利既包括由国家和社会举办的为全民提供的公益性事业，如教育、科学、文化、卫生、体育、环境保护等福利事业，也包括由国家和社会举办的针对特定群体的专门性福利事业，如残疾人福利企业、儿童福利院、敬老院等，同时还包括国家发放的福利性津贴。

二、社会福利体系

尽管不同国家和同一国家的不同阶段对社会福利内涵的理解存在差异，而且在社会经济发展过程中社会福利的内涵也在不断变化，由此导致对社会福利外延内容的理解也存在不同。但基于对社会福利内涵的基本把握，一个完整的社会福利体系应包括以下内容[①]：

公共福利是指国家通过直接投资、税收减免、财政补贴等手段，举办的各种旨在提高全体社会成员生活质量和福利水平的社会福利项目。公共福利包括公共教育福利、公共卫生福利、住房福利和公共福利设施。

特殊福利是民政部门为残疾人、孤儿、生活无着落的老人等具有特殊需要而又无力自理的人举办的福利事业。特殊福利具体包括老年人福利、残疾人福利、儿童福利、妇女福利。

除了公共福利、特殊福利外，社会福利体系还包括社会津贴和社区服务。社会津贴是政策调整和深化改革的配套措施，目的是通过向政策范围内的公民

---

① 李珍主编.社会保障理论(第三版)[M].北京:中国劳动社会保障出版社,2013:320.

提供保证其一定生活水平的资金来调整某些社会群体的利益关系，其实质是对在政策调整过程中生活水平或质量可能下降的一部分人进行经济补偿，其经费来源于政府财政拨款。社区服务也称为社区型社会保障服务，是在政府的倡导和组织下，由社区居民自主建立起来的自治性和自我服务的小型多样的社会福利和社会服务体系，是公共服务所不能及而社区居民又日常所需的具有公益性质的服务项目。

三、社会福利的基本特征

社会福利作为社会保障的一个重要组成部分，与社会保险、社会救助相比，具有以下几个显著特征。

（一）分配原则兼具普遍性和选择性

关于社会福利资源的分配，历来存在普遍性原则和选择性原则的争论。持普遍性观点的学者认为，在现实社会中，所有社会成员都会面临各种风险，都会产生相应的社会需求，社会福利政策作为对社会需求的回应，应该面向全体社会成员提供福利，这是人人可以享有的基本权利。持选择性观点的学者认为，虽然人人都会面临社会风险，但不同的人面临的社会风险以及应对风险的能力存在差异，福利资源应该用在被证实真正有需求的家庭或个人，社会福利不是普遍权利。[①]这也是社会福利与其他社会保障制度存在区别的地方，社会救助制度不存在权利与义务之间的对等关系，主要强调贫困者可以享有救助的权利而不注重义务，针对贫困人员具有选择性；社会保险的实施对象主要面向缴费人员，强调先履行缴费义务再享受保险待遇，并且社会保险制度中存在个人之间的收入再分配。从我国社会福利的涵盖范围来看，既有针对特定群体的专门性福利事业，更主要的是针对全体公民提供的公益性事业，因此社会福利的分配是普遍性和选择性的统一。

---

① 黄晨熹著.社会福利（第二版）[M].上海:格致出版社.上海人民出版社,2020:86-87.

（二）提供主体具有多元性

在社会保障体系中，社会福利充分体现政府与市场的共同作用。原因在于，一是社会福利管理具有社会化，对于社会福利项目，由于具有福利对象的全员性和项目的多样性，政府没有能力也没有必要承揽所有的社会福利事务，必须依靠市场机制才能尽可能满足民众多样化的各种需求。二是社会福利服务方式具有多样化，这取决于民众需求的多样化，从而决定了社会福利资金来源的多元化，这就需要依靠市场机制来对政府财政拨款存在的不足进行补充。三是社会福利管理和运作具有专业化，这就必须按照产业化思路和市场规律进行市场化定价，注重社会效益的同时注重经济效益。政府与市场在社会福利中的共同作用具体体现为政府的宏观管理和市场的微观运作。具体来说，就是在政府的政策指导下各类社会福利经办机构根据市场机制来运作，在具体经营时首先必须符合政府的各项政策和法规，才能根据市场来定价。

社会福利作为政府主导的一项社会性公益事业，它不仅需要政府进行立法规范和政策引导，还需要公共财政支撑并由政府承担监督管理责任。因此，除了政府和市场主体之外，还需要民间慈善组织、社区等主体共同分担福利责任。从社会福利的资金来源来看，它不仅包括各级政府的财政预算拨款，还有各个组织单位的专项资金、社会团体的资助与捐款以及福利服务的收费等。资金来源不同，福利的性质可以分为官办福利事业、民办福利事业、单位办福利事业、官助民办福利事业等。而社会保险和社会救助的实施主体基本都是行政管理部门，提供主体比较单一。

（三）给付形式具有多样性

在社会福利制度中，世界各国往往将国民享受的福利待遇与其贡献相挂钩，即国民享受待遇时需要支付一定的费用，这一点与社会保险制度相似。然而不同的是，社会福利不用像社会保险那样提前缴纳法定的保险费，往往是在享受福利待遇时才需要支付一定费用，同时国民之间基本不存在收入再分配。社会福利制度中也存在免费享受待遇的情况，这与社会救助制度比较相似。

现金和实物是社会福利资源分配的两种最基本形式。社会福利的给付形式到底是采取现金给付还是实物给付，不仅涉及社会福利政策设计问题，还是一个经典的福利经济学理论议题。随着社会经济发展，人类需求呈现多元化特征，这就需要针对多样化需求对社会福利给付形式进行细分。美国学者吉尔伯特和特雷尔根据可转换程度把社会福利细分为六类：现金、物品、机会、服务、代金券和退税、权力。福利资源的可转换程度指福利给付在多大程度上考虑了消费者的选择自由，或福利对象将福利给付转换成其他形式的可能性大小。不同类型的福利给付具有不同的转换程度，对于福利接受者来说具有了多种可选择性。

（四）供给内容具有广泛性

进入21世纪以来，我国在强调全面建成小康社会的政策导向下，将增进民生福祉定位为发展的根本目的，在幼有所育、学有所教、劳有所得、病有所医、老有所养、住有所居、弱有所扶上不断取得新进展，保证全体人民在共建共享发展中有更多获得感，不断促进人的全面发展、全体人民共同富裕。在社会福利领域，社会福利按项目内容可以划分为收入维持、就业安全、健康照料、住房保障、教育服务、福利服务等。社会福利按保障对象来分，可以分为儿童福利、老年人福利、妇女福利、残疾人福利等。相比社会保险和社会救助来说，社会福利是社会保障体系中内容最复杂、项目最多的子系统。

（五）保障水平具有高层次性

社会福利的目标是提高人们的生活水平和生活质量。社会福利不仅要保障人们的基本生活水平，更重要的是不断满足人们物质和精神方面的高层次需要，使人们的生活质量尽可能得到提高。社会福利对人们需要的满足呈现一种动态发展趋势，随着经济发展水平的提高，在国家财力允许的范围内，社会福利的供给内容在不断扩大，供给方式在不断增多，供给水平在不断提高，总的趋势是随着社会经济发展水平的提高而不断改善。因此，社会福利在社会保障体系中处于最高层次。相对来说，社会救助保障的是贫困人口的最低生活水平，社会保险保障的是参保人的基本生活水平。

（六）保障待遇具有公平性

社会救助的实施对象是贫困人口，根据贫困程度决定救济的数量，贫困程度越大给予的救济越多。社会保险待遇的给付则取决于缴费的时间和数量，缴费时间越长、缴费数量越多则领取的保险金额越大。社会福利则具有较大的机会均等性特征，社会福利的给付与个人的经济地位、职业背景没有太大关系，也不与个人的社会贡献挂钩，作为一种国民收入再分配方式，社会福利遵循"人人有份"的原则，目的是让社会成员共享经济发展的成果。随着社会福利的社会化程度越高，社会福利的公平性体现得越充分。

四、社会福利的功能

不同国家或同一国家不同时间所实施的社会福利政策，一方面是社会经济发展的产物，另一方面对其经济和社会发展起着促进作用。社会福利的基本功能如下：

（一）提高生活质量

社会福利有制度和状态之分，两者之间相辅相成，密不可分。社会福利状态是目的，社会福利制度是手段。作为一种正常和幸福的状态，社会福利是全人类奋斗的目标，也是所有福利制度安排的目标。作为制度或政策的社会福利，无论是狭义的还是广义的，无论是古代还是现代，无论是发展中国家还是发达国家，无论是针对部分人群还是面向全部人群，社会福利制度都是实现社会福利状态、提高国民生活质量的手段。

（二）促进社会稳定

社会福利作为一种社会保障制度，与社会保障制度的其他内容一样，具有稳定社会的作用。这种功能的发挥通过保障和提高广大国民的生活质量来实现。随着经济发展水平的不断提高，人们的需求呈现出多样化和多层次性，只有通过广泛的福利内容和较高的福利水平来满足他们的需求，才能使他们对国家和社会产生强烈的归属感和认同感，增强他们的获得感、幸福感和安全感，从而保证社会稳定。

（三）调控经济发展

社会福利基金主要来源于国家财政拨款，同时还有享受者个人所缴纳的部分费用。国家通过增加社会福利资金投入，扩大和发展社会福利事业，从而可以扩大消费量，这有利于进一步增加投资总额。反过来，如果不扩大和发展福利事业，居民消费量可能会有所下降，对经济发展会产生抑制作用。因此，当经济处于萧条状态时，国家可以通过大力举办社会福利事业的方式，扩大社会整体需求，从而保证国民经济稳定发展；相反，当经济处于过热状态时，国家可以适当减少社会福利事业，从而抑制过旺的消费和投资。

（四）维护社会公平

社会福利从本质来说是对国民财富进行的一种再分配，这种再分配不与个人的经济地位和社会贡献相关联，只要具备公民资格，都具备享有社会福利的基本机会。因此，社会福利具有较大的机会公平和过程公平，最大可能地保证结果公平，目的是让全体社会成员都有机会共享经济发展的成果。

第二节　社会福利的制度设计与体制比较

一、社会福利的价值辨析

社会福利实践以社会福利价值观为基础，不同的价值理念会反映到不同的社会福利实践中，这些理念之间既存在冲突和对抗，也是相互交织的。

（一）公平与效率

公平不仅是一个经济学概念，还具有伦理学意义。公平可以分为横向公平和纵向公平，横向公平是对同等经济地位的人实行同等待遇，这是经济学上的含义；纵向公平是对不同经济地位的人实行差别待遇，抑制经济地位高的人，照顾经济地位低的人，这是伦理学上的含义。在社会福利制度中，公平还可以分为权利公平、机会公平和结果公平。权利公平是指所有社会成员都可以享有公平的社会福利权利，机会公平是指所有社会成员都享有公平获取福利的机会，结果公平是指所有成员获得的最终结果是公平的。在设计社会福利制度时，权利公平、机会公平和结果公平要尽可能平衡和综合。

效率是一个经济学范畴，是指资源的有效使用和有效配置。在资源有限的情况下，资源是否配置得当，有限的资源发挥作用的高低水平，就形成高效率和低效率之间的区别。效率追求的是在资源存量一定条件下，通过资源的最优配置和使用，给社会带来最大福利。

公平与效率在社会福利中存在相互关系。一方面，公平与效率之间存在基本矛盾，强调公平就要牺牲效率，强调效率就要保持一定的收入差距，因此这种矛盾体现在公平与效率之间存在相互替代关系。另一方面，公平与效率之间又存在相互补充，主要表现在收入均等化可以提高劳动力素质，可以消除社会的对立情绪，维护社会稳定，也可以避免经济结构二元化。

因此，在制定社会福利制度时，要通过均衡机制设计，保持公平与效率之间的均衡关系。一方面，对于市场经济造成的收入分配差距和事实上的不公平，政府根据公平原则进行第二次收入分配，遵循补偿性公平，注重结果公平，把收入差距维持在一个合理空间。另一方面，政府在进行二次分配时，要强调市场效率，只有经济发展，才能实现真正意义上的公平，经济效率才能真正发挥出来。

（二）社会需求与社会权利

人类在生存和发展过程中，需要满足生理和心理方面的需求。马斯洛从人本主义思想出发提出需求层次理论，即人类的需求从低到高分为不同的层次，当最低层次的生理需求得到满足之后，逐步会产生安全的需求、归属的需求、尊重的需求，最后会追求最高层次的自我实现需求。布拉德肖则将需求分为规范性需求、感觉性需求、比较性需求和表达性需求。规范性需求是由专家或专业人士根据某一标准所界定的需求，感觉性需求是个人根据其欲望所产生的需求，比较性需求是在与同类其他人的比较中产生的需求，表达性需求是将感觉到的需求表达出来的一种需求。当需求超越个人层面而成为相当比例人群的需求时，就会成为社会需求。社会需求是现代福利国家的构成基础，社会福利的核心是如何满足社会需求，因此社会福利被认为是需求满足的状态。[①]

权利是一个法律概念，是指个人主张的合法性。马歇尔将权利分为公民权利、政治权利和社会权利三个方面，也可以称之为公民资格的三要素。公民资格的个人层面是涉及公民自由的权利，包括人身自由、言论自由、财产权利等。公民资格的政治层面是指参与行使政治权力的权利。公民资格的社会层面是享受经济福利等权利。在西方国家，权利的实现经历了公民权利、政治权利和社会权利的渐进过程，公民社会权利观念的确立，是西方社会福利思想的一个重大变革。

在社会福利领域，公民最重要的两个合法化权利包括：一是以需求为本，强调在区分不同需求的基础上，政府有义务满足人们的这些需求；二是以应得为本，强调某些特定群体的特质和行为，社会有义务为他们提供服务。随着社会权利的不断扩展，社会福利在满足人们普遍需要的同时，已成为现代国家中公民的一项重要社会权利。

（三）功利主义与社群主义[②]

功利主义最早起源于对幸福的理解。边沁系统地阐述了功利及功利主义原理，一方面强调个人行为受快乐和痛苦的统治，是自私自利的；另一方面，又强调应将最大多数人的最大幸福作为个人和政府行为的原则，并且个人幸福和最大多数人的幸福最终是可以达成一致的。也可以理解为，社会利益是个人

---

① 林闽钢著.现代西方社会福利思想——流派与名家[M].中国劳动社会保障出版社，2012:15-16.

② 林闽钢著.现代西方社会福利思想——流派与名家[M].中国劳动社会保障出版社，2012:12-15.

利益的简单相加，当个人利益实现最大化时，社会利益也实现了最大化。穆勒则提出通过自我牺牲避免出现利己主义倾向。

社群主义又称为社区主义、合作主义等。社群主义强调个人权利和社会责任必须平衡，两者之间的关系是构成健康、稳定社会的基础。社群主义主张善优先于权利，也可以理解为公共利益优先于个人权利，强调公共利益的实现才能使个人利益得到最充分的实现。社群主义倡导在社群中每个人为维护和服务于公共利益而作出牺牲的价值追求，公共利益为每个人的健康发展提供了稳定的社会环境和物质保障。社群主义认为，国家对公民和社会不仅应承担起最基本的保障功能，更应积极为大多数公民争取最广泛的利益。

二、社会福利的制度设计[①]

社会福利的制度设计是指在社会福利理论指导下，将抽象的福利观念转化为具体的政策选项或政策产品（如法规和项目）的过程。美国学者吉尔伯特和特雷尔构建了社会福利政策分析框架，具体包括以下几个方面：

（一）社会福利对象

社会福利对象涉及向谁提供福利，这是社会福利的分配基础。关于社会福利分配，最基本的问题是遵循全民性原则还是选择性原则。全民性福利是人人可以享有的基本权利，选择性福利是指福利应根据个人需求（通常是通过家计调查）来决定。吉尔伯特和特雷尔提出了四类分配的资格条件，一是基于社会人口属性的资格条件，主要是根据个人身份（如老人、儿童等）等确定申领资格，最常见的是针对特定人群（如老人、儿童）的社会津贴；二是基于社会贡献的资格条件，如退役军人为国家或社会作出某种特殊社会贡献，这种社会福利政策往往带有补偿性质；三是基于专业诊断的资格条件，是由专家来判断一个人是否具有差异性需求，是否需要提供特殊资源和服

---

① 黄晨熹著.社会福利（第二版）[M].上海:格致出版社·上海人民出版社,2020:83-160.

务，最常见的是为身心障碍者提供的社会福利项目；四是基于家计调查或资产调查的资格条件，即一个人要获得福利，需要证明其经济状况要低于某一水平。当然，上述四类分配原则并非相互排斥，不同分配原则可以联合运用。

（二）社会福利给付形式

社会福利的分配形式和内容是一个传统的社会福利政策设计问题，更是一个经典的福利经济学理论议题。社会福利给付的基本形式是现金和实物，随着社会经济发展，人类需求呈现出多元化态势，美国学者吉尔伯特和特雷尔根据消费者的选择自由，将社会福利分为机会、服务、物品、代金券和退税、现金和权力六类。机会作为一种福利类型，主要涉及机会的创造和分配，如教育机会和就业机会。服务是为福利对象的利益提供帮助的各种活动，如居家照顾、医疗服务、社区发展服务等。物品指的是具体的商品，如食物、衣物和住房。代金券和退税是福利对象可以领取指定服务或物品的一种票据或凭证，如食品券、教育券等；退税则是国家通过税收系统向工作人士提供的一种旨在提高其净收入的福利性给付。现金是运用最为广泛的福利分配形式，它可以为消费者提供购买的自由性。权力是一个人控制周围环境包括他人行为的能力，主要表现为对福利对象赋权和增能。

（三）社会福利提供过程

社会福利的提供是将福利从福利项目设计者送到需求者手中的过程，包括社会福利的生产、组织和输送。社会福利的生产即社会福利由谁来提供，在强调福利多元化的背景下，政府在福利中的主导地位有所减弱，志愿部门（宗教机构和非营利组织）、非正式部门（家庭、朋友、社区）、互助团体、市场部门等可以成为福利供给的来源。社会福利的组织是提供者以何种方式将社会福利资源转化为社会福利产品，并向福利对象输送。社会福利在组织过程中涉及中央集体管理和地方分权管理、公营和私营、营利和非营利之间的选择，究竟选择哪种方式进行组织，既涉及社会经济因素，更涉及政治和组织因素。社会福利的输送是指社会福利提供者如何将福利产品发放到社会对象手中。吉尔伯特和特雷尔指出，无论社会服务是由政府机构还是私营机构提供，重点在于如何提高输送系统的一致性和可及性。

（四）社会福利筹资方式

社会福利的筹资方式，一方面涉及资金来源，另一方面涉及资金的转移支付方式。一般来说，社会福利政策的财政主要来源于政府税收、志愿捐款、用者付费（包括服务收费和个人供款）和福利彩票。在社会福利政策的具体运作中，资金来源往往是多元化的，并不会依赖单一渠道。资金的转移支付指资金从资金来源部门（如税收部门）转移到服务提供部门（如社会福利和服务部门）的过程。在社会福利政策领域，政府的财政拨款是最主要的资金来源，政府资金由税收转变为支出的方式分为四个部分，一是企业和个人作为财富和收入的创造者，以直接税和间接税的形式向中央政府和地方政府提供财政收入；二是各级政府的财政部门作为资金的分配者负责财政预算的总量控制和用途分配；三是各级政府的其他部门（如健康卫生、社会保障和社会服务等）作为资金的使用者，负责制定资金的具体用途；四是各级政府的服务机构、半自治公共机构、私营机构、个人等作为服务的提供者，接受政府部门、企业、机构或个人拨付的资金，向个人提供服务或给付。

三、社会福利体制比较

从社会福利发展的历史和现状来看，许多国家基于相似的经济变迁过程，在应对相同的挑战时一般会采取近似的福利体制来应对。不同的学者从不同视角对福利国家体制进行探讨，讨论国家、市场和家庭在福利提供中分别扮演什么角色，由此提出各有特色的福利模式。

（一）威伦斯基和勒博的两分法模式

1958年，美国学者威伦斯基（H. L. Wilensky）和勒博（C. N. Lebeaux）在研

究工业化对美国社会福利制度的影响时，根据国家在社会福利供给中所承担的不同职能，将社会福利划分为两大类型：①补缺型社会福利和制度型社会福利。补缺型（residual）社会福利②强调通过市场和家庭来提供个人所需的福利，只有当市场和家庭由于功能失调不能满足个人的福利需要时，国家（政府）才会承担起提供福利的责任。制度型（institutional）社会福利强调社会服务是工业社会正常的和第一线功能，重视国家（政府）在社会福利提供中的责任，认为国家应建立制度化的福利体系来满足社会成员的福利需要。③补缺型社会福利主张为弱势群体提供有限的、基于家计调查的服务，制度型社会福利则强调社会福利的制度化，保障对象应具有普遍性。在工业主义逻辑下，所有福利国家的社会福利演进规律是从补缺型向制度型转变，然而，当福利国家遭遇财政困难时，从普遍性福利退回到补缺或选择性福利都是可供选择的方案。

（二）蒂特马斯的三分法模式

英国著名社会政策学者蒂特马斯（R.M.Titmuss）在《社会政策》一书中，提出了社会福利模式的三分法：补缺型、制度再分配型和工业成就型。补缺型和制度再分配型福利模式与威伦斯基和勒博的两分法类似，补缺型福利模式坚持市场至上、政府有限干预的原则，社会服务只在私营市场和家庭失效时为弱势人群暂时撑起安全网；制度再分配型福利模式强调个人福利是社会集体的责任，主张普遍性原则，即所有国民都有权享受基本生存的权利，社会福利是一项必要的社会制度。与威伦斯基不同的是，蒂特马斯又增加了工业成就型福利模式。在工业成就型福利模式中，社会福利被看作经济发展的附属品，福利资源按照"价值、工作绩效和生产力"来分配。这种社会福利的提供以激励人们的工作积极性为目的，更多强调效率原则。

---

① 尚晓援."社会福利"与"社会保障"再认识[J].中国社会科学,2001(3):118.

② Residual在国内也常被译为"剩余""残余""补救"等。

③ 彭华民.中国组合式普惠型社会福利制度的构建[J].学术月刊,2011(10):16-22.

（三）埃斯平–安德森的三分法模式

丹麦学者埃斯平–安德森（Esping-Andersen）在其代表性著作《福利资本主义的三个世界》中，以OECD的18个成员国为研究对象，把这些国家的福利体制分为三类，劳动力的商品化是其重要的分类标准。在他看来，在资本主义社会，劳动力的商品化是最重要的制度标志。劳动力作为商品，有其市场价值，可以在市场上买卖。工人为了生存，必须在市场上出售他们的劳动力，以此获得他们唯一的收入来源。而失业保险、国家退休金和其他国家社会福利项目的建立可以减少劳动力的商品化程度。他相信，劳动力的非商品化程度可以衡量政府对满足公民社会需要的干预程度，他以劳动力的非商品化为主要标准，把这些国家的福利体制分为三类：自由主义、保守主义和社会民主主义。[①]

在自由主义福利模式中，劳动力几乎不存在非商品化，社会服务的提供是有限制的，通常以家计调查为标准，这种福利模式以市场为导向，遵循补缺原则，以英国、澳大利亚和美国为代表。在社会民主主义福利模式中，劳动力高度非商品化，社会福利项目被高度制度化，公民的福利不取决于劳动力市场而是公民权利。在这个模式中，政府是确保人们福利需要得到满足的基本机制，社会服务在这些国家所占比重非常高，遵循普遍性原则，以瑞典为代表。在保守主义福利模式中，劳动力是中度非商品化，社会福利是公民权的一部分开始被广泛接受，福利的分配按职业区分以确保工人阶级的忠诚和中产阶级的支持，以德国、法国和奥地利为代表。

（四）东亚福利模式

在有关福利制度的研究中，20世纪90年代以来，开始有越来越多的学者对东亚国家或地区的福利制度进行研究，认为在中国大陆、台湾、香港等地区和日本、韩国、新加坡等国家存在着与西方国家再分配型福利体制不同的特性。如琼斯提出"儒教福利国家"、埃斯平–安德森提出"保守和自由的混合福利体制"、

---

① 尚晓援."社会福利"与"社会保障"再认识[J].中国社会科学,2001(3):118.

霍利德提出"生产主义福利资本主义"、古允文等提出"发展型福利体制"或"发展型福利国家"。①随着研究的深入，东亚福利体制被支持者概括为具有生产主义、儒教影响和低水平三大特点。反对者则认为，东亚福利体制由于政治体制和经济体制的差异呈现一种碎片化状态，这些国家和地区并没有形成统一的福利文化，内部存在很多小类型。②从非商品化、阶层化和政府与市场的关系几个维度来看，东亚福利体制的总体特征可以概括为以下几个方面：一是经济成长优于福利分配的决策取向；二是家庭在福利提供中扮演重要角色；三是较低的政府福利角色；四是有限福利资源主要面向某些特定的人口群体。③

第三节　我国社会福利制度的发展与改革历程

我国社会福利制度起源于新中国成立初期的救济福利，计划经济时期体现为城镇单位福利、农村集体福利和民政福利。改革开放以来，我国开始探索社区服务和社会福利社会化，逐渐构建起具有中国特色的社会福利体系。目前，我国社会福利发展正处于改革发展的关键时期。总体来看，我国社会福利制度发展经过了以下几个时期：④

一、我国社会福利制度发展历程

（一）建国初期的救济性福利（1949—1955年）

新中国成立初期，面对大量生活贫困、流离失所的民众，党和政府根据

---

① 王小兰.东亚"生产主义福利体制"：学术争论与内容流变[J].中国社会科学院研究生院学报,2020(5):47.

② 万国威,刘梦云."东亚福利体制"的内在统一性——以东亚六个国家和地区为例[J].人口与经济,2011(1):2.

③ 林闽钢.东亚福利体制与社会政策发展[J].浙江学刊,2008(2):189.

④ 林闽钢,梁誉.我国社会福利70年发展历程与总体趋势[J].行政管理改革,2019(7):4-12.

不同人群特征分类施策：如对游民进行技能培训、就业安置、劳动改造等措施；针对孤老残幼群体，民政部门对旧社会慈善团体和救济机构进行接管和改造，同时又创办了一大批救济福利单位，对城市中的孤老、孤儿、精神病人等弱势群体进行救济安置。另外，对于失业和贫困人员，一些城市通过手工业或小型工业生产，组织烈属和城市贫民生产自救解决生计问题。这一时期的社会福利政策具有过渡性质。

（二）计划经济时期的单位福利（集体福利）+ 民政福利（1956—1977年）

随着我国社会主义改造完成和计划经济体制确立，城镇建立起"单位制"组织形式。大部分城镇居民与就业单位形成依附关系，即所谓的"单位人"。就业者的生老病死等福利由单位提供，单位则是代表国家履行福利提供义务。单位就业者可以在住房、医疗、教育、生活设施、体育设施等方面享受免费或低价使用福利，还可以领取取暖、交通、探亲、住房、托育等补贴。

在农村地区，随着人民公社化运动的兴起，人民公社作为政社合一的制度架构成为农村基层社会管理的主要形式。在这一制度框架下，基本生产资料归集体所有，农民成为人民公社的社员，他们通过参加农业生产劳动，从村集体统一获取一定的公共产品。如生产队在总收入中留取一部分公益金，用于医疗、教育等服务项目。但农村居民从村集体中获取的集体福利相对来说项目少、水平低。

同时，没有被单位福利和集体福利覆盖的"三无"人员，政府通过民政福利制度保障其基本生活。如通过建立福利机构为孤老、弃婴、流浪儿童等提供生活照料、医疗康复、文化娱乐等活动；通过福利机构为精神病患者提供供养和生活管理服务。这一时期的社会福利主要由生产单位提供，民政福利则在单位福利之外发挥补充作用。

（三）转型期社会福利的社区化与社会化（1978—1999年）

改革开放以来，随着计划经济体制向社会主义市场经济体制转轨，单位福利（集体福利）为主、民政福利为辅的制度框架受到了挑战，社会福利开始朝着社区化和社会化方向改革。

许多国有企业逐渐"关、停、并、转",部分单位成员开始自谋职业,"单位人"在转变为"社会人"的同时其福利需求开始向社会化转变。1978年9月,第七次全国民政会议提出,在有条件的地方通过费用自理的方式吸纳一些城市双职工家庭生活不能自理的残疾人员。1979年11月,全国城市社会救济福利工作会议提出,要积极创造条件,有计划地开展双职工家庭残疾人员和退休孤老职工的自费收养业务,这对以往以"三无"人员为收养对象是一种突破,成为许多福利事业单位社会化收养的开端。同时,不少社会福利事业单位积极拓展院外服务功能,举办养老、育幼、助残、康复等多种活动。除了福利事业单位向福利社会化转变之外,福利供给主体社会化也是一个发展趋势。1984年,民政部提出"社会福利社会办",鼓励社会各界力量创办社会福利事业。社区提供福利也是当时社会化改革的一个方向,1986年,民政部提出社区服务的构想。1987年,一些城市开始试点和探索社区服务,随后在全国逐步推广。1993年11月,民政部等14部委联合下发《关于加快社区服务业的意见》,社区服务被作为建立健全社会保障体系和社会化服务体系的一个重要行业。地方性扶持保护政策的陆续出台,使社区服务进入快速发展阶段,并上升到制度层面。

（四）21世纪以来多层次社会福利框架形成（2000年至今）

21世纪以来,随着人民生活水平不断提高,人们对社会福利的需求呈现出普遍化和多样化的态势。与此同时,在国家经济快速发展和财政收入大幅度增加的背景下,我国发展社会福利事业具备了一定的财力基础,对社会福利事业的资源投入不断增加,政策支持力度不断加大。在此背景下,更多社会力量参与到社会福利体系建设中,社会福利的保障范围不断扩大,服务内容不断丰富,供给方式不断革新。

2007年,民政部提出"适度普惠型"社会福利目标,社会福利的保障对象沿着从特殊到普遍、从城市到农村两条路径扩展。在服务范围方面,社会福利供给能力的提升将更多对象纳入服务供给范围。如老年服务方面,随着我国老龄化程度不断加深，针对老年人医疗福利需求突出的问题，我国形成了"居家养老为基础、社区养老为支撑、机构养老为补充、医养结合的养老服务体系"，在大力修建社区日间照料中心、老年之家等养老服务设施的同时，政府又将解决失能老人的长期照护作为关注的重点。依托居家、社区和机构等提供的养老服务，我国的老年人福利对象由孤寡老人服务扩展到面向全体老年人。残疾人服务方面，覆盖对象由传统的"三无"残疾人扩展到所有的残疾人，贫困残疾人尤其受到特别关注。儿童服务方面，由过去只关注福利机构对孤儿的供养扩展到事实无人抚养儿童，由亲友代养的孤儿、流浪未成年人、贫困家庭的残疾儿童等都被纳入社会福利关照的范围。在全面建成小康社会目标实现过程中，在多层次社会保障体系基本建立的基础上，我国坚持教育和就业优先发展战略，提供公平优质教育和努力实现充分就业，实施健康中国战略稳步提升国民健康水平。

在乡村振兴背景下，国家改变了过去"重城市、轻农村"的社会福利发展格局。近年来，农村社会投入不断增加，农村社会保护制度日趋完善，城乡基本公共服务均等化程度不断提高。农村养老服务、社区服务等机构与设施得到快速发展，覆盖对象面向所有农村居民，更多具有社会服务需求的农村居民被纳入社会福利体系中。

二、我国社会福利制度存在的问题

（一）城乡间、区域间社会福利发展不均衡

受城乡二元经济结构的影响，我国农村地区社会福利发展较为缓慢。近年来，尽管政府对农村社会福利的支持力度不断加大，但受历史惯性和城乡二元结构制约，农村社会福利在资源投入、设施条件、给付待遇等方面与城市相比都存在较大差距。因此，补齐农村社会福利短板，逐步消除社会福利城乡之间的差距，实现城乡社会福利均衡发展是我国社会福利发展的主要任务之一。同时，由于地区之间经济发展差距较大，东、中、西部社会福利支出和水平存在较大差异。

（二）社会福利制度资金来源单一

随着我国经济发展水平不断提高，我国政府对社会福利方面的支出也在不断增加。然而，从财政投入来看，我国政府对社会福利的总体投入还比较有限，支出水平低且增长幅度缓慢，这在很大程度上影响了社会福利的供给水平。同时，我国社会福利支出对政府的依赖程度较高，社会力量参与社会福利供给的渠道和方式较为有限，这就会对政府财政造成较大的压力，在政府财政有限的情况下，社会福利水平很难有实质性提高。

（三）社会福利制度法制化水平不高

我国当前已经颁布并修订了《中华人民共和国残疾人保障法》《中华人民共和国未成年人保护法》《中华人民共和国老年人权益保障法》等相关法律，但是现有的这些法律本质上是种促进法，缺乏刚性规范，实质效力有限，不能作为推进相关社会福利事业的具体法律依据。目前我国还没有针对社会福利事业制定一部专门性法律，导致社会福利各项政策实施缺少法律约束力，立法相对滞后已成为我国社会福利发展的瓶颈。

三、我国社会福利制度发展趋势

2020年是我国社会发展的一个关键节点，随着我国全面建成小康社会，我国的社会福利制度发展将会有一个新的发展趋势。

（一）构建以"美好生活"为核心的社会福利制度

进入社会主义新时代以来，我国社会主要矛盾已从"人民日益增长的物质文化需要"转变为"人民日益增长的美好生活需要"。围绕"美好生活"这一奋斗目标，需要回应"美好生活"的社会发展需要和新变化，确立实现人民福祉、促进包容性发展作为我国社会福利发展的首要目标。中国特色现代社会福利制度建设是及时回应和有效满足全民美好生活需要，解决美好生活需要满足中的痛点、堵点和难点，构建中国特色社会主义美好社会的最佳制度路径。

这意味着所有社会成员都需要全民性、普惠型的社会福利制度，因为所有人都可能因年老、贫困、疾病等需要帮助和照顾，因此现代社会福利制度需要覆盖全民。简单来说，现代社会福利的目标、主要功能和制度原理应是解决社会问题、预防社会风险和满足美好生活需要。①

（二）加大社会福利制度财政支持力度

社会福利具有公共产品或准公共产品性质，这就决定了政府要为社会福利提供资金保障。一方面要强化政府对社会福利的筹集责任，通过提高财政支持力度和增强财政制度化建设，政府承担主要的筹集责任。如可以将基本养老服务、残疾人服务、儿童服务等以专项资金的方式纳入各级财政预算体系，并建立社会福利投入与财政收入适宜的协同增长机制。另一方面，要积极拓展社会福利的筹资渠道，通过慈善捐款、服务收费、福利彩票、个人供款等方式实现福利资金来源多元化。同时，要加大对农村社会福利事业的投入，通过加大财政投入和政策支持，统筹各方资源加快推进农村社会福利机构和社区服务设施建设，重点加强农村老年人、儿童、残疾人等特殊群体福利项目建设，推动基本公共服务项目向农村社区延伸。此外，要加大财政转移支付力度，促进社会福利事业发展城乡协调和城乡一体化建设的同时，不断缩小区域之间福利水平之间存在的差异。

（三）推动社会福利法制化建设

针对当前我国社会福利法制化建设相对滞后的现状，应加快推进社会福利法制化建设进程。一方面要尽快颁布综合性《社会福利法》，明确社会成员的福利权益，明晰国家、社会、家庭与个人等不同主体和福利对象在福利提供和获取社会福利过程中的权利与义务，同时明确各种社会福利项目的实施机制和管理、监督机制等。另一方面，在制定《社会福利法》综合性法律的基础

---

① 刘继同.美好生活需要满足与现代社会需要理论体系——现代社会福利制度化目标与原理[J].南开学报（哲学社会科学版），2022（4）：100-114.

上，还要针对不同群体分别制定《老年人福利法》《残疾人福利法》《儿童福利法》《社会服务法》等配套性法律，使各种福利项目在政策制定和实施过程中均可以做到有法可依。另外，要根据经济社会环境的变化，对原有社会福利制度和政策进行及时修订，使各项社会福利内容更加细化与完善，更好地满足民众的社会福利需求。

（四）建设"发展普惠型"社会福利制度①

我国已从"补缺型"福利制度迈向"适度普惠型"福利制度，随着我国全面建设小康社会目标的实现，继续扩大社会福利普惠的覆盖面是经济社会发展的必然趋势。"发展普惠型"社会福利制度是在福利制度转型过程中可以选择的一条可行出路，既结合我国国情以及民众对美好生活追求的目标，又吸取国际社会"财政黑洞""福利病"等福利国家陷阱的教训。"发展普惠型"社会福利制度从宏观层面注重社会与经济协调发展，以及社会福利制度本身的可持续发展；从微观层面突出以人为本，通过以投资的方式关注与推进人的全面发展。具体来说，可以以资本积累为目的，在社会不同场域进行投资，如家庭、社区、公共设施建设等，形成家庭自立自强精神、社区自主建设精神、社会团结精神等；以风险预防为目的，在生命不同阶段进行投资，提高人口基本素质、劳动者就业能力和老年人服务社会的能力。

本章小结

社会福利分为广义社会福利和狭义社会福利。广义社会福利是国家依法为公民提供的收入维持和社会福利服务。狭义社会福利是由国家和社会向一部分需要特殊照顾的社会成员提供物质帮助或服务的制度。完整的社会福利体系包括公共福利、特殊福利和社区服务。社会福利分配原则具有普惠性和选择性、提供主体具有多元性、给付形式具有多样性、供给内容具有广泛性、保障水平具有高层次性、保障待遇具有公平性。社会福利可以提高生活质量，促进

---

① 王云斌.中国社会福利制度的历史考察与发展方向［J］.社会福利,2020(2):3-8.

社会稳定，调控经济发展，维护社会公平。社会福利制度设计需要考虑公平与效率、社会需要与社会权利、功利主义与社群主义之间的关系。社会福利制度设计涵盖社会福利对象、给付形式、提供过程和筹资方式几个方面。比较典型的社会福利体制有威伦斯基和勒博的两分法模式、蒂特马斯的三分法模式、埃斯平-安德森的三分法模式、东亚福利模式。我国的社会福利制度发展经历了建国初期的救济性福利、计划经济时期的单位福利、转型期社会福利的社区化与社会化、21世纪以来多层次社会福利框架形成几个阶段。当前，我国社会福利制度存在城乡间、区域间社会福利发展不平衡，社会福利制度资金来源单一，社会福利制度法制化水平不高等问题，我国社会福利制度发展趋势是构建以"美好生活"为核心的社会福利制度，加大社会福利制度财政支持力度，推动社会福利法制化建设，建设"发展普惠型"社会福利制度发展。

复习思考题

1. 简述社会福利的内涵。
2. 简述社会福利的基本特征和主要功能。
3. 阐述埃斯平-安德森的福利三分法模式。
4. 区分社会福利制度设计中的公平与效率、权利与义务之间的关系。
5. 简述社会福利制度设计的内容。
6. 论述我国社会福利制度发展和改革的方向。

拓展阅读

1. ［丹麦］哥斯塔·埃斯平-安德森著.福利资本主义的三个世界［M］.苗正民,滕玉英译,北京：商务印书馆,2010年.

这部著作最突出的特色在于，按照非商品化、社会分层和国家与市场的关系三个原则，将福利国家划分成三种模式：一是自由主义模式，注重市场机制的作用，非商品化弱，社会分层明显；二是保守主义模式，以社会保险的多方责任分担为基础，非商品化和社会分层程度居中；三是社会民主主义模式，注重国家力量，非商品化强，社会分层不明显。

2.［英］哈特利·迪安著.社会政策学十讲［M］.岳经伦,温卓毅,庄文嘉译.上海:格致出版社·上海人民出版社,2009年.

本书为社会政策学提供了一个简短而基本的介绍,主要内容涉及社会政策学的范围和重要性,社会政策的基础及其在当代的意义,社会政策学涉及的医疗卫生与教育、收入维持与就业、个人社会服务等主要议题以及这些议题的经济、政治和社会层面,社会政策学面临的主要挑战及未来发展方向。

案例讨论

夯实幸福之基　在发展中保障和改善民生

民生是人民幸福之基、社会和谐之本。习近平总书记指出:"人民幸福安康是推动高质量发展的最终目的。"

2023年,我国在保障和改善民生方面交出了精彩答卷:居民人均可支配收入增长6.1%;脱贫地区农村居民收入增长8.4%;提高"一老一小"个人所得税专项附加扣除标准,6600多万纳税人受益;国家助学贷款提标降息惠及1100多万学生……每一组数据背后,都是群众最关心的最直接、最现实利益问题,汇聚起来是触手可及的幸福。

2024年政府工作报告提出:"坚持在发展中保障和改善民生,注重以发展思维看待补民生短板问题,在解决人民群众急难愁盼中培育新的经济增长点。""坚持以人民为中心的发展思想,履行好保基本、兜底线职责,采取更多惠民生、暖民心举措,扎实推进共同富裕,促进社会和谐稳定,不断增强人民群众的获得感、幸福感、安全感。"

资料来源:《中国城市报》,2024年3月11日,第11版。

思考题:谈谈社会福利在社会保障体系中的地位和作用?社会福利和共同富裕之间的关系如何?

第三章 社会救助概述

◇ **学习目标**

通过本章学习，了解贫困的类型、贫困的指标以及贫困与生活救助之间的关系。从多个角度掌握社会救助的含义、内容、特征、原则，了解社会救助在社会保障中的地位和层次，思考我国社会救助当前存在的问题和未来的发展方向。

习近平总书记十分重视社会救助事业高质量发展，明确指出，对困难群众，我们要格外关注、格外关爱、格外关心；社会政策要兜住兜牢民生底线。党的二十大报告指出，健全分层分类的社会救助体系。这为我国社会救助发展提供了依据和方向指引。

第一节 社会救助的含义

社会救助作为社会保障制度的最后一道安全网，对社会中弱势群体或遭遇困境的人们承担着保障社会成员生存条件的责任，对促进社会稳定和发展起着非常重要的作用。

一、贫困与生活救助

（一）贫困的类型

贫困问题是全世界各国都普遍存在的问题，不管是发达国家还是发展中国家都有贫困人口存在。贫困是一种较为复杂的经济问题和社会问题，各国由于经济发展水平和文化背景不同，对贫困问题的认识也存在一定差异，并且随着时代变迁也会不断发生变化。关于贫困，普遍的观点如下：

1. 绝对贫困与相对贫困

绝对贫困是指在某一个时期个人或家庭依靠劳动收入或其他合法收入，不能维持其基本生存需要的贫困或者生活状态。[1]绝对贫困是以维持人的最低生存需要为标准进行划分的，确定是否处于绝对贫困状态的衡量标准为绝对贫困线。绝对贫困线是仅能够满足人们最低生活需求的收入水平，低于绝对贫困线被认定为绝对贫困。绝对贫困线的确定会依据基本生活必需品的各类、各种食物所包含的热量值、购买必需食品的总支出以及与经济发展水平相适应的恩格尔系数来确定。对绝对贫困的认识或绝对贫困线的确定，会随着社会经济的发展而不断变化。

相对贫困是指在某一个国家或者某一个时期，个人及家庭的收入水平低于其他人或家庭而产生的生活水平低于其他人或家庭的生活状态。相对贫困

---

[1] 钟仁耀主编.社会救助与社会福利(第四版)[M].上海:上海财经大学出版社,2019:3.

线是根据收入较低的成员与其他社会成员之间的收入差距或者一定消费物品的相对关系来计算的。第一种方法为相对收入法，是把贫困线规定为非贫困家庭平均收入的某个百分比；第二种方法为收支对照法，是以家庭消费的食物为基础，通过降低恩格尔系数来制定。

相对贫困与绝对贫困不同，它不是从维持人的最低生活水平出发的，而是与当地平均收入相对的角度进行对比的。所以不管是发展中国家还是发达国家，都会存在相对贫困的现象，相对贫困是普遍存在的。发展中国家面临的主要是绝对贫困问题，发达国家所需要解决的主要是相对贫困问题。

2. 狭义贫困和广义贫困

与绝对贫困和相对贫困以生活需要的划分标准不同，狭义贫困和广义贫困主要从是否满足精神文化需求的角度进行区分的。

狭义贫困是指个人或家庭在物质（或经济）方面处于一种困难状态，并不考虑他们的精神文化状态。虽然与绝对贫困和相对贫困的划分标准不同，但狭义贫困可能既包含绝对贫困也包含相对贫困，因为绝对贫困和相对贫困主要考虑经济方面的贫困。但狭义贫困并不完全等同于绝对贫困和相对贫困，与绝对贫困相比，狭义贫困有时是一种相对的物质生活水平，属于相对贫困；与相对贫困相比，狭义贫困只包含经济层面，而相对贫困在某些国家也包括精神文化层面。

广义贫困是指个人或家庭不仅经济层面处于困难状态，精神文化层面也处于贫困状态。与绝对贫困相比，广义贫困与绝对贫困都包含经济层面的贫困，但广义贫困还包括精神文化方面的贫困。与相对贫困相比，广义贫困与相对贫困都包含经济和精神方面的贫困，但广义贫困强调的是通过哪些方面来衡量一个人或者家庭是否处于贫困状态，而相对贫困更强调的是一种相比较于其他人的生活水平。

狭义贫困和广义贫困的含义也会随着社会经济的发展而发生变化，发展中国家主要解决的是狭义贫困，发达国家主要解决的是广义贫困。

3. 长期贫困和暂时贫困

长期贫困是指个人或家庭长时间处于一种贫困的状态。如果某个人或家庭长期处于贫困状态而无法通过各种方式摆脱贫困，这种贫困被认为是长期贫困。暂时贫困是指个人或家庭生活不是长时间处于贫困状态，而是因为某些原因而暂时陷入贫困，这种贫困则是暂时贫困。造成暂时贫困的原因往往是自然灾害或疾病以及各种突发事件。

暂时贫困如果不及时进行救助，个人或家庭就有可能转为长期贫困。陷入长期贫困的家庭不断增多会对个人及家庭乃至整个社会造成严重影响，造成社会秩序混乱，不利于社会和谐稳定。

（二）测量贫困的指标

1. 贫困发生率

贫困发生率又称为绝对贫困指标，是指贫困人口与全部人口之间的比重。贫困发生率衡量的是贫困人口的比重，如果用H表示贫困发生率，用N代表全部人口，用Q表示贫困人口，那么，$H=Q/N$。但贫困发生率无法观察贫困线以下的收入变化和收入分布。

2. 贫困缺口率

贫困缺口率又称为相对贫困指标，是每个贫困人口的平均纯收入与贫困线收入的差距与贫困线收入的比率。如果贫困缺口率为I，平均收入为U，贫困线收入为L，那么$I=1-U/L$。贫困缺口率主要观察的是收入分布，用来说明贫困人口的实际收入与贫困线之间的差距及贫困状况的变化情况。但是贫困缺口率无法正确反映一国的贫困人数与总人数的比重。

3. 恩格尔系数

恩格尔系数是衡量人们生活水平高低以及不同人群贫富差距的指标，是人们全年食品消费支出占总消费支出的比率。用E来表示恩格尔系数，$E=$全年食品消费支出/全年总消费支出。但是只用恩格尔系数无法准确反映一国人民的实际生活水平，因为每个国家都存在特殊情况。

（三）社会救助对贫困的作用

如果不及时针对贫困状态采取相应措施，一个国家或一个地区可能会陷入一个贫困的循环状态，贫困产生于贫困，贫困又带来贫困，久而久之，就会形成恶性循环。贫困人员往往生活环境恶劣，生活质量不高，缺少接受教育的机会，在医疗卫生领域处于匮乏状态，从而无法在社会上占据优势地位。运用社会救助政策打破贫困的恶性循环，是各个国家的重要目标之一。

国家通过立法，采取强制性措施对国民收入进行再分配，对基本生活困难的社会成员给予物质帮助，实施社会救助政策，可以起到缓解贫困的作用。一方面，社会救助政策的资金主要来自政府税收，税收政策规定收入较高的人群多缴纳税收，收入较低的人群少缴纳或者不缴纳税收。另一方面，富裕家庭不需要接受生活救助，只有生活困难的家庭和收入较低的家庭才能享受到生活救助待遇。通过这种收入再分配机制可以缩小贫富差距，也可以缓解贫困现象。

二、社会救助的概念

社会救助有时也称为社会救济。通常来说，救济主要指的是一种暂时的救贫济穷的措施，其出发点源于一种慈善和同情的心理，所以在官方文件中很少看到。社会救助是一种国家制度，作为政府责任而持续采取的长期性救助，是社会保障制度中的一项重要内容。社会救助指通过立法由国家或者政府对由于失业、疾病、灾害等原因所造成收入中断或者收入降低并陷入贫困的人员或者家庭实行补偿的一种社会保障制度。

社会救助概念包含以下几层次具体含义：第一，社会救助的主体是国家和社会。国家通过立法制定社会救助的标准和内容，各级政府不仅对这一政策的实施负有直接财政责任，同时也负有管理与实施的义务，这是一种政府行为；从另一个角度来看，社会救助也是一种社会行为。从社会救助产生之初，就表现出民间或社会团体对贫困对象的自发性帮扶和救助，这种自发性的捐赠和慈善活动本身就是一种社会行为。第二，社会救助的对象是贫困人员。在各国的社会救助中，社会救助的对象都会根据具体国情加以确定，国家只对自我保障有困难且确实需要国家和社会进行救助才能摆脱生存困境的社会成员承担责任。第三，社会救助的目标是满足社会成员的最低生活需要。为防止社会成员陷入生存危机提供必要的物质进行救助，这是政府的法定义务，也是公民的基本生存权利。最低生存条件是一个动态概念，其含义也在不断扩展。第四，享受社会救助的条件是低于贫困线，而且要经过家计调查。

社会救助制度会随着社会、经济、文化及政治等因素的发展而不断变化，它是一个社会进步和文明的重要标志。因此，社会救助是一个动态发展的概念，其内涵和外延会不断发生变化。

三、社会救助的特征

社会救助是社会保障体系中最早建立的一项制度，也是社会保障体系的重要组成部分，除了具有社会保障制度的共性之外，也具有自身特征。

（一）权利与义务的不对等性

当个人或家庭因为各种原因陷入贫困而且依靠自身力量无法摆脱这种困境时，国家和社会通过社会救助手段为他们提供物质帮助。获得救助的对象除了需要接受家计调查外，无需尽自己的义务或尽少量的义务就可以享受待遇，提供社会救助则是政府和社会的职责和法定义务，否则社会就会出现严重问题。因此，社会救助存在权利与义务不对等的属性。

（二）救助对象的有限性

虽然社会救助本质是对所有公民都适用的一项社会保障制度，没有特定的民族、性别、籍贯等限制，也不需要预先承担缴费义务，只有各级政府设定的具体救助条件和标准，从这个角度来看，社会救助具有全民性。然而，由于符合条件有资格享受社会救助待遇的人员和家庭只是一小部分，因此社会救助待遇享受对象具有有限性。

（三）保障水平的最低性

相较于社会保险和社会福利，社会救助是针对长期或暂时陷入困境的国民进行生活上的保障，三者保障水平是不一样的。社会保险是保障国民的基本生活水平，社会福利是保障国民较高的生活水平，社会救助的保障水平是最低的，常被称为"最后一道安全网"。如此一来，形成社会救助、社会保险和社会福利由低到高渐进的保障体系。

（四）资金来源的单一性

由于社会救助强调权利和义务的非对等性，即符合条件的国民无须缴费便可享受。因此，社会救助的资金来源主要是国家财政。从世界各国的经验来看，很多国家的社会救助资金都是中央财政和地方财政共同分担。虽然中央和地方负担的比例有所不同，但都可以保证各地区的公民享受实际标准较为统一的救助，这种标准会因各地的实际发展水平有所区别，但这种差异反而更能体现出制度的公平性。

（五）资格审查的严格性

社会救助虽然适用于全体国民，但只有贫困人口才可能享受相关待遇，获得待遇之前必须由本人自愿向当地相关部门申请，经过当地职能部门入户调查后，符合条件的家庭和人员会由基层部门提交给当地上一级民政部门进行二次审核，符合条件的人员才会发放救助金。因此，对申请人员的经济审查是比较严格的。

四、社会救助的原则

在社会救助制度实施过程中，需要坚持以下几项基本原则：

（一）强调公平性的原则

社会救助作为一项社会保障的兜底制度，帮助的是社会中的贫困人口和家庭。虽然在社会发展中强调效率优先兼顾公平，但很多社会成员由于身体、劳动能力等先天因素和天灾人祸等原因陷入生存危机，为防止社会出现动荡，同时也为了体现国家责任，理应让贫困人口平等享受经济发展的成果。因此，社会救助必须充分体现公平原则，坚持从公平的角度出发，坚持面向全体国民，公平地救助所有符合条件的社会成员，这也是国家得以进一步发展的基础和前提。

（二）坚持无偿性原则

与社会保险需要先履行缴费义务才可以享受相关待遇不同，社会救助不强调权利义务对等。符合法定救助条件的对象本身就是社会中的弱势群体，这些社会成员由于各种原因自身生存条件都难以维持。因此，国家财政作为资金来源，无偿地发放给符合社会救助资格的国民是一项普惠性政策，对于贫困人口的救助作用非常巨大。同时，很多国家和地区对享受社会救助待遇的社会成员附带一定的非物质条件，如从事力所能及的社区劳动、社会服务等，但这并不能说明社会救助就是有偿的，这只是降低贫困陷阱或者体现公民义务的一个举措，而且一般也都是非强制性的。

（三）坚持与社会发展同步的原则

一方面，随着社会经济的不断发展，社会救助中的绝对贫困人口日益减少，而由于各地经济发展所带来的技能和资本不足会产生大量的相对贫困人口（例如失业人口、大病患者等），这就要求社会救助的对象应随着社会经济发展的变化相应做出调整。另一方面，社会经济发展使得全体社会成员的生活水平普遍提高，人们对于生活必需品的种类日益增加，品质也随之提高，这就必然要求社会救助的发放标准也不断提高。只有不断保持社会救助与社会经济发展相协调，才能保证社会救助的有效性。

（四）坚持规范化原则

社会救助对象的认定应以中央政府的相关法律法规为依据，地方政府根据本地区的实际情况进行筛选。对申请人员的审查一般需要经过当地社会救助管理部门和高一级社会救助行政主管部门两个程序，而且能否享受社会救助待遇决定权掌握在后者手中。因此，基层政府应该严格按照相关规章制度进行核实和审查，不能把社会救助的资格作为某些人权力寻租的砝码，也不能敷衍塞责。上级民政部门也要严把最后一道关，要不断提高审核的效率和制度化、规范化。

五、社会救助的基本功能

社会救助制度对社会、经济和政治等都会产生重大的影响，它的功能主要表现在以下几个方面：

（一）对贫困人口的影响

无论社会经济发展程度如何，不同的国家和地区一直都会存在按照当地设定的标准处于贫困的人口，贫困人口自身往往又难以通过努力摆脱贫困，这就需要社会救助制度进行解决。通过国家财政拨款，发放给贫困人口，保障他们的最低生活水平。此外，社会救助在很多国家和地区从消极救助转为积极救助，通过提供免费的培训和教育、发放小额无抵押贷款等方法提高贫困人口的劳动技能，提高其就业能力，实行积极的生产自救。

（二）对宏观经济的影响

贫困恶性循环理论认为，由于资本不足或投入不足，贫困人员只能一直处于低投入、低产出从而一直陷入贫困的境地，贫困导致经济活动在低水平恶性循环。社会救助的根本目的是消除贫困，而贫困是收入差距扩大的结果，贫困会造成消费倾向下降，不利于促进生产力和产品革新，影响宏观经济的长期发展。

（三）对社会的影响

社会救助不仅可以提高贫困人口和家庭的实际生活水平，还可以消除由于贫困对社会和政府的不满，对社会发展有重大的积极作用。

一方面，贫困可以稳定社会。贫困的存在是一种社会动荡诱因，建立社会救助的初衷也是为了稳定当时政府的统治，由于不同时期都会存在一定的市场失灵、收入差距过大等不合理现象，因此社会救助的存在就变得很有必要。

另一方面，社会救助还可以提高一个国家和地区的人口质量。由于贫困存在恶性循环的怪圈，在贫困地区，人口增长越快，经济发展就越慢，在一定程度上，贫困会导致人口的增加。增加的贫困人口无法接受良好的教育，人口质量会下降，社会救助制度提高了贫困家庭的收入，一定程度提高了人口的质量。

第二节　社会救助基本体系

社会救助体系是一个国家或地区对于贫困人口进行救助时，根据实际需要逐渐演变成的一套框架体系。随着社会救助内涵和外延的发展，它的内容体系也在不断丰富和完善。从不同的角度可以对社会救助体系进行不同的划分。

一、根据社会救助的内容划分

这是普遍采用的一种划分方法，一般包括生活社会救助、灾害社会救助、专项救助等等。

（一）生活社会救助

生活社会救助是解决贫困人口吃穿等温饱问题的一种社会救助项目。这里所指的生活是一个狭义的范畴，主要是在温饱方面无法达到当地最低生活水平的状态，并不包括住房、教育、医疗等方面的内容。生活社会救助是社会救助制度中最为重要的组成部分。根据政府确定的贫困线，无法达到贫困线生活水平的个人和家庭，可以通过申请并接受家计调查后，符合条件的人员和家庭可以享受生活救助待遇。

（二）灾害社会救助

灾害社会救助是政府对因遭受自然灾害或其他人为灾害侵袭而陷入生活贫困的社会成员提供一定物质帮助的一种社会救助项目。灾害救助主要是保证受灾社会成员维持最低生活水平，帮助灾民渡过难关，提升其生存能力的救助制度，是世界各国社会救助制度中一项重要内容。灾害社会救助通常是一种临时性救助，主要有现金救助和实物救助，其中实物救助是灾害社会救助中的主要方式。除此之外，以工代赈也是一种灾害社会救助形式。

（三）专项社会救助

专项社会救助是针对被救助对象在某些方面的特殊需要提供的社会救助项目，与基本生活救助、灾害社会救助相互补充，共同构成社会救助制度的主要内容。专项社会救助包括医疗社会救助、教育社会救助、住房社会救助、法律社会救助、应急救助及临时性救助等。医疗社会救助是对贫困人口中因病而无经济能力接受治疗的人给予一定医疗费补助的社会救助项目，它是在政府主导和社会广泛参与下，通过医疗机构实施的专项支持救助项目。教育社会救助是国家和社会为保障适龄人口获得公平的教育机会而对贫困地区和贫困家庭子女提供物质援助的救助项目，旨在通过学费减免、发放奖学金等方式帮助贫困人口完成相应阶段学业。住房社会救助是政府向低收入家庭及其他需要保障的特殊家庭提供住房租金补贴或以低廉租金配租的救助项目，政府通过承担住房市场费用和居民支付能力之间的差额，使低收入者实现居者有其屋。法律社会救助是政府对贫困家庭或贫困人员给予法律帮助的社会救助项目，以司法救济的形式出现，直接目的是实现司法公正与正义。

二、根据社会救助的手段划分

社会救助的手段可以分为现金救助、实物救助、服务救助及以工代赈等。

（一）现金救助

现金救助是以发放现金的形式为救助对象提供帮助的社会救助形式。除了直接发放现金，费用减免或核销也是一种现金救助，其优点是受助者可以根据不同的需要去购买物质生活必需品或其他服务，能够有效满足贫困家庭的多样化需求。现金救助是降低贫困最有效的方法，是现代社会救助的主要形式。

（二）实物救助

实物救助是以发放物品的形式为救助对象提供帮助的社会救助形式，是最早也是最传统的一种形式。发放物品可以让救助对象即刻得到生活所必需的一些生活资料，效果比较快捷，灾害救助中实物救助比较常见。但物品发放存在不一定符合救助对象需求的问题，针对性可能会差一些。

（三）服务救助

服务救助是针对特殊的救助对象提供生活照顾和护理等服务，主要包括对高龄老人的护理服务、对孤儿的关爱和照顾等。现金或实物无法满足贫困家庭对于护理方面的需求，因此，为贫困家庭提供服务救助更能体现救助项目的针对性。

（四）以工代赈

以工代赈是通过政府和社会提供相应的工作岗位，增加就业机会，帮助一些有劳动能力的贫困人口通过自己的劳动获得劳动报酬，从而摆脱贫困的救助形式。在灾害救助和扶贫开发中，以工代赈是较为广泛采用的救助手段。

三、根据救助时间的长短划分

社会救助依据救助时间的长短，可以分为定期救助和临时救助。

（一）定期救助

定期救助是一种经常性的救助，在时间上具有连续性，一般表现为每隔一段时间，按照当地政府的规定，定时、连续地为救助对象提供援助。如我国的最低生活保障制度，低保金每月发放一次，可以很好地保障困难家庭和困难人口每月最低的生活需求。

（二）临时救助

临时救助也称为应急性救助机制，在时间上不具有连续性，或者救助时间持续比较短，主要是解决社会成员因各种原因临时陷入生活困难所面对的生活难题。临时救助的条件往往会根据实际情况短期或临时制定，当救助条件不存在时，临时救助也就随之取消。临时救助主要包括各种自然灾害救助和失业救助等，我国针对流浪乞讨人员的救助也是一种临时性救助。

第三节　我国社会救助制度的发展历程

我国自古就有社会救助制度的雏形。由于经济发展不平衡，每个时期总会有一部分社会成员由于自然灾害等原因丧失劳动能力或者由于收入较低无法维持基本生活，因此政府采取各种措施对需要救助的对象进行帮扶，保障救助对象的基本生活，同时还可以稳定社会和巩固统治地位。

一、社会救助制度萌芽阶段（1949年以前）

我国的社会救助思想最早可以追溯到2000多年前的春秋战国时期，其中影响最为深远的是儒家思想，"大同""仁政"等思想对当时政府救助贫困人口发挥了非常重要的影响作用。

中国近代的社会救助思想受到西方一些思想的影响，逐步形成了以中西结合为主要特征的社会救助模式。当时政府公派到西方的留学回国学者，效仿《济贫法》，于1915年制定了《游民习艺所章程》，1943年颁布了《社会救助法》，这些法律法规的颁布标志着我国当时试图依靠法律工具来规范和实行社会救助。但由于长期受到战乱影响，国民经济发展低迷，社会不稳定，这些先进的理念和法律并没有真正在华夏大地全面实施，贫困问题依然严重和深刻。

二、社会救助制度形成和发展阶段（1949—1955年）

由于持续不断的战乱，民生凋敝，建国初期中国的社会经济面临崩溃。新生人民政权在积极发展生产、强化社会调控能力的同时，迫切需要安抚贫民，解决他们最为紧迫的生存问题，维护社会稳定。同时，从1949年到1952年，我国接连发生全国性的水、旱、风暴等自然灾害，城乡贫困人口数量众多，需要救济的人群包括灾民、难民、贫民、散兵游勇、失业人员和无依无靠的孤老残幼等十余种。此外，大量有劳动能力的国民因为失业也陷入生活困境。解决这部分群众的生活困难，保障他们的基本生活，对解放战争的彻底胜利和新生人民政权的巩固具有重要意义。

1950年4月，中央人民政府组织召开中国人民救济代表会议，会议确定了"在政府领导下，以人民自救自助为基础开展人民大众的救济福利事业"的基本救济原则，会后成立了中国人民救济总会。

建国初期大规模的紧急救济，不仅使数千万挨冻受饿、挣扎在死亡线上的民众有吃有住有衣穿，摆脱了死亡威胁，而且对于妥善解决旧社会的遗留问题，恢复发展国民经济，巩固新建立的人民政权起到了至关重要的作用。这一时期确立的社会救济方针、原则和方式，成为我国社会救助制度的雏形，同时也为今后我国社会救助事业的发展奠定了基础。

三、社会救助制度调整和停滞阶段（1957—1977年）

1957年，随着"三大"改造任务基本完成，我国进入全面建设社会主义时期。此时，战争创伤已得到医治，国民经济全面恢复，公有制主体地位确立，人民的物质生活有了明显改善，城乡困难人员大量减少，社会救助的对象、内容和方式都发生了新的变化，救助模式由紧急性救助转向经常性救助，城乡救助也开始呈现二元经济结构特征。

在农村，五保供养制度初步建立，集体经济组织开始承担社会救济责任。农村五保供养制度的建立和发展是这一时期最突出的制度创新。对其他农村困难户的救济，则主要采取农村集体经济组织为主、国家保障为辅的救济方式。20世纪60年代初期，受自然灾害影响，农村贫困户大增。国家一方面组织农民生产自救，另一方面加大了农村救济力度。

在城市，伴随着计划经济体制的实施，我国建立了一整套就业与社会保障一体化的单位保障制度。社会救助在整个国家社会保障体系中的作用大大削弱，主要发挥"拾遗补缺"的作用。从救助对象上看，主要可分为孤老病残人员救助和特殊人员救助两类；从救助形式上看，可分为定期定量救助和临时救助两种。此外，国家还对一些特殊救济对象采取按规定标准进行定期定量救助的政策。

"文化大革命"期间，党和国家的各项工作受到严重冲击。1969年内务部撤销，社会救助一度处于混乱停滞状态，各项救助政策无法全面落实。此时的农村社会救助主要依托人民公社开展，城市社会救助主要依靠企事业单位组织实施。

四、社会救助制度恢复和初步发展阶段（1978—1992年）

党的十一届三中全会以后，我国社会主义现代化建设事业进入新的历史时期，对困难群众的社会救助得到党和政府的高度重视。各级民政部门迅速建立了社会救助专门工作机构，这为社会救助各项政策的制定和实施提供了组织保障。

农村贫困救助是这一时期社会救助工作的重点。随着家庭联产承包责任制的推行，集体经济组织的统筹保障功能日益弱化，迫切需要政府改革救助方式。针对改革开放初期农村贫困面较大的情况，农村救助采取的主要措施：一是探索定期定量救助。救助对象主要是农村常年生活困难的特困户、孤老病残人员和精减退职老职工。二是通过开发式扶贫改善农村贫困状况。针对农村绝对贫困人口主要集中在"老、少、边、穷"地区的现状，国家开展了有计划、有组织、大规模的农村扶贫开发。扶贫工作的深入开展使农村绝对贫困人口逐年减少。

城市社会救助工作也得到快速恢复和发展。1979年11月，民政部召开全国城市社会救助福利工作会议，明确城镇救助对象主要是"无依无靠、无生活来源的孤老残幼和无固定职业、无固定收入、生活有困难的居民。对中央明文规定给予救济的人员，按规定办理"。

这一时期的社会救助工作虽然恢复和发展较快，但并未突破原有体制框架，城乡社会救助分别按各自路径发展。总体来看，这一时期的社会救助制度具有过渡性特征，救助经费投入缺乏必要的保障机制，救助工作的随意性较大，救助对象认定、救助标准和救助程序有待进一步完善。因此，无论是制度设计、具体操作，还是资金投入都与困难群众的救助需求存在较大差距，城乡贫困问题依然十分突出。

五、社会救助体系基本形成阶段（1992—2007年）

这一阶段我国社会救助事业实现制度创新，突破了传统社会救济资源分散、效率不高、缺乏公平、水平较低等弱点，主要标志是城乡居民最低生活保障制度全面实施，医疗救助、教育救助和住房救助等专项制度得到发展。同时继续完善农村五保供养救助,1994年国务院颁布的《农村五保供养工作条例》，再次明确五保供养经费由"村提留或乡统筹"中列支。

为了配合国有企业改革，1993年上海市率先实行城市居民最低生活保障制度。1997年国务院下发《关于在全国建立城市居民最低生活保障制度的通知》，通过确定明确的时间表推进各地推进这项制度。1999年，国务院颁布《城市居民最低生活保障条例》，标志着我国城市低保制度正式走上法制化轨道，也标志着这项工作取得突破性进展。在建立和完善城市低保制度的同时，农村居民最低生活保障制度也开始在一些地区探索建立。1996年，民政部办公厅印发《关于加快农村社会保障体系建设的意见》和《农村社会保障体系建设指导方案》，农村最低生活保障制度在全国展开。2006年，党的十六届六中全会提出在全国逐步建立农村最低生活保障制度的要求。城乡居民最低生活保障制度作为我国社会救助体系的基础地位得到确立，社会救助体系建设完成了最关键的部分。

2008年底，全国所有县（市、区）建立了城乡居民医疗救助制度。与此同时，为解决贫困群体面临的住房、教育和其他临时性、突发性困难，民政部门与其他部门联合逐步建立了住房救助、教育救助等专项救助制度。这些专项救助制度对城乡居民最低生活保障制度形成有效补充。

六、社会救助体系不断完善阶段（2007—2014年）

2007年，民政部开始在全国范围内探索建立临时生活救助制度，解决因突发性事件、意外伤害或因家庭刚性支出较大导致的临时性基本生活困难问题。到2013年，全国26个省份制定或完善了临时救助政策。2014年，国务院印发《关于全面建立临时生活救助制度的通知》，在全国全面推进临时救助制度。临时救助制度以"救急"为主，主要是针对来自各方面的不确定性风险和对其他救助项目的不足加以弥补。临时救助制度的建立，为我国建立多层次社会救助体系补上了短板。

七、社会救助体系整合和优化发展阶段（2014年至今）

2014年，国务院颁布《社会救助暂行办法》，这是第一次以行政法规的形式来规定最低生活保障、特困人员供养、受灾人员救助、医疗救助、教育救助、住房救助、就业救助、临时救助等各项社会救助制度，意味着社会救助体系框架基本搭建形成，多部门社会救助资源得到整合，相配套的运行机制得到健全，构建了民政统筹、分工负责、相互衔接，政府救助与社会力量参与相结合的具有中国特色的社会救助体系。在2013年建立的社会救助部际联席会议协调机制基础上，2017年2月开始，全国范围内建立起县级政府困难群众基本生活保障协调机制。

2020年，中共中央办公厅、国务院办公厅印发的《关于改革完善社会救助制度的意见》，明确了健全分层分类、城乡统筹的中国特色社会救助体系建设目标，努力实现改革发展成果更多更公平惠及困难群众。2024年1月召开的全国民政工作会议强调，重点推进社会救助立法和完善配套政策文件，用好社会救助联席会议制度机制，推进防止返贫帮扶政策和低收入人口常态化帮扶政策衔接并轨，推动社会救助由资金救助、实物救助向服务救助拓展，及时回应救助对象的多元需求。[①]

第四节　我国社会救助制度存在的问题和发展趋势

一、我国社会救助制度存在的问题

（一）社会救助法治建设相对滞后

发挥社会救助在共同富裕导向下的兜底作用，离不开健全的法律法规体系。我国社会救助工作虽然取得了突出成效，但是现行的社会救助制度法治建设相对滞后，与法治化的要求还有一定距离。目前社会救助主要以政府规章、地方性法规等规范性文件为主，这些文件大多数是在形势所需的背景下颁布的，存在救助对象有限、适用范围较窄、管理职能交叉、监督力度不够等问题。2014年印发的《社会救助暂行办法》是我国第一部统筹各项社会救助制度的行政法规，确立了完整清晰的社会救助制度体系，为社会救助事业的发展提供了明确的法律依据。但在发展过程中仍存在一些问题：一是各项救助政策间

---

① 中华人民共和国民政部.2024年全国民政工作会议,2024-01-16,mca.gov.cn.

不能有效衔接。《社会救助暂行办法》并未明确社会救助的定义与内涵，难以提炼出社会救助各项制度之间的贯通性；各个板块之间各行其是，并未形成一个有机组合的整体。二是规定多为笼统的框架意见。由于《社会救助暂行办法》立法层次和法律效力不高，授权条款过于粗线条，法律权威性不足，执法难度较大。要实现共同富裕的目标，势必应该对社会救助工作提出更高的要求，健全各项社会救助制度，使社会救助更加法治化、规范化、标准化。

（二）社会救助方式比较单一

习近平总书记强调："要深化社会救助制度改革，形成以基本生活救助、专项社会救助、急难社会救助为主体，社会力量参与为补充，覆盖全面、分层分类、综合高效的社会救助格局。"中共中央办公厅、国务院办公厅印发的《关于改革完善社会救助制度的意见》指出，"创新社会救助方式"是建立健全分层分类社会救助体系的重要任务之一，要积极发展服务类社会救助，形成"物质+服务"的救助方式。随着物质救助水平不断提升，服务救助对于社会发展的意义显得格外重要。但是，我国目前的救助方式较单一，服务救助不足，因此亟需创新社会救助方式。

（三）社会救助资源统筹和待遇水平仍然不均衡

社会救助资源分配也是困难群体实现共同富裕目标需要解决的问题。伴随全面建成小康社会任务的完成，国家持续推进城乡一体化社会救助建设，部分地区城市与农村的最低生活保障标准实现了统一，但社会救助资源统筹与待遇水平仍有很大差距。首先，城乡间社会救助资源差距大。我国农村部分地区经济基础薄弱，城乡二元结构明显，社会救助给予户籍所在地申请的制度安排使其存在社会排斥现象，乡村分治的社会救助导致城乡之间的社会救助差距难以消除[①]。其次，地区之间社会救助标准差距大。由于各地区经济发展水平不

---

① 杨立雄.从兜底保障到分配正义:面向共同富裕的社会救助改革研究[J].社会保障评论,2022,6(4):102-114.

平衡，各省之间社会保障标准、财政支出、待遇水平差距较大，不利于社会救助的可持续发展。最后，地方政府部门间社会救助资源衔接不畅。地方政府之间的救助能力不同，部分农村地区存在基层工作人员不足、设备不够、工作环境较差、救助经费有限等问题，导致社会救助过程更加困难，救助的实施效果不到位。

（四）社会力量参与能力不足

《社会救助暂行办法》明确指出，支持社会力量参与社会救助，社会救助可作为政府救助的补充，但目前社会力量参与能力不够。一方面，社会力量自身发展能力的限制使其在社会救助制度实施过程中参与度不够。近年来经常报道社会组织因违法违规被查处的案例，社会组织面临着信任危机。社会组织的人才队伍建设有待提高，存在着志愿者数量不足、素质不高、自身保障水平与福利待遇低等问题，这些问题会影响社会救助实施的效率。另一方面，当前慈善组织参与社会救助的力度不足。社会力量参与救助的意识不强、救助氛围不足、支持力度不够。目前社会组织参与社会救助以物质救助为主，主要是捐赠大量的物资与资金。但当前困难群众的需求有个性化差异，有时需求的计量以单个计算，这就造成社会组织没有精力去满足其个性化需求。

二、我国社会救助制度发展趋势

（一）加快社会救助立法

《社会救助暂行办法》实施过程中出现管理部门碎片化、各地执行标准不一等，导致自由裁量权使用空间大、不能充分整合救助资源等问题。社会救助自身又具有救急难、保基本的特征，基于此，需要制定内容全面、可操作性强的法律规范，确保社会救助制度顺利运行。第一，加快《社会救助法》的立法进程。明确社会救助的基本定义、基本原则、架构体系，明确政府救助的职责，规定需要救助群体的权益，规范社会救助标准，在推进共同富裕发展过程中，不断推进社会救助体系高质量建设与发展①。处理好《社会救助法》与现行相关法规制度之间的衔接，确保法律的权威性。第二，完善法规，修改、补充或删除一些不适合共同富裕背景的条款。在制定《社会救助法》的同时，可以建立与社会救助各个项目相关的基础法规。社会救助不仅是为了保障受助人群的生活问题，还可以制定《社会救助职业培训法》等来提高他们的发展能力，帮助他们实现自身发展。建议对《社会救助暂行办法》的条款进行补充，构建以政府为主体，慈善组织、社区工作者、社会志愿者等共同治理的社会救助体系发展新路径，拓宽社会群体参与社会救助的渠道，鼓励多方力量共同参与，更高效地实现共同富裕。

（二）调整社会救助方式的结构

通过调整社会救助方式的结构，提供"物质+服务"的多元救助。第一，探索多元救助方式。在服务构建主体上，除了充分发挥政府主导作用外，还应积极引导与鼓励社会、企业、个人等多元主体参与，加强政社联动，使社会救助服务供给主体多元化，织牢织密社会救助的民生服务网。在社会救助服务项目上，可以有针对性地实施灵活多样的救助项目，满足困难群体个性化发展需要。比如困难女性获取就业技能与就业机会、困难残疾人进行康复培训等。在社会救助服务内容上，可以分为服务性与事务性救助，将救助对象分为生活型、康复型、社会支持型等。应建立精细化评估指标体系，梳理购买社会救助服务的项目清单，打造心理慰藉、社会融入、职位培训、资源共享等社会救助服务阵地。创新完善分层分类服务体系，依据受助人群的困难程度、困难种类等制定救助服务方案，在困难群众家庭内部设置社会支持网络，不断提升社会救助服务效率与品质，探索形成长效社会救助机制。第二，救助方式的选择可以从多维度对困难群众的需求进行综合评估。社会救助工作应充分发挥社会工作者的主观能动性，探索智慧链接、供需对接的社会救助模式，创新社会救

---

① 刘欢,向运华.基于共同富裕的社会保障体系改革:内在机理、存在问题及实践路径[J].社会保障研究,2022(4):45-59.

的方式。加强社会救助数字化改革与信息化建设，推进区块链、互联网、大数据等现代信息技术在社会救助服务领域的应用，实现更加快捷方便的社会救助服务。

（三）设置合理的社会救助标准

在共同富裕目标导向下，随着人民生活品质得到提高，困难群众会出现新的民生诉求，社会救助对象的认定标准将发生调整，社会救助涵盖的范围也会随之扩大，社会救助水平将不断提高。调整合理的社会救助标准是社会救助制度有效运行的重要基础。社会救助标准分为资格标准与待遇标准两部分，前者是符合一定条件要求的个人或者家庭，可以有资格享受到社会救助待遇；后者是这些符合条件的对象可以享受的资金、物质帮助[①]。以最低生活保障的收入标准为例，一是应建立统一的标准用于衡量受助者的标准，划分受助者并确定社会救助项目的申请资格，但不决定待遇水平。统一性标准不等同于低保标准，符合统一性贫困标准却不符合低保标准的人群，可以在教育、医疗、就业等方面申请社会救助项目的资助。二是建立最低生活保障标准动态调节机制，根据"共同富裕"的发展情况同步提高低保标准。与此同时，按照建立分层分类社会救助体系的要求，可以建立低保和低收入双层标准体系[②]。需要强调的是，提高困难群体的救助标准应该适度，且不应将共同富裕简单理解为提高救助标准，共同富裕不仅包括收入富裕，还包括社会生活等多方面富裕[③]。

（四）构建多元共同参与的治理局面

政府应通过立法支持、政策倡导等多种形式鼓励社会力量参与社会救助，使我国社会救助体系由政府单一主导转变为政府、社会力量共同参与的模式。

---

① 姚建平.我国社会救助标准体系建设研究:以最低生活保障制度为中心的分析[J].社会科学辑刊,2021(2):81-87.

② 关信平.完善我国社会救助制度的多层瞄准机制[J].内蒙古社会科学,2022,43(2):139-146.

③ 郑功成.民政事业在新发展阶段必定更有作为[J].中国民政,2020(21):41-42.

为了使社会力量与政府主导的社会救助更好地衔接，增强社会救助效果，可以从以下方面入手：第一，搭建平台，畅通社会力量参与渠道。搭建爱心团体与困难群众之间的支持帮扶平台，爱心团体可以根据民政部发布的困难群众的相关数据对其基本生活状态与需求进行全面摸查；可以根据困难类型、困难程度、困难救助预估时长进行救助，实现困难群众与社会组织之间的有效衔接。第二，培养社会力量参与社会救助的人才，加快救助队伍建设。随着国家对社会工作力量重视程度不断提高，社会工作者的力量不断壮大，因此应以专业化社会工作人才队伍补充基层民政服务力量，激发社会力量的活力与热情，不断提升服务效率与质量。第三，注重实效，助力政府精准救助。应积极引入社会力量参与低保等低收入家庭的调查工作，对申请者的家庭经济状况信息进行核查，对已经纳入低保的家庭定期入户开展经济状况调查，参与各镇街及民政部门之间的协调、对接、信息获取等工作。充分发挥社会机构的专业优势，实现更加专业化、个性化、发展型的社会救助，让社会救助变得更加有温度。

本章小结

社会救助制度是一项反贫困制度安排。贫困分为绝对贫困与相对贫困、狭义贫困与广义贫困、长期贫困与暂时贫困。社会救助具有权利与义务不对等性、救助对象有限性、保障水平最低性、资金来源单一性、资格审查严格性等特征。社会救助实施强调公平性、无偿性、与社会发展同步、规范化等原则。社会救助对贫困人口、对宏观经济和社会均会产生较大影响。社会救助按照内容分为生活社会救助、灾害社会救助和专项社会救助；按照救助手段分为现金救助、实物救助、服务救助和以工代赈；按照时间长短分为定期救助和临时救助。我国社会救助制度发展分为萌芽阶段、形成和发展阶段、调整和停滞阶段、恢复和初步发展阶段、基本形成阶段、不断完善阶段和优化发展阶段。当前，我国社会救助制度存在法治建设相对滞后、救助方式比较单一、资源统筹和待遇水平仍不均衡、社会力量参与能力不足等问题，未来的发展趋势应是加快社会救助立法、调整社会救助方式结构、设置合理的社会救助标准和构建多元共同参与的治理局面。

复习思考题

1. 社会救助的含义是什么？

2. 社会救助有哪些基本特征？

3. 社会救助实施中需要遵守哪些原则？

4. 当前我国社会救助制度发展中存在哪些问题？将来的改革方向是什么？

拓展阅读

1. ［印］阿马蒂亚·森著.以自由看待发展［M］.任赜,于真译.北京：中国人民大学出版社,2002年.

本书是1998年诺贝尔经济学奖获得者阿马蒂亚·森的一部里程碑式著作。该书阐述了发展是涉及经济、政治、社会、价值观等多方面的一个综合过程,这意味着消除贫困、人身束缚、各种歧视压迫、缺乏社会保障等状况,提高人们按照自己意愿生活的能力。这需要政府和社会在人的生存、保健、教育等领域承担责任,更需要人作为发展的主题在全面社会交往和变革中发挥主动作用。

2. ［英］理查德·蒂特马斯著.蒂特马斯社会政策十讲［M］.江绍康译.长春：吉林出版集团有限责任公司,2011年.

本书是现代社会政策理论的创始人蒂特马斯教授在伦敦经济学院的一门导论课程,是社会政策领域的开山之作。本书论述了社会福利的主要话题,如权力与决策、福利的支付、职业的定位,并解答了理解社会政策理论的关键问题：什么是社会政策？为什么一定要有社会政策？社会政策是如何设定和落实的？

案例讨论

"社会救助联办"改革：15个部门46项救助事项实现"一次办"

2023年4月以来,黑龙江省鸡西市聚焦"为民服务解难题"具体目标,将推行"社会救助联办"改革列为全市重点改革任务。一是建立救助联办"温暖清单"。鸡西市民政局牵头协调相关部门,建立协同联办工作机制,共同梳理出16类46项救助和福利政策，汇编形成"温暖清单"，并将其摆放在各乡镇、街道办事大厅的显眼位置，方便困难群众准确知晓自己可能享受的各项救助政策。二是推行社会救助"一站式"服务。鸡西市民政局与相关部门梳理"温暖清单"46个救助事项的办理条件、所需材料等情况，通过流程再造、调查结果和申请材料共享，科学设计社会救助申请表单，简化申请要件。困难群众只需在一张申请表中勾选需要办理的救助事项即可。三是凝聚社会力量提供多元服务。鸡西市民政局充分发挥社会力量贴近群众、发现及时、方式灵活、救助快捷的优势，引导全市10个慈善组织、62个社工组织、178个志愿服务组织等参与社会救助，推行社会救助从单一物质救助向"物质+服务"多维救助转变，从"生存型救助"向"发展型救助"转变。

资料来源：张晶晶，《"社会救助联办"改革：15个部门46项救助事项实现"一次办"》，中国社会报，2024年1月29日。

思考题：结合黑龙江省鸡西市"社会救助联办"改革案例，思考如何提高社会救助工作的效率和群众满意度？

第四章 老年人社会福利

◇ **学习目标**

通过本章学习，了解人口老龄化延伸出来的老年问题，了解我国人口老龄化特征，了解老年人社会福利产生的背景、含义与特征，通过借鉴国外典型国家老年人社会福利的经验，在对我国老年人社会福利现状和存在问题了解的基础上，指出我国老年人社会福利的发展思路。

党的二十大报告提出："实施积极应对人口老龄化国家战略，发展养老事业和养老产业，优化孤寡老人服务，推动实现全体老年人享有基本养老服务。"习近平总书记强调，要大力弘扬孝亲敬老的传统美德，落实好老年优待政策，维护好老年人合法权益，发挥好老年人积极作用，让老年人共享改革发展成果、安享幸福晚年。

第一节　人口老龄化与老年问题

一、人口老龄化

（一）人口老龄化概念与标准

人口老龄化是指一个国家或地区老年人口在总人口中所占比例持续提高的动态过程。这个概念具有两方面含义：一是老年人口相对增多，在总人口中所占比例不断增大的过程；二是社会人口结构呈老年状态，进入老龄化社会。

按照国际标准，当一个国家或地区60岁及以上老年人口占总人口比例达到10%以上，或65岁及以上老年人口占总人口比例达到7%以上，就意味着这个国家或地区进入老龄化社会。

我国于1999年进入老龄化社会。第七次人口普查数据显示，我国60岁及以上人口为26402万人，占18.70%，其中65岁及以上人口为19064万人，占13.50%。《2022年民政事业发展统计公报》显示，截至2022年底，我国60周岁及以上老年人口28004万人，占总人口的19.8%，其中65周岁及以上老年人口20978万人，占总人口的14.9%，我国已进入中度老龄化社会。

（二）我国人口老龄化的特征

与其他国家相比，我国人口老龄化具有几个显著特征：

1. 老年人口规模巨大

根据第七次人口普查数据显示，我国老年人口数量约为2.6亿，是世界上老年人口最多的国家。

2. 老龄化速度最快

我国自1999年进入老龄化社会以来，老年人口从2000年第五次人口普查约1.30亿增加到2020年第七次人口普查约2.64亿，老龄化水平从10.45%提高到18.7%，我国已从轻度老龄化进入中度老龄化，即将进入深度老龄化。

3. 老龄化城乡、区域差异大①

我国人口老龄化伴随着城镇化进程，老龄化呈现城乡差异和区域差异。第七次人口普查数据显示，我国农村60岁及以上人口占23.81%，其中65岁及以上人口占17.72%，比城镇老年人口分别高出7.99和6.61个百分点。从地区分布来看，除西藏外，其他30个省份65岁及以上老年人口比重均超过7%，其中，12个省份65岁及以上老年人口比重超过14%，地区之间老龄化差异较大。

4. 老龄化应对任务重

人口老龄化将成为我国中长期发展的基本国情，随着我国出生人口数量不断减少和老龄化程度不断加深，社会抚养压力将持续增大。我国社会发展水平不断提高，预期寿命不断延长，高龄、失能老人比重不断增加，老年照护问题持续加重。同时，我国还面临着未富先老的挑战，这也将成为不容忽视的重大社会问题。

二、积极老龄化和健康老龄化

1990年，世界卫生组织在哥本哈根世界老龄大会上将"健康老龄化"作为应对人口老龄化的一项发展战略。1993年第15届国际老年学学会布达佩斯大会把"科学要为健康的老龄化服务"作为会议的主题。健康老龄化是指在老龄化社会中，多数老年人处于生理、心理和社会功能的健康状态，同时也指社会发展不受过度人口老龄化的影响②。它是从医疗保健和老龄化过程中老年人的健康问题着眼，着重提高大多数老年人的生命质量，缩短生命带病期，使老年人以正常的功能健康地存活到生命的终点。

2002年，世界卫生组织针对当时世界各国人均预期寿命不断延长、老年人身体功能和身体素质不断改善的情况，在第二次老龄问题世界大会上正式提

---

① 杨一帆,张雪永,陈杰等著.健康老龄化蓝皮书:中国大中城市健康老龄化指数报告（2019—2020）[M].北京:社会科学文献出版社,2020.

② 邬沧萍,姜向群."健康老龄化"战略刍议[J].中国社会科学,1996(5):52-63.

出"积极老龄化"理念。"积极老龄化"作为"健康老龄化"的升级版，强调提高老年人的生活质量，创造建康、参与、保障的最佳机遇。

2006年，《中华人民共和国经济和社会发展第十一个五年计划纲要》中首次提出积极应对人口老龄化。党的十八大报告中又一次提出"积极应对人口老龄化，大力推进老龄事业和老龄产业"。2019年11月中共中央、国务院印发《国家积极应对人口老龄化中长期规划》，将积极应对人口老龄化上升为国家战略。2021年11月中共中央、国务院颁布《关于加强新时代老龄工作的意见》提出，把积极老龄观、健康老龄化理念融入经济社会发展全过程，加快建立健全相关政策体系和制度框架，推动老龄事业高质量发展，走出一条中国特色积极应对人口老龄化道路。

第二节　老年人社会福利概述

一、老年人社会福利的产生背景

在人的生命周期中，随着人步入老年，生理功能逐渐退化，社会功能也逐渐丧失。按照马斯洛的需求层次理论，老年人的各层次需求开始发生变化，这就需要针对老年人的特殊需求提供相应的社会福利。

（一）满足老年人的特殊需求

老年人的生理和社会特征决定着老年人具有经济需求、医疗保健需求、生活照料需求、心理慰藉需求和自我实现需求。按照各国劳动制度和老年人的生理特征，老年人逐渐退出劳动力市场，这就意味着老年人收入会随之减少甚至会中断，经济需求是其最基本的需求。随着老年人生理功能退化，患病风险会增加，医疗保健需求变得更加迫切，同时由于老年人活动能力下降，尤其是高龄老人生活不能自理或部分不能自理的比例增大，需要家庭和社会提供生活照料。老年人由于脱离社会，闲暇时间增多，心理慰藉需求变得强烈。在人均预期寿命普遍延长的情况下，身体健康状况允许的老年人可以继续在社会经济活动中发挥余热，体现自身价值。

（二）家庭结构与功能变化

一直以来，家庭养老在养老保障体系中处于基础性地位。《中华人民共和国老年人权益保障法》规定，"老年人养老以居家为基础，家庭成员应当尊重、关心和照料老年人""赡养人应当履行对老年人经济上供养、生活上照料和精神上慰藉的义务，照顾老年人的特殊需要"。然而，随着家庭结构不断小型化和空巢化，家庭养老功能逐渐弱化，传统社会中养儿防老的观念和行为受到了挑战。同时，由于劳动者的工作压力和职场竞争压力不断增大，家庭成员的异地居住现象增多，子女陪伴、照料老人的时间受到约束，老年人的照顾责任除了家庭之外，还需要政府和社会参与其中。

（三）保障老年人权益

由于年龄和生理特征，老年人处于相对弱势的地位。我国宪法和相关法律法规都对老年人合法权益保护进行了明确规定。我国《宪法》第45条第1款规定："中华人民共和国公民在年老、疾病或者丧失劳动能力的情况下，有从国家和社会获得物质帮助的权利。"《中华人民共和国民法典》对老年人的受赡养和抚养权作了明确规定。《中华人民共和国老年人权益保障法》不仅要求家庭成员关心老年人的身心健康和精神需求，也要求国家和社会积极采取措施丰富老年人的精神文化生活，同时为保障老年人的身心健康和社会参与提供制度支撑。上述法律为构建老年人社会福利提供了重要的法律依据。

二、老年人社会福利的概念

（一）老年人社会福利的含义

老年人社会福利属于老年社会保障的范畴，与残疾人社会福利、妇女社会福利和儿童社会福利并列构成社会福利的子项目。老年人社会福利侧重于国家对老年人免费提供各方面的物质和非物质的社会支持及服务项目，体现为国家对老年人权益的保护和对老年人特殊需要的满足。具体来说，体现为以下两个方面的含义[①]：

第一层含义是从政府功能的角度出发，认为老年人社会福利是政府为保障老年人基本生活、维护老年人健康、充实老年人精神文化生活而采取的政策措施和提供的设施及服务。

第二层含义是从老年人的特殊需求出发，认为老年人社会福利是根据老年人的特殊需要和自身特点，针对老年人在经济、生活、心理等方面存在的依靠自身和家庭无法解决的问题，由政府和社会提供给老年人物质帮助和社会服务，最终目的是解决社会养老的问题。

综合来看，老年人社会福利是根据老年人的特殊需求和老年人自身特点，以改善老年人物质生活和精神生活为目的，由政府和其他各种社会组织所提供的福利项目、设施和服务的总称。

（二）老年人社会福利的内容

老年人社会福利包括老年人社会救助、养老保险和狭义的老年人福利。狭义的老年人社会福利是指在政府的领导下，在社会各方面力量的参与下，对处于特殊困境的无劳动能力、无生活来源、无法定赡养人和抚养人的孤寡老人，或者生活不能自理、家庭无力照顾的老年人所提供的供养、医疗、康复、娱乐和教育等方面的福利服务[②]。从广义来讲，老年人社会福利指的是国家和社会通过社会化的福利措施和有关福利津贴满足老年人的生活服务需要并促使其生活质量不断提高的一种社会政策，政策内容包括老年人收入福利、医疗保健福利、社会福利服务和发展性福利。

[①] 钟仁耀主编.社会救助与社会福利(第四版)[M].上海:上海财经大学出版社,2019:242.

[②] 赵映诚,王春霞,杨平主编.社会福利与社会救助(第三版)[M].大连:东北财经大学出版社,2019:75.

（三）老年人社会福利的特点

具体来说，老年人社会福利的特点可以从以下四个方面来理解：

1. 责任主体具有社会性

老年人社会福利责任主体具有社会性，政府和志愿者队伍、民间组织等社会力量共同构成老年人社会福利的服务主体。

2. 服务对象具有普遍性

老年人社会福利从享受对象上看，以"三无"老人为主，同时也包括所有老人，覆盖对象具有普遍性。

3. 服务提供方式具有广泛性

老年人社会福利除了满足老年人的基本物质需要外，还满足老年人的医疗、护理、生活照顾、休闲娱乐、精神生活等各方面需要，既包括各种津贴等现金形式，也包括实物和照顾护理等服务形式。

4. 服务性质具有经济福利性

老年人社会福利体现出经济福利性，既属于第三产业范畴，又不同于一般第三产业，是难以采取市场调节的公共领域，政府政策扶持往往是其生存、发展的必要条件[①]。

第三节　国外的老年人社会福利

一、英国的老年人社会福利

自20世纪20—30年代，英国步入老年型国家。自英国建成世界上第一个福利国家以来，开始推行"从摇篮到坟墓"的福利政策，其老年照护服务一直比较发达。20世纪80—90年代英国开始进行私有化改革，逐渐从国家福利转向企业福利为主，对老年人的保健、照护服务进行了改革。

---

① 陈银娥，潘胜文主编. 社会福利［M］. 北京：中国人民大学出版社，2009：129.

（一）老年人收入福利

英国对老年群体的生活照顾以养老金为基础，对于延迟退休的工人每周按照养老金的一定比例发放补助，对于80岁以上的高龄老人每周发放高龄补助。除此之外还有一些其他补助：政府对65岁及以上的老年纳税人给予适当的纳税补贴，相应减少住房税；对66岁以上老年人在国内旅游的车船票进行减免，取暖费、电话费、照明费可以享受相应的优惠。

（二）老年人医疗健康福利

英国为老年人设立专门的"老年人医院"，作为社区老年人医疗服务的重要组成部分。为解决人多床少的困境，老年人医院对长期患者实行"轮换住院"制度，一方面可以提高病床的周转率，使更多需要住院的老年病人可以在医院接受治疗，另一方面也可以使长期住院患者通过轮换暂时离开医院，减轻因长期住院带来的生理和心理压力，有利于病人康复。

针对病人和家庭面临的临时困难，英国一些社区还为老年人设立"周日医院"，患病的老年人星期一入院接受治疗，星期五出院回家，周末可以在家里由子女护理。还有一些社区为老年人设立"日诊医院"，根据病人的实际需要，医院每天来回接送老年人到医院进行治疗，或隔日接送或定期接送。

英国还将医疗机构与社区结合，配备老年人健康访问员，按照医师的建议与指导到老年人家中进行探视，提供医疗、康复、营养等方面的建议。

（三）老年人的社会福利服务

英国老年人的社会福利服务包括院舍服务和社区照顾。

院舍服务主要有老年人公寓、老年人院和托老所几种形式。老年人公寓主要接收生活可以自理但身边无人照顾的老年夫妇或单身老年人；老年人院主要接收那些生活不能自理又无人照顾的老年人，老年人院属于小型院舍，主要分布在老年人熟悉的社区内；托老所主要接收因家人临时外出等原因导致无人照料的老年人，由工作人员提供照料服务，时间从几小时到一个月不等，属于临时托管。

为了提高老年人的生活质量，让更多的老年人在自己熟悉的社区安度晚年，英国从20世纪50年代开始推行"社区照护"养老模式。社区照护强调照护资源的提供与递送，其实质是强化非正式照顾者的责任，主要由地方政府、志愿性组织、营利组织及家人、朋友、邻里等非正式支持网络为老年人提供照护服务，①照护内容包括生活资料、物质支持、医疗保健和心理关怀等，尤其关注需要长期照护的老年人。社区照护的最大优点在于，在适当程度的干预和支持下，老年人可以在熟悉的社区环境中维持独立的生活，获得最大的生活自主性。进入21世纪，英国养老服务体系发展进入"综合照护模式"阶段，将基本照护、社区照护和社会照护等各种照护资源进行整合，目的是为老年人提供生活照护、健康护理、医疗服务、社会服务等综合照护服务，形成从生活到医疗、贯穿老年人生命历程的连续性、全程性照护服务体系。②

（四）老年人发展社会福利

为了丰富老年人的精神文化生活，由政府出资兴办具有综合服务功能的社区活动中心，为老年人提供娱乐社交场所。对于行动不便的老年人，中心提供老年人工作室，会定期派车接送让老年人从事力所能及的钟点活动。同时，还为老年人提供一些志愿者工作。各地还经常举办各种联谊活动，让老年人去郊游或交朋友、聊天等。

随着人口老龄化程度不断加速，英国的老年人社会福利费用开支面临不断上涨的压力，英国通过削减住房补助、供暖补助、死亡补贴等福利开支，缓解政府的财政困难。

二、法国的老年人社会福利

法国于1865年成为世界上第一个步入老龄化社会的国家，在老龄化程度

---

① 陈伟.英国社区照顾之于我国"居家养老服务"本土化进程及服务模式的构建[J].南京工业大学学报(社会科学版),2012,11(1):93-99.

② 张福顺.养老服务发展的国际经验比较与借鉴[J].兰州学刊,2023(6):138-146.

方面一直居于世界中上地位，经过长时间发展，老年人社会福利体系已经相当成熟。

（一）老年人收入福利

为保障老年人特别是高龄化老年人的生活水准，65岁以上的老年人由国家负责主要的财源，政府为老年人支付生活津贴以更好地回应老年人的经济需求。法国老年人可以享受较好的退休金保障。除了退休金，老年人及其家属还可以享受政府提供的其他福利，如享受退休金人员的遗孀、离婚或遭遗弃的妻子，以及年满55岁或伤残的鳏夫，只要符合家庭经济调查所规定的条件，都可以领取相当于受保人退休金的50%作为抚恤金。贫穷老年人可以领取老年补助津贴。

（二）老年人医疗保健福利

法国于1930年设立劳工疾病保险，1967年将全国公民全部纳入医疗保障制度。老年人可以在这项制度中享受相应的优惠，如退休人员缴纳的保险费低于一般投保人，低收入的退休人员不用缴费。疾病保障分为现金补贴和医疗补贴，前者主要为投保人因患病导致收入减少而发放生活补贴，后者则根据医疗或住院时间长短、药费金额等进行医疗费报销。法国专门设立中、长期医疗医院，主要收治病后进行康复的老年病人。

（三）老年人社会福利服务

法国的老年人社会福利服务包括机构照护服务和住房照护。[①]

法国的机构照护服务分为三种：一是传统的养护中心，或是养护中心所在的医院为生活无法自理、自立的老年人提供机构场所接受容纳服务；二是新型老人之家，分为公立和私立两种，为老年人提供住宿、服务、进食等综合性

---

① 匡亚林.国家福利与福利国家——美、瑞、法老年人福利比较与借鉴[J].中国民政,2017（11）:54—56.

服务，但不提供医疗服务；三是新型老年人之家照护机构，属于老人之家的升级模式，集医疗、照护、餐饮、生活等功能于一身，可以满足老年人更加多元化的服务需求。

法国的老年人照料福利包括两项：一是改善住房服务，对自己居住在家的老年人提供住房重建，改善老年人的家居环境，方便老年人居住、使用，增强其独立生活能力；二是提供住房改善津贴与服务，设置紧急通话服务系统与设备，提供老年人家政援助服务、休闲活动建议与看护措施等。

针对老年人不断增长的长期护理需求，法国政府持续提高对居家养老服务的支持力度。20世纪80年代，法国政府一方面用降低税收等优惠政策引导企业进入居家养老服务市场，扩大服务供给与需求。另一方面通过发放个人自理补助、减免个人所得税等措施鼓励国民使用居家养老服务。2005年法国还将养老服务行业发展纳入国家发展战略规划，中央政府、大区政府和企业共同出资对护理人员进行培训，提升护理人员的资质和专业水平。近年来，法国注重应用最新科技以及人工智能拓展养老服务，通过自然人机互动方式为能自理但仍需要帮助的独居老人提供日常生活方面的协助，使他们尽可能以最自然的方式随时随地融入自己生活的环境，同时对老年人居家所发生的摔倒等风险进行预警，给老年人的生活带来更多的安全感，提升老年人日常生活质量。[①]

（四）老年人发展性福利

为促进老年人就业，法国鼓励企业雇佣老年工人。法国政府规定不允许在招工过程中歧视老年人，经济困难地区的雇主如果雇用老年人可以享受经济补贴或税收减免。

法国注重发展老年教育。法国早在1973年就设立了世界上第一所老年大学，对当地达到退休年龄的老年人开放，为老年人再就业提供职业培训，也教授人文和艺术类课程。此后，法国形成由政府主导、依托高等教育和机构办学

---

① 杜鹏,韦煜堃.积极老龄化视角下欧洲老龄社会政策应对及启示[J].国外社会科学,2022（6）:59~70.

的老年教育体系。从发展历程看，老年教育由让老年人休闲和提升自我逐渐转向各方面能力拓展，有利于提高老年劳动力的人力资本。同时，法国依托大学校园开设的老年大学为老年人和青年人共处提供了机会，有利于促进代际共融。

三、瑞典的老年人社会福利

瑞典是一个高税收、高福利国家，建立了比较完善的惠及全民的社会福利制度，属于福利型老年人福利国家。瑞典老年人社会福利政策的基本目标，是使老年人有可靠的经济来源、良好的住房条件和获得必要的社会服务，并有机会参加各种有意义的社会活动。

（一）老年人收入福利

瑞典对老年人的收入保障主要是发放国民普遍养老金、国民补充退休金和部分养老金。凡符合法律规定条件的退休人员，无论其退休前职业、职位、收入水平如何，从年满65岁那个月都可以领取国家统一规定数额的普遍养老金，所需要的费用一部分来源于纳税人缴纳的年金，一部分来源于政府拨款。国民补充退休金也称为"收入关联年金"，发放数额与受保人退休前工资收入水平和缴纳保险费年限关联。瑞典从1976年开始实施灵活的退休年龄制，老年人既可以在年满61岁开始领取养老金，也可以自愿选择继续工作到70岁再领取，65岁退休领取养老金是100%，早于这个年龄领取养老金依据一定比例按月扣除，晚于这个年龄依据一定比例按月补贴。

（二）老年人医疗保健福利

瑞典老年人的医疗保健福利制度包括三个方面：一是初级医疗保健服务。居住相对集中的社区内，会根据人数设医疗保健服务点，几个社区可以形成一个医疗保健中心。社区内需要就诊的老年人，可以先进入医疗保健服务点，接受初级医疗保健服务，当医疗服务点难以诊治时，可由他们负责转送到医疗保健中心继续治疗。二是省、市级卫生保健服务。每个省、市都设有卫生保健服务站，主要侧重老年人的卫生保健服务，居家照顾的生病老人其家属可以获得适当津贴，无人照顾的老人可享受护士的照料，失去独立生活能力的老人可以享受国家免费提供服务。三是医疗机构服务。专门医疗主要为老年人提供疾病治疗，收治需要长期住院的病人或进行有难度的手术等，老人就医的费用绝大部分由当地保险机构支付。瑞典完善的医疗服务体系为老年人提供了良好的就医环境。

（三）老年人社会福利服务

瑞典养老服务资源供给和递送主要有机构养老和居家养老两种方式，其中以居家养老为主。机构养老依据老年人的身体健康状况分为公寓养老和养老院养老。老人公寓主要提供给基本生活能够自理、身体状况较好的老年人，由专职人员提供分类照护服务；养老院主要提供给生活不能自理或不能完全自理、无法独立生活的孤寡残病老年人，为其提供专业化的生活照料服务、医疗康复服务以及临终关怀服务。选择居家养老的老年人可以享受政府提供的住宅服务，即由政府部门根据他们的年龄和身体状况，随时派人上门访问，提供连续多样的生活照料服务和康复护理服务。瑞典所有的自治市都可以为居住在家自理困难的高龄独居老年人提供24小时不间断的助餐、助洁、助浴、助行以及康复服务。[①]同时对不同年龄段老年人的居住条件进行改造、装修或必要的设施配备。近年来，瑞典社会养老服务"去机构化"与"非正式化"特征日益明显，"就地安老"养老理念和实践受到广泛关注和接受，强调家庭成员对老年人赡养的重要性，只有当老年人因各种原因无法继续在家中养老时，才会到老年人公寓或养老院接受专业机构照护服务。

（四）老年人发展性福利

瑞典采取积极措施提升老年人口就业率。20世纪90年代中期，瑞典开始

---

① 徐倩,陈友华.典型福利体制下社会养老服务国际比较与启示[J].山东社会科学,2019（2）:59-64.

推行延迟退休，老年人口就业率持续提升，成为欧盟国家中老年人就业率最高的国家。2003年瑞典全面推行新的养老金制度，强调权利与义务相结合，通过与缴费数量和缴费时长挂钩，鼓励和引导人们延迟退休，退休金的金额会根据所延长工作的年限而逐年增加。对于已丧失劳动能力或失业后无再就业可能的特殊老年人，仍可以领取全额退休金。对于超出强制退休年龄的老年人，与雇主商量后仍可继续工作。2008年，瑞典颁布《歧视法》，增加反对年龄歧视的内容。老年人在就业过程中，如遇到歧视问题可向所属工会投诉，或向公平专员公署投诉，或直接寻求司法途径解决。瑞典《就业保护法》还有促进老年就业的灵活用工机制规定，从而消除老年人的就业顾虑。[①]

瑞典政府为满足老年人的学习愿望，取消普通大学的入学年龄限制，所有大学均对老年人开放，大学生中老年人比例不断上升，较高的学历有利于推动老年人参加就业。

四、日本的老年人社会福利

1970年，日本65岁及以上老年人口的比例已经超过7%，成为亚洲第一个进入老龄化社会的国家。自此以后，日本老龄化程度进一步加深。日本政府始终坚持国家担负社会福利主要责任的原则，虽然政府逐步降低了国家对社会福利设施的财政负担，但是国家仍然还是老人福利财政经费的主要来源。

（一）老年人收入福利

日本老年人的经济保障来源于年金制度，由共济年金、厚生年金和国民年金构成，共济年金主要针对公务员群体，厚生年金针对普通职员，国民年金则以全民为对象。国民年金属于国家强制性养老金，是日本公共养老金的基础

---

① 杨志超.北欧老年就业政策对我国延迟退休制度的启示[J].学术界,2013(7):214-221+312.

部分。国民年金制度以1961年正式实施的《国民年金法》为法律依据，体现国家责任，将保险原则与扶助原则相结合，具有强制性和公益性特点，覆盖了20—59岁的日本居民，实现了"国民皆年金"的目标，属于公共年金体系的第一支柱。[①]厚生年金和共济年金属于公共年金体系的第二支柱，是强制型收入关联计划，待遇和雇员收入挂钩，参保人退休时领取的待遇额度取决于工作年限和缴费额度。第三支柱为自愿型企业年金及各类私人储蓄计划，由新待遇确定型企业年金、缴费确定型企业年金、转换中的厚生年金基金和一次性退职金计划组成。[②]2015年以来，共济年金和厚生年金统一了制度结构，实现"并轨"，将原来相互独立的三层结构改为由国民基础年金和雇员年金组成的双层关联结构的年金制度，凡处于规定年龄段的国内居民均须加入并享受国民基础年金。

（二）老年人医疗保健福利

1960年以前，日本确立了"国民皆保"的医疗保险制度。1963年，日本颁布《老人福利法》，对老年健康检查的实施作了规定。1973年，日本实施老人公费医疗制度，70岁及以上（卧床情况为65岁及以上）的老年人，自己负担的医疗保险费由国家、地方政府等从公共财政中支付。针对老人保健福利中存在的问题，1982年日本出台《老人保健法》，将老年人的医疗和保健从一般对象的健康保险体系中分离出来，形成一个独立的体系，同时区分老人的医疗和保健项目，对健康老人和患病老人采取不同的政策措施，以达到强化预防为主的保健目的。1986年，日本将医疗保健和老年福利进行整合，创建了兼具医院和特殊养护服务的老人保健设施，主要对那些完成治疗的老年人进行身体康复和生活技能训练，使他们尽快恢复生活自理能力。老人保健设施服务，既可以在机构内进行，也可以在社区老年保健日托中心进行，由此确立了医疗、保

---

① 岳卫,陈昊泽.公平性视角下的日本国民年金制度研究[J].保险研究,2023(2):102-114.
② 郭鹏.日本共济年金与厚生年金的"并轨"及对中国的启示[J].甘肃社会科学,2017(3):113-117.

健和福利功能各异的老人福利设施体系。

2000年《介护保险法》实施以前，日本有高龄者福利制度和老年保健制度，前者以低收入老人为对象实施公共救济，由中央政府和地方政府提供费用；后者以70岁以上老年人为对象，提供机构护理和居家护理服务，费用由国家和医疗保险参与者各承担50%。介护保险将高龄者福利制度和老年保健制度合二为一，将护理对象扩大到有长期护理需求的所有老年人。介护保险的覆盖范围为40岁以上的所有国民，其中65岁以上的老年人为第一类被保险人，只要需要长期护理都可以成为介护保险的给付对象；40岁以上不满65岁的人是第二类被保险人，只有当因老年性疾病处于护理状态或有可能发生护理状态时才能成为护理服务对象。[①]

（三）老年人社会福利服务

日本注重社区在养老中的基础作用。2001年，日本首次建立以社区为基础的整合照料制度，2008年组建了以社区为基础的"整合照料研究委员会"，研究如何在社区内整合医疗服务、长期照料和社会照料资源。2015年，日本制定了《保健医疗2035》规划，致力于建立为全体国民提供以安全、响应式、高投入产出比、可持续为特征的健康服务体系。在此规划指导下，日本通过强化社区服务功能整合老年服务资源，形成家庭社区机构服务共同体，构建适合社区居家老年人"小而全"的生活圈。"小"即服务辐射范围小，在空间布局上以家庭为中心，以社区为平台，由养老服务机构为居家老人递送服务；"全"即服务项目全，社区综合照料系统通过整合多元服务供给主体，为老人提供医疗护理、生活支援、养老辅助器具供给等服务。社区综合照料系统为老人提供集预防、治疗、护理、康复、生活支援、住房改造、精神关怀于一体的综合服务。[②]

---

① 高春兰.老年长期护理保险中政府与市场的责任分担机制研究——以日本和韩国经验为例[J].学习与实践,2012(8):103-109.

② 王雯,朱又妮,叶银.老年人社区整合型照护服务:国际经验与治理借鉴[J].西安财经大学学报,2022,35(2):94-106.

日本的长期护理保险制度对社区整合型照护服务提供支持，民间非营利性和营利性法人正式成为长期护理服务的供给主体，为居家老人提供访问介护、访问看护、养老辅助设备出租等多样化服务，同时基于护理服务需求等级为失能老人提供差异化服务。长期护理保险制度推出多样化的保险产品，满足了老年人多方面的护理需求。一方面开放了服务领域，尽管只有居家护理和专门机构护理两种类型，但每类护理中都包括基本生活护理、日间照料、帮助家务、疗养指导、住宅改造等多种具体项目，可以满足不同年龄段、不同层次老人的护理需求；另一方面护理保险覆盖了各类有护理需要的老年人需求，他们可以自由选择所需要的护理服务，更健康舒适地安度晚年。

（四）老年人发展性福利①

为促进老年群体参与社会，维护其身心健康，以及充分发挥老年人力资源，弥补人力资源不足，日本在"终身活跃"理念下改革养老金制度、就业制度等，助力老年群体积极融入社会。2020年，日本颁布《改正高年龄者雇佣安定法》，将企业员工的退休年龄从65岁提高到70岁，支持70岁以下有就业意愿的人员返聘或另谋职业；对雇用老年人的雇主提供补贴及保费优惠，鼓励65岁以上老人持续就业，帮助50岁及以上的固定期限雇员转变为非固定期限雇员；在职业介绍、就业培训中设立专门支持老年人再就业、创业的内容。

日本广泛开展老年教育和志愿者活动。整合社会资源为老人创造机会，丰富学习内容，提升年长者的信息和通信技术素养使老人能够平等享受科技进步带来的便捷。同时，积极推动老年人参与志愿服务项目、休闲观光及文化兴趣活动，丰富老人的业余生活。此外，日本社区内的老龄俱乐部、志愿组织、居民协会等组织可以帮助老年人保持活跃健康的生活方式，预防老人产生的护理需求。

---

① 王雯,朱又妮,叶银.老年人社区整合型照护服务:国际经验与治理借鉴[J].西安财经大学学报》,2022,35(2):94-106.

第四节　我国的老年人社会福利

一、我国老年人社会福利的发展历程

（一）古代传统社会的老年人供养

中国素有"敬老爱老"的优良传统。先秦时期，以孔子为代表的思想家提出"仁、义、礼、智、信、忠、孝"等伦理思想，对"孝"文化的传播起了关键性作用[①]。《广至德章·第十三》载"教以孝，所以敬天下之为人父者也；教以悌，所以敬天下之为人兄者也；教以臣，所以敬天下之为人君者也"。"教"的本意就是"以文行孝"。

中国传统社会曾在法律上明确规定过家庭和政府机构对老年人的保障责任。例如，唐朝、明朝、清朝的律例都规定，如果祖父母、父母在世，子孙分割家产另立门户或不供养老人，按十恶大罪中的不孝罪论处。唐朝的法律《唐户令》规定："诸鳏寡、孤独、贫穷、老疾、不能自存者，令近亲收养，若无近亲者，付乡里安恤。"明朝、清朝的法律明确规定："凡鳏寡、孤独及残疾之人，贫穷无亲属依倚，不能自存，所在官司，应收养而不能收养者，仗六十。"为救济老年贫困无依靠者，各级官府还设立了"悲田院""福田院""安济坊"等[②]。

古代传统社会家庭养老不但受到孝文化价值观的影响及法律制约，而且以传统社会经济结构为基础。北魏时代的法律作出了"使父子无异财"的规定，当家庭是经济生产的基本单位时，家庭中的长者对家庭财产具有直接控制权，唐朝的《唐律疏议》规定："凡同居之内，必有尊长，尊长既在，子孙无所自专，若卑幼不由尊长，私取用当家财务者，处罚。"民国时期，政府也办

---

① 王齐彦主编.中国新时期社会福利发展研究［M］.北京：人民出版社,2011:64.
② 陈银娥,潘胜文主编.社会福利［M］.北京：中国人民大学出版社,2009:143.

有少量福利设施，教会与民间亦有举办收养机构者①。

以上可以看出，我国传统社会的老年人社会福利制度主要与家庭相联系，除家庭是老年人生活的主要依靠外，一定形式的社会养老也始终存在。统治者制定各种法律政策，对老年人供养作出规定，政府和社会团体通过举办敬老仪式或组织慈善性助老活动，对无家可归的老年人提供帮助。这些社会化的养老方式作为家庭养老的重要补充，有效促进和维护了家庭养老的世代延续。尽管如此，纵观中国数千年的历史，晚年生活对许多老年人来说并不尽人意，由于家庭承担养老责任的能力受到家庭经济状况的制约，老年人往往很难得到舒适的生活环境，特别是在遭遇天灾人祸或在饥荒年间，老年人的生活更是难以得到保障。同时，社会化的养老措施由于不全面、不系统、缺乏制度保障，本质上只能算是一种官办慈善事业，具有典型的恩赐色彩，通常不足以弥补家庭养老的不足，导致社会人口平均寿命比较短，人们对老年人社会福利的需求也不迫切。

（二）现代社会的老年人福利

1. 计划经济体制下的老年人社会福利

新中国成立伊始，经济凋敝，百废待兴，存在大量需要救济的贫困人员，社会救助任务繁重。这一时期的老年人社会福利遭遇到了福利理念等同于救济的尴尬境地，其服务对象局限于无劳动能力、无生活来源、无法定赡养人的"三无"老人和部分生活不能自理的老人。

在城市，新中国成立初期，政府通过接收、改造国民党政府官办的救济院、劳动习艺所以及地方民办的慈善堂、外国教会举办的慈善机构等，成立了教养院，收容了一批孤老残幼和无家可归的游民。城市老年人的社会福利主要体现在单位包办的职工福利上。1955年，国务院颁布了《中华人民共和国劳动保险条例》，该条例规定，企业职工的养老保险费由企业负担，建立起了企业职工退休养老制度。1955年，国务院颁布了《国家机

① 郑功成等著.中国社会保障制度变迁与评估[M].北京：中国人民大学出版社,2002:326.

关工作人员退休处理暂行办法》，对国家机关、民主党派、人民团体和事业单位工作人员的退休制度予以明确规定。1957年，劳动部草拟了《国务院关于工人、职员退休处理的暂时规定》，放宽了退休的条件，提高了待遇标准。

在农村，经历了土地改革，废除了封建土地所有制，建立了以农民个体所有制为基础的"耕者有其田"土地制度，农民真正在法律上拥有了土地所有权。农民有了土地就意味着基本生活有了保障，土地保障是这个时期政府和社会给予农民的最大保障。20世纪50年代，实行农业合作化以后，政府开始对农村生活有困难的人实行社会救济，形成由村级集体经济提供保障的五保供养制度。1956年颁布的《高级农业生产合作社示范章程》规定，对生活没有依靠的老弱孤寡残疾社员，给予保吃、保穿、保烧的待遇，并保证年幼的受到教育（保教）和年老的死后给予安葬（保葬），简称"五保"，享受五保的农户便统称"五保户"。人民公社化时期，政府对"五保"老人实行集中供养，1961年因集体经济困难而取消，"五保"老人回社、队实行分散供养。1978年，在研究五保工作立法时，又把五保对象进一步修改成无法定扶养义务人、无劳动能力、无生活来源的老年人、残疾人和未成年人，形成"三无"人员的完整概念。这一标准一直使用至今[①]。

受当时经济发展水平影响，我国计划经济体制下的老年人福利是特殊的选择性福利，不是普遍福利，是国家包揽下的福利，不是社会化的福利，老年人社会福利制度在低层次、低水平运行。

2. 市场化改革进程中的老年人社会福利

改革开放以来，随着我国经济体制由计划经济向市场经济转变，老龄事业取得了较快发展。1994年12月，国家计委、民政部等部门联合制定了《中国老龄工作七年发展纲要（1994—2000年）》，1999年10月，国务院决定成立全国老龄工作委员会，2000年8月，国务院又下发了《关于加强老龄工作的决

---

① 赵映诚，王春霞，杨平主编.社会福利与社会救助（第三版）[M].大连：东北财经大学出版社，2019：83.

定》，有力地推动了我国老龄事业发展。

这一时期，老年人福利工作逐步走上法制化轨道。围绕老年人权益保障出台的一系列法律法规为我国老年人社会福利事业提供了法律依据。《中华人民共和国宪法》为老年人权益保障提供了根本遵循。《民法通则》《刑法》《婚姻法》等相关法律中，对老年人合法权益保障进行了明确规定。1996年颁布的《中华人民共和国老年人权益保障法》，作为我国第一部专门保障老年人合法权益的法律，对老年人的家庭赡养、社会保障等应有权利作了明确规定。《农村五保供养工作条例》的颁布，使农村五保工作走上了法制化和规范化轨道。

老年人福利工作纳入常态化规划范畴。2001年，国务院结合我国人口老龄化的实际，依据《老年人权益保障法》《关于加强老龄工作的决定》和《中华人民共和国国民经济和社会发展第十个五年计划纲要》，制定了《中国老龄事业发展"十五"计划纲要（2001—2005年）》，提出坚持老龄事业与国民经济和社会发展相适应、与社会主义市场经济体制相适应的原则，并对"十五"期间我国在经济供养、医疗保健、照料服务、精神文化生活、权益保障等方面所要实现的目标和任务进行明确。2006年，国务院印发《中国老龄事业发展"十一五"规划纲要（2006—2010年）》，在老年社会保障的基础上，增加了老龄事业基础设施建设、老年产业等目标任务。2011年，国务院印发《中国老龄事业发展"十二五"规划》，增加了老年家庭建设、老龄服务、老年人生活环境等建设目标。2017年，国务院印发《"十三五"国家老龄事业发展和养老体系建设规划》，提出到2020年，老龄事业发展整体水平明显提升，养老体系更加健全完善，及时应对、科学应对、综合应对人口老龄化的社会基础更加牢固。2022年，国务院依据《老年人权益保障法》《国民经济和社会发展第十四个五年规划和2035年远景目标纲要》和《国家积极应对人口老龄化中长期规划》，制定了《"十四五"国家老龄事业发展和养老服务体系规划》，目的是实施积极应对人口老龄化国家战略，推动老龄事业和产业协同发展，构建和完善兜底性、普惠型、多样化的养老服务体系，不断满足老年人日益增长的多层次、高品质健康养老需求。2022年

3月，多部门印发《"十四五"健康老龄化规划》，我国老龄工作逐渐进入新的发展阶段。

相对于计划经济体制时期，市场经济体制时期的老年人福利强调政府、市场、社会多元主体参与，老年人福利对象不断扩大，老年人福利社会化特征明显，老年人社会福利水平不断提升，老年人福利规划具有可持续性。

二、我国老年人社会福利发展现状

我国自1999年进入老龄化社会以来，老龄化速度不断加深。随着经济社会发展水平不断提高，国家对老年福利建设的重视程度和投入不断增加，除了出台了一系列相关法律法规作为依据外，逐步建立起具有中国特色的老年福利体系，涵盖老年人物质生活福利、医疗保健福利、社会福利服务、精神文化服务设施等。

（一）老年人物质生活福利

随着我国社会保障制度不断完善，社会保险、社会福利、社会救助等社会保障制度和公益慈善事业有效衔接，老年人的基本生活得到切实保障。

我国基本社会保险覆盖范围进一步扩大，企业年金稳步发展，第三支柱养老保险得到大力发展，对老年人生活提供多层次经济保障。在坚持社会保障水平与经济发展相适应的改革过程中，我国逐步建立了覆盖全体参保人员的基本养老保险待遇合理调整机制，逐年适当提高退休人员基本养老金和城乡居民基础养老金标准。截至2023年，全国企业退休人员的平均养老金水平已经实现连续19年增长。

健全分层分类的社会救助体系，将符合条件的老年人纳入相应社会救助范围进行救助。低保、低收入、计划生育特殊家庭等困难老年人可以享受养老服务补贴，用于日常照料；重度失能或持有相应残疾证的老年人，可以享受护理补贴，用于购买照料支持、照顾服务、护理服务等照护性服务。截至2022年末，全国救助供养60周岁及以上城市特困人员22.0万人，救助供养60周岁

及以上农村特困人员345.5万人。^①

除此之外，80周岁及以上的老年人可以享受高龄津贴，用于养老服务消费特别是生活照料护理服务。建立护理补贴、养老服务补贴和高龄津贴标准动态调整机制。截至2022年底，全国共支出老年福利资金423.0亿元，养老服务资金170.1亿元。^②2022年，我国开始推行个人养老金计划，可以作为养老资金来源的重要补充。

对老年人的优待政策不断完善，一方面为老年人提供特殊的福利性优惠，如对老年人乘坐公共汽车、浏览景区等实行优惠票价政策；另一方面，开展向老年人送温暖活动，各级政府普遍开展向城乡生活困难老人发放物资、资金补助等，使老年人感受到来自政府和社会的温暖。

（二）老年人医疗保健福利

我国老年人的医疗保健福利主要体现在两个方面：一是医疗费用的支出来源，二是医疗服务的可获得性。

从医疗费用支出来看，我国平稳运行的医疗保险制度很大程度上减轻了老年人医疗费用支出负担。截至2022年末，全国基本医疗保险参保率稳定在95%以上。^③逐步实现门诊费用跨省直接结算，老年人慢性病用药报销范围逐步扩大，老年人用药负担进一步减轻。我国从职工基本医疗保险参保人群起步，稳步建立长期护理保险制度，重点解决重度失能人员基本护理保障需求，目前试点城市不断增多，享受待遇人数不断增加。同时，长期护理保险制度建立了公平适度的待遇保障机制，制定了全国统一的失能等级评估标准，与失能老年人的护理补贴等政策有效衔接。

---

① 民政部 全国老龄办.2022年度国家老龄事业发展公报［EB/OL］.［2022-08-16］. https://www.mca.gov.cn/n152/n165/c1662004999979996614/attr/315138.pdf.

② 民政部.2022年民政事业发展统计公报［EB/OL］.［2023-10-13］. https://www.mca.gov.cn/n156/n2679/c1662004999979995221/attr/306352.pdf.

③ 民政部 全国老龄办.2022年度国家老龄事业发展公报［EB/OL］.［2022-08-16］.https://www.mca.gov.cn/n152/n165/c1662004999979996614/attr/315138.pdf.

从医疗服务的可获得性来看，一是建立老年医院或设立老年病科，开展老年病的治疗工作。目前大多数医院都制定了老年人挂号、看病、取药等优先照顾政策。二是建立老年人康复和疗养机构。由国家组织和出资或由社区建立康复医疗机构，为失能、慢性病、高龄、残疾等行动不便或确有困难的老年人提供家庭病床、上门巡诊等居家医疗服务，方便老年人获得康复服务。三是建立老年人健康检查制度。除所在单位为老年人开展定期体检外，各级政府不断推出社区医疗服务，让老年人可以在家门口享受定期查体服务。目前，全国城乡老年人都可以享受免费体验。持续增加老年人中医药健康服务供给，充分发挥中医药在老年人健康维护、疾病预防和康复中的积极作用。

（三）老年人社会福利服务

我国已经形成以居家为基础、社区为依托、机构为补充、医养相结合的养老服务体系。

我国居家社区养老服务能力不断提升，多地建立老年人助餐服务网络，发展老年人居家助浴服务，对居家老年人进行巡访关爱，提高老年人生活服务可及性。2023年10月，民政部等11部门联合印发《积极发展老年助餐服务行动方案》，进一步强调充分发挥政府、市场、公益慈善力量，构建覆盖城乡、布局合理、共建共享的老年助餐服务网络，切实解决老年人就餐实际困难。有条件的地方通过政府购买服务、组织开展志愿服务等方式，为特殊困难老年人提供助洁服务和身心关爱服务。依托社区养老服务设施，利用社区综合服务平台和互联网平台企业广泛、精准对接老年人需求，为老年人提供就近便捷为老服务。截至2022年底，全国共有社区综合服务机构和设施59.1万个，社区养老服务机构和设施34.7万个。城市社区综合服务设施覆盖率100%，农村社区综合服务设施覆盖率84.6%。①

发挥公办养老机构的兜底保障作用。公办养老机构坚持公益属性，根据

---

① 民政部.2022年民政事业发展统计公报［EB/OL］.［2023-10-13］. https://www.mca.gov.cn/n156/n2679/c1662004999979995221/attr/306352.pdf.

入住条件对老年人进行评估，除了满足特困老年人集中供养需求，重点满足经济困难的空巢、留守、失能、残疾、高龄老年人及计划生育特殊家庭老年人的服务需求。公建民营、民办公助等性质的养老机构在接收特殊困难老年人方面发挥了补充作用。深入开展医养结合，提升社区医养结合能力。通过开展基本公共卫生服务老年健康与医养结合服务项目，将社区卫生服务中心与社区养老服务机构、乡镇卫生院与特困人员供养服务设施、村卫生室与农村幸福院等资源有效整合，为老年人就医提供便利，降低老年人看病成本，提升老年人养老服务质量。

为老年人打造宜居环境。民政部联合财政部等多部门为特殊困难高龄、失能、残疾老年人家庭进行适老化改造，提升老年人居家生活的安全性和便利性。中国残联通过无障碍环境建设立法，不断健全残疾人、老年人等社会成员关爱服务体系和设施，保障残疾老年人平等、充分、便捷地参与和融入社会生活的权益。

（四）老年人发展性福利

为践行积极老龄观，我国大力发展老龄事业和老龄产业。

广泛拓展老年教育资源。教育部、全国老龄办积极推进国家老年大学筹建，依托开放大学体系提供办学服务，搭建全国老年教育资源共享和公共服务平台，各地开放大学举办"老年开放大学"，老年人可以免费享受在线教育资源。同时，社区养老服务机构设立学习点，老年人可以在家门口开展继续教育。国家也鼓励行业企业、高校举办老年大学面向社会开放办学。

保障老年人再就业和社会参与的权益。各地为有劳动意愿的老年人提供职业介绍和职业技能培训，通过健全相关法律法规和政策保障老年人再就业劳动权益，同时也鼓励专业技术人才合理延长工作年限。同时，开展"银龄行动"，鼓励老年人根据自身情况，积极参与公益慈善、志愿服务、科教文卫等事业，服务于社区建设和社会发展。

丰富老年人精神文化生活。多地公共图书馆、文化馆、美术馆面向老年人在内的社会公众按规定免费开放。多地公共体育馆向包括老年人在内的公众免费或低收费开放，向老年人提供更优惠的服务。各类旅游景区、度假区进行适老化改造，对老年人实行优惠政策。

老年人合法权益得到很好保障。针对信息化时代老年人面临的数字技术运用困难，国家卫健委、全国老龄办组织开展"智慧助老"行动，通过线上"老年讲堂"专题讲座，助力跨越数字鸿沟。同时，全国老龄办等部门通过广泛发行出版物和老年人权益保护警示教育案例等，在全社会开展涉老反诈宣传。老年人作为公共法律服务的重点服务对象，可以在公共法律服务实体平台享受便捷的法律服务。

三、我国老年人社会福利发展存在的问题

尽管我国在老年福利发展已取得不错的成效，但由于我国老年人口规模大、老龄化速度快、老年人需求结构正在从生存型向发展型转变，因此我国老年人社会福利建设还存在很大的提升空间。

（一）政府公共财政投入仍显不足

我国在老年民生保障方面，形成了养老保险、医疗保险、长期护理保险和基本生活综合保险体系，在养老服务兜底保障方面保障力度也在不断提升。当前我国已进入老龄化社会，"未富先老"的特征日益凸显，与快速增加的老年人口规模和老年人日益增长的养老需求相比，在老年人社会福利投入方面仍显不足，这在一定程度上制约着我国老年社会福利水平进一步提升。

（二）老年人社会福利事业发展不平衡

经济发达与欠发达地区在社会福利事业的资金投入、管理水平、服务质量等方面相差甚远，城乡二元制度惯性使国家对城市老年福利的政策和资金倾斜明显好于农村地区。近年来，一些经济发达地区在制定老年人福利制度、增加服务项目、提高服务水平、培养专业人才等方面投入较大，老年人各项优待制度、养老福利机构，托老所和日间护理中心等多样化的福利服务日益增多。

然而，农村地区制度建设落后，福利设施、设备陈旧，整体管理水平较低，大多数老年机构地理位置偏僻，硬件设施较差，服务水平较低，基本停留在只能提供吃、穿、住等简单服务的原始阶段。

（三）老年人社会福利供需存在一定矛盾

随着人口老龄化和城市化进程加快，家庭小型化使得家庭功能逐渐减弱，对社会福利的需求日益增加，与我国目前的老年福利供给存在一定矛盾。一是老年人社会福利主要集中于保障"三无"对象基本生活权益，保障面相对较窄，福利项目也不丰富，与普惠型福利体系还有一定差距。二是随着高龄老人和失能老人数量不断增多，以及老年人对生命质量的要求不断提高，老年人的长期护理需求变得迫切，目前的居家养老、社区养老、机构养老和医养结合的养老服务体系仍不能很好地满足老年人的多样化和高质量的养老服务需求。

（四）老年人社会福利社会化程度低

我国的老年人社会福利机构多由国家、集体包办，社会兴办的福利机构比例小、规模小，设施、服务水平方面都不尽如人意，有些福利机构商业化色彩较浓，难以发挥应有的社会福利功能。由于占主导地位的国家和集体办的福利单位依然保持传统管理体制，难以发挥市场主体和社会力量的作用。

（五）养老服务专业化水平有待加强

养老福利事业公益性强、风险高，行业具有多专业综合的特点。从养老福利服务工作的岗位职责和专业技能要求来看，现有的服务人员队伍远远不能适应老年人社会福利事业发展的客观需要，直接制约了养老服务与管理水平的提升。尤其是社会兴办的养老机构，为控制或降低人力成本，其从业人员多为文化水平和技能水平较低的务工人员。同时，受社会地位不高、工作条件相对较差、待遇偏低等因素的影响，养老护理服务人员流动性大，专业化水平低，影响了行业服务质量的提高和可持续发展。

四、我国老年人社会福利的发展思路

国务院印发的《"十四五"国家老年事业发展和养老服务体系规划》，提出了老龄事业发展的目标，积极应对人口老龄化国家战略的制度框架基本建立，老龄事业和产业有效协同、高质量发展，居家社区机构相协调、医养康养相结合的养老服务体系和健康支撑体系加快健全，全社会积极应对人口老龄化格局初步形成，老年人获得感、幸福感、安全感显著提升。

（一）加大政府的公共财政投入力度

老年社会福利作为老年社会保障的重要组成部分，对于提升老年人的养老质量具有重要的补充作用。针对我国当前老年人口规模大、老年人口抚养比高、老年社会福利功能不强的现状，需要加快立法建设，对老年社会福利服务和设施等加大财政投入，提高财政转移支付的力度，解决老年社会福利资金不足、保障水平较低和地区差距大的现实问题。

（二）构建普惠完善的老年社会福利体系

首先，拓宽老年福利服务对象。由针对城乡"三无"老人的补缺型福利逐渐转向面向全社会老人的适度普惠型福利。在构建普惠型老年人福利制度中，应当按照服务对象公众化的要求，根据经济发展水平，逐步拓展老年人福利保障对象。其次，增加老年福利服务内容。要增强家庭养老照护能力，健全兜底养老服务，持续扩大普惠养老服务资源，提供优质规范的多层次多样化养老服务。尤其是要加快补齐农村养老服务短板，对县级养老服务机构进行改造升级，构建农村互助式养老服务网络，加强对农村特困人员供养服务设施改造，解决特殊困难老年人的基本生活安全问题。通过丰富医养结合服务模式、增加医养结合服务供给、提升医养结合服务质量等方式，深入推进医养结合。

（三）推动社会福利资源供给社会化

社会福利是国民经济和社会发展的重要内容，应纳入国家与地方经济发展规划，建立市场化运行机制，动员社会力量，实现社会福利事业管理和服务设施的多主体建设。在养老服务事业中，鼓励民间资本建设养老院、社区养老服务设施，采取政府购买服务方式为老年人提供日间照料、康复护理、精神慰藉等服务，满足老年人的多方面生活需求。在养老服务产业中，政府通过优惠政策引导市场提供老年人教育培训、文化旅游、健身休闲、金融支持等服务，不断壮大老年人衣食住行、康复护理等老年用品产业，通过科技创新使智能化产品和服务惠及更多老年人。

（四）提升养老服务专业化水平

建立一支高素质、专业化的服务队伍，是提升老年人服务水平和服务质量的重要条件。一是依托专业化、社会化培训机构，将技能培训和继续教育培训相结合，进一步完善护理人员、医护康复人员培训课程，不断提升从业人员职业素养。二是细化老年人福利服务的标准，使老年人福利工作从业人员明确各个岗位的专业水准和操作规范。三是引进一批专业素质高、实际工作能力强、知识结构合理的社会工作专业人员，补充到老年人社会福利事业服务队伍中，提升养老机构和社区服务专业化水平。四是发动志愿者参与老年福利服务，不断壮大志愿服务队伍，促进志愿者服务专业化、规范化，建立一支专业人员与志愿者相结合的老年人福利服务队伍。

本章小结

老年人社会福利是积极应对人口老龄化、提升老年生活质量的重要举措。老年人社会福利是在满足老年人特殊需求、家庭结构与功能发展变化、保障老年人权益等基础上产生的。老年人社会福利属于老年社会保障的范畴，包括老年人收入福利、医疗保健福利、社会福利服务和发展性福利。老年人社会福利具有责任主体多元性、服务对象普遍性、提供方式广泛性、服务性质经济福利性等特点。通过对英国、法国、瑞典、日本等国家老年人社会福利进行分析，为我国老年人社会福利发展提供经验借鉴。我国老年人社会福利经历了古代传统社会的老年人供养、计划经济体制下的老年人社会福利、市场化改革进程中的老年人社会福利几个阶段。

当前，我国老年人社会福利发展存在政府公共财政投入不足、发展不平衡、供需存在矛盾、社会化程度低、专业化水平有待加强等问题，未来应加大政府的公共财政投入力度、构建普惠完善的老年社会福利体系、推动福利资源供给社会化、提升养老服务专业化水平。

复习思考题

1. 辨析积极老龄化和健康老龄化的关系。

2. 简述老年人社会福利产生的背景。

3. 解释老年人社会福利的概念及含义。

4. 简述老年人社会福利的特点。

5. 对比英国、法国、瑞典、日本四个国家的老年人社会福利。

6. 结合国外老年人社会福利的经验，论述我国老年人社会福利的发展路径。

拓展阅读

1. 郑功成等著.从饥寒交迫走向美好生活——中国民生70年（1949—2019）[M].长沙:湖南教育出版社,2019年.

该书全景式展现新中国成立70年民生发展历程与成就，深层次回答中国脱贫道路70年的中国经验和中国方案。全书共分八章，分别涉及总论、反贫困、国民教育、医疗卫生、劳动就业、社会保障、住房、养老哺幼等内容。

2. 民政部,全国老龄办.国家老龄事业发展统计公报[EB/OL].

2010年7月13日，全国老龄工作委员会办公室首次发布《2009年度中国老龄事业发展统计公报》，包括老年人口基本信息和老龄事业发展状况两部分，采用的数据均来自全国老龄工作委员会各成员单位及其他相关组织等公开发布的年鉴、公报及其他专项统计。自此，全国老龄工作委员办公室每年发布上一年度统计数据。

案例讨论

用心用情守护"朝夕美好"

家家都有小，人人都会老。"一老一小"是一个家庭需要守护的两端，牵动千家万户，关乎百姓生活。以改革增动力，织密"一老一小"服务保障网，是山东增进民生福祉的重要内容。

一是以社区为阵地，让群众"近"享便利。山东把社区当作服务"一老一小"的重要阵地，依托社区推动养老、托育服务改革创新，让老百姓在"家门口"享便利惠民服务。全省建设社区老年人日间照料中心、农村幸福院、养老服务站等社区养老服务设施达2.4万处，老年食堂达1.2万处。

二是整合多方资源，满足多样化个性化服务需求。近年来，山东积极探索创新，打造了"居家医养、医护巡诊""机构医养、两院一体"等一批医养结合服务模式，推动职工长期护理保险全覆盖，15市启动居民长期护理保险试点。

三是科技赋能、机制保障，推动服务向高品质迈进。随着新一代信息技术快速发展，智慧化养老成为养老事业发展的重要趋势。从入户安装一键紧急呼叫器到打造居家养老供需对接平台，再到投入使用智能健康养老设备，山东各地不断改革创新，以科技赋能养老服务，推动养老服务工作再上新台阶。

民之所盼，政之所向。聚焦"一老一小"，山东向改革要动力、向创新要活力，出实招、求实效，用实际行动把"民生清单"变为老百姓的"幸福账单"。

资料来源：齐静，《用心用情守护"朝夕美好"——山东全面深化改革系列观察之推进"一老一小"改革篇》，大众日报，2024年7月18日。

思考题：结合案例，谈谈开展老年人社会福利的意义，如何创新老年人社会福利供给方式。

第五章 儿童社会福利

◇ 学习目标

通过本章学习，了解儿童社会福利的含义、内容、特征和功能，通过借鉴国外典型国家儿童社会福利的经验，在对我国儿童社会福利现状和存在问题了解的基础上，指出我国儿童社会福利的发展思路。

习近平总书记强调指出，"培养好少年儿童是一项战略任务，事关长远""对儿童特别是孤儿和残疾儿童，全社会都要有仁爱之心、关爱之情，共同努力使他们能够健康成长，感受到社会主义大家庭的温暖"。儿童是国家的未来，也是民族的希望。一个国家儿童的状况直接影响到这个国家将来的发展，儿童的生存和发展问题日益受到世界各国的重视。

第一节　儿童社会福利概述

一、儿童社会福利的概念

儿童社会福利是儿童和福利两个概念的组合词。1989年联合国出台的《儿童权利公约》中，将儿童范畴界定为0—18岁。福利（welfare）是西方文化的核心概念，基本含义是幸福、美好的生活，或理解为有尊严的生活。[①]儿童社会福利是社会福利的重要体现，顾名思义，就是以儿童为对象的福利事业。1959年联合国《儿童权利宣言》指出："凡是以促进儿童身心健全发展与正常生活为目的的各种努力、事业及制度等均称为儿童福利。"美国儿童福利联盟认为："儿童福利是社会福利中特别以儿童为对象，提供在家庭中或其他社会机构所无法满足需求的一种服务。"美国《社会工作年鉴》则指出："儿童福利旨在谋求儿童愉快生活、健全发展，并有效地发掘其潜能，它包括了对儿童提供直接福利服务，以及促进儿童健全发展有关的家庭和社区的福利服务。"

综合起来看，儿童社会福利概念可从广义和狭义两个方面来理解。狭义的儿童社会福利指政府和社会为有特殊需要的儿童及其家庭提供的各种支持、保护和补偿性服务。狭义的儿童社会福利服务对象多为遭遇各种不幸情境的儿童或其家庭，是针对在家庭中未能满足其需求的儿童提供的社会福利服务。很明显，此类福利不包括在家庭中已获得充分需求满足的儿童，因此只具有残补性取向，是一种消极性儿童福利。

广义的儿童社会福利是由国家或社会依法为所有儿童普遍提供的旨在保证正常生活和尽可能全面健康发展的资金与服务的社会政策和社会事业。广义的儿童社会福利对象指向所有的家庭和儿童，这一类型的儿童福利具有发展取

---

① 王雪梅著.儿童福利论［M］.北京:社会科学文献出版社,2014:11.

向，是一种制度性儿童福利。广义的儿童社会福利越来越得到认可，当然这并不影响在资源有限的情况下，优先满足处于特别困境儿童需要的原则。

二、儿童社会福利的特征[①]

从儿童社会福利的含义来看，儿童社会福利具有三个基本特征。

（一）儿童社会福利具有普遍性

尽管孤弃儿童、事实无人抚养儿童、残疾儿童等困境儿童一般是各国儿童福利工作的重点，但无论是从社会政策角度，还是社会福利设施和服务机构角度，儿童福利的对象都是全体儿童，是建立在尊重儿童权利，把儿童看作一个能动的主体，对其需求平等对待理念基础上的一种福利服务。

（二）儿童社会福利具有发展性

和其他人群的福利事业相比，儿童产生的问题是成长中存在的问题。儿童福利中虽然有大量补救性的，如保障孤儿的基本生活、残疾儿童的医疗康复等，但其最终目标以帮助与激发儿童自我发展、自我成长的潜能，促进儿童全面健康发展为目的。因此，从这个意义上说，所有的儿童福利项目都是积极的、具有发展性的。

（三）儿童社会福利具有社会性

社会福利的主体是国家和政府，在儿童福利中，国家和政府作为责任主体是不容置疑的。儿童作为未成年人，是不成熟的人、发展中的人，儿童问题的解决必须在有限度发挥其自身能动性的同时，最大限度调动外部力量，从物质和精神等方面给予帮助。因此，可以将儿童福利看作一种社会行为和社会服务，通过政府、家庭、社区、社会组织等多方面的社会行为为所有儿童尤其是

---

① 陆士桢.简论中国儿童福利[J].华东师范大学学报(哲学社会科学版),1997(6):27-31.

处于困境的儿童提供服务，使儿童成长获得必要的条件。[①]

三、儿童社会福利内容

儿童权利保护是儿童福利的基础。儿童权利是一个需要从多视角、多维度理解的概念，既可以看作是一种历史文化现象，也可以看作一项制度或一种理念。从历史文化的角度来看，可以在动态过程中看到儿童权利的生成与政治、经济、道德、社会等因素之间的互动关系；从制度角度来看，它首先是法律制度，包括一系列具体的权利及其实现机制。儿童权利既要体现国家和社会对儿童个体权利的特别保护，又要体现特定文化条件下个人潜质的充分发展。联合国儿童权利委员会在《儿童权利公约》中将儿童权利归纳为生存权、发展权、受保护权和参与权。联合国儿童基金会（UNICEF）关于"富裕"国家的儿童贫困和儿童福利报告中指出，儿童福利应包括物质福利、教育福利、健康和安全、家庭和同辈关系、行为和风险、主观福利等。因此，儿童福利的主要内容分为以下几种。

（一）家庭保护

评价一个国家的儿童福利政策和运行机制的优劣，重要的标志在于是否能涵盖儿童的全面需求。台湾学者曾华源曾将社会福利体制应该涵盖的青少年（儿童）需求归结成八类：获得基本生活照顾、获得健康照顾、获得良好的家庭生活、满足学习的需求、满足休闲和娱乐需求、拥有社会生活能力的需求、获得良好心理发展的需求、免于被剥削伤害的需求。上述这些需求是广义儿童福利必须涵盖的，它以儿童的发展为取向，也被称为"制度式取向"的儿童福利。目前，无论是按照儿童成长的规律，还是社会发展的程度，儿童福利体制满足儿童需求的重要环节仍然是家庭，其次需要通过社区和社会来满足。因此，国家需要通过一系列立法，对儿童所应受到的家庭保护进行规定，保护儿

---

① 陆士桢,常晶晶.简论儿童福利和儿童福利政策[J].中国青年政治学院学报,2003(1):1-6.

童的生命健康权。宗教慈善团体、各式各样专业人员（如医生、警察等）对那些遭受身体虐待、性虐待、疏忽、剥削以及那些处于不健康或不道德环境中的儿童提供预防性、治疗性或补救性服务，从而改善儿童生存与发展环境，恢复受伤害儿童的社会功能，以便保障儿童健康成长。

（二）教育福利

儿童教育福利是儿童福利的核心。20世纪中叶以来，随着维护儿童权利的意识逐渐增强，"教育机会均等""保证每个孩子都能享受到有效促进身心和谐发展的良好教育"成为一种社会需求。在学前教育和义务教育方面，各国根据《儿童权利公约》的基本精神和本国的实际情况纷纷采取措施保障儿童的受教育权。儿童教育涉及学校、家庭和社会等各个方面，构建学校、家庭和社会三位一体的教育网络，发挥三位一体的教育合力才能全面提供有利于青少年身心健康发展的环境。

（三）医疗卫生与保健福利

儿童医疗卫生与保健福利是儿童福利的重要组成部分。儿童的医疗健康工作一直受到全社会的普遍关注。婴儿死亡率和5岁以下儿童死亡率是综合反映儿童健康水平的重要指标。通过扩大孕产妇保健覆盖率和儿童保健覆盖率，保持高水平的计划免疫覆盖率和增加接种疫苗种类，可以使儿童的保健水平得到提高。

儿童身心健康是儿童健康领域的重要内容，关系到儿童的生存质量。国家通过普及儿童心理卫生知识，构建儿童心理健康公共服务网络，以降低儿童心理行为问题发生率和儿童精神疾病患病率。医疗政策方面，通过保障儿童享有基本医疗卫生服务和完善儿童基本医疗保障，逐步提高儿童基本医疗保障覆盖率和保障水平，以促进儿童基本医疗卫生服务的公平性和可及性。

（四）文化娱乐福利

文化娱乐福利是儿童福利必不可少的内容。休闲娱乐是儿童的需求，也是儿童的一项基本权利，现代国家总是通过制定和颁布关于儿童娱乐的法律法规，开展儿童娱乐工作，保护儿童娱乐权益。国家建设适合儿童文化生活需要的设施和场所，如博物馆、文化馆、科技馆、影剧院、动物园、公园等，可以满足儿童的文化娱乐需要，儿童可以享受优惠政策。针对儿童健康成长特点开展的多种形式的社会活动和创作的各种形式的作品等，都可以满足儿童文化娱乐需要，保障儿童享有文化娱乐权利。

（五）困境儿童保护

困境儿童保护是儿童福利最基本的底线。困境儿童历来是儿童福利政策的重点，对于处于弱势地位的儿童进行救助是各国社会制度价值、传统文化、社会和谐建设等多方面元素的集中体现，也是儿童社会福利的基本底线。一些儿童由于某种原因如家庭功能受损、身心疾病等成为儿童中的弱势群体，他们除了与普通儿童享有同等福利待遇外，更需要得到国家和政府在政策上的倾斜和保护。困境儿童社会福利是儿童社会福利工作的重要组成部分，也是通常意义的狭义儿童福利范畴。

总体来看，尊重儿童的权利，促进儿童健康成长发展，是儿童社会福利的根本目的。从内涵上看，包括儿童需求的满足、儿童权利的维护和儿童福利服务体系的建设。

四、儿童社会福利的功能[①]

儿童社会福利旨在促进儿童全面发展，除此之外还具有重要的社会功能。

（一）促进儿童全面发展

儿童社会福利在促进儿童全面发展方面，主要体现为恢复性功能、预防性功能和发展性功能。

---

① 钟仁耀主编.社会救助与社会福利(第四版)[M].上海:上海财经大学出版社,2019:260.

恢复性功能主要是对处于困境的儿童进行扶危解困，也称为治疗性功能，如对处于贫困、战乱、家庭残缺不全、疾病等状态的儿童，通过建立儿童社会福利制度，帮助他们脱离危险和困难境地，保障他们融入主流社会。

预防性功能是针对所有适龄儿童。儿童与成人一样，具有独立的人格和相应的权利，需要给予他们基本的尊重。但由于儿童年龄小，缺乏独立自主能力，自我保护能力差，需要成人的支持和帮助，家庭和国家有义务帮助儿童增强自主能力，在处理涉及儿童的事务时，将儿童的最大利益作为首要考虑，并促进儿童生存权和发展权的实现。①

每个儿童都具有巨大的发展潜能，可塑性极强，儿童健康发展应是全面的。儿童的全面发展是社会发展和国家发展的核心组成部分，国家与社会有责任支持他们全面参与社区的政治、经济、社会和文化生活的发展。

（二）促进社会安全

儿童社会福利具有促进社会安全的功能。社会稳定是社会结构各组成部分之间关系相对平衡的状态。当社会上相当部分成员社会需求得不到满足时，相对不稳状态被打破，社会就会出现混乱和动荡。儿童作为社会成员和独立个体，他们也会有各种需求，当他们的需求得不到满足或被成人忽视时，也会影响到社会稳定。由于儿童群体的年龄和生理特征，他们可能不会通过大规模的剧烈暴动或类似形式进行反抗，但他们会通过其他方式对社会稳定带来负面影响。

首先，儿童是家庭的重要成员，家庭是社会的基本单元。儿童的健康成长会促进家庭的和谐稳定，有利于促进社会稳定；反之，如果儿童出现问题，家庭可能会出现不和谐的因素，会直接影响到社会稳定。

其次，儿童是国家和民族的未来，是将来社会的主流力量。儿童社会福利直接功能是满足儿童正当需求，减少他们出现问题的可能性，促进他们健康快乐成长；间接功能是防止他们因成长过程中的正当需求得不到满足，影响到

---

① 王雪梅著.儿童福利论[M].北京:社会科学文献出版社,2014:73.

未来社会的安全和稳定，做到防患于未然。

（三）促进社会发展

儿童是国家的未来，是一个国家潜在的人力资源。一个国家儿童的发展和成长状况，直接影响到这个国家未来的人力资源状况，影响到一个国家的综合实力。儿童社会福利为儿童的成长和发展提供物质保障和精神支持，不仅可以保障儿童健康成长，还可以促进家庭和社会和谐，更重要的是为社会提供大批高质量人才。

第二节　国外的儿童社会福利

一、英国的儿童社会福利

英国儿童福利是现代英国福利制度的重要内容，英国拥有完善的儿童福利立法体系。1889年，英国颁布了世界上第一部专门针对儿童权益保护的《儿童法》法案，规定地方政府、社区和志愿组织对儿童的照护职责，构建了由政府、社会和家庭（或个人）组成的儿童福利体系。20世纪初，英国社会要求国家对儿童承担抚养责任的"国家儿童观"逐渐成为英国社会和政治领域的基本共识。20世纪40年代，英国建成世界上第一个福利国家之后，英国的儿童福利制度进入黄金发展时期。英国的儿童津贴制度起步较早，针对残疾儿童、特殊需要儿童的康复服务机构和特殊教育机构很健全，社区康复也独具特色，尤其是家庭寄养制度更是引领世界之先。

（一）儿童物质福利

英国儿童物质福利包括儿童津贴、儿童信托基金、儿童税收抵免等。英国政府发放的津贴包括普及的家庭津贴和低收入家庭儿童补助。凡居住在英国境内的国民，家中有两个以上未成年子女的，自第二个子女开始可以领取儿童津贴；对于有专任工作的男性、寡妇、离异者、未婚妈妈，子女未满16岁或19岁以下的学生，经调查符合低收入资格者，可以获得家庭补助。①

儿童信托基金是英国政府给每一名符合条件的低收入家庭儿童开设的投资账户，初始金额最低为250英镑，自2015年可以直接转换为儿童储蓄账户。

儿童税收抵免是英国目前针对所有贫困儿童的社会福利制度中数额最大、最重要的组成部分，由税务局根据家庭收入状况决定税收抵免的具体额度。与未成年人一起居住的家庭可以申请税收抵免，对于工作或收入低的家庭可以申请工作税收的抵免。

此外，父母双亡的儿童可由监护人申请监护人津贴，离异家庭的儿童抚养者也可以申请监护人津贴。

（二）儿童教育福利

英国儿童教育福利强调儿童本位理念，以投资儿童及家庭为核心设计儿童早期福利。英国强调教育与托育一体化，以儿童和家庭为双重关注点建立现金津贴、服务保障、税收优惠等福利供给体系，帮助家庭规避育儿风险。《儿童法》（2016年）和《早期教育和儿童保育：法定指导》（2014/2023）作为儿童早期福利的综合指导原则，对儿童福利体系进行了明确规定。自"确保开端"计划实施以来，英国为5岁以下儿童及家庭提供早期教育与保育、大龄儿童课前与课后看护、家庭与儿童互动游戏和活动平台，并为家庭提供教育、咨询和信息服务、家庭关系课程、拓展性家庭服务等。②托育教育由教育部负责规划，地方政府则因地制宜从资金、信息和培训等方面进行落实，教育标准局进行监督和管理，各类学校负责提供，免费时长的费用由政府承担。低收入家庭还可以获得教育津贴用于儿童完成学业。

---

① 邹明明.英国的儿童福利制度[J].社会福利,2009(11):56-57.
② 廉婷婷,乔东平.儿童早期福利的国外政策实践与中国路径选择[J].社会政策研究,2023(4):15-27.

（三）儿童健康福利

英国建立了集保育、教育、社会服务、健康保健、发展咨询等整合式早期服务体系和现金转移支付体系。英国为5岁以下儿童及家庭提供卫生健康服务，所有学龄前儿童均享受免费医疗服务与营养咨询服务。校餐制旨在关注儿童营养健康状况，始于1906年的《教育（供餐）法》，1944年的《教育法》作为校餐制度发展史上的一个重要里程碑，规定地方教育当局负有向中小学生提供牛奶、餐饭和其他便餐的责任，学校供餐开始福利化。

有特殊需要儿童的康复服务由医疗服务系统、社会服务系统和教育服务系统三方面负责。社区中的儿童发育中心、保健诊所、医生服务系统等为有特殊需要的儿童提供医疗保健服务。每个社区配备的幼儿园、特殊学校、普通学校的特殊班都接纳特殊需要儿童，并根据实际需要配备不同专业人员。社区中还有孤独症协会、家庭权利小组、家庭福利协会等为有特殊需要的儿童及其家庭提供服务。

（四）儿童福利服务

英国地方政府负责提供儿童社会服务，包括提供家庭支持服务、儿童保护服务等。通过评估，对于有需求的儿童提供支持服务，包括养育和照料，儿童可以自愿选择短期或长期的"住膳"服务。

儿童收养是英国儿童福利的重要组成部分。英国于1926年出台第一部《收养法》，目的是保护收养人的权利。通过对收养法案不断补充和修订，英国确立了以儿童利益至上为原则的儿童收养制度，家庭寄养和机构看护在一定程度上为家庭功能不全儿童提供了保护服务。

二、瑞典的儿童社会福利

瑞典作为世界上儿童福利制度最为完善的国家之一，被誉为"儿童天堂"。瑞典儿童福利实施普惠性家庭支持政策，将福利政策与劳动政策紧密结合，对儿童的关爱、照顾和教育、保护被视为整个国家和全社会的基本责任。通过津贴、保险、服务等形式保障家庭的育儿能力，尽可能多地支持家庭。儿童福利覆盖范围具有普遍性，涉及儿童生存和发展的各领域和全周期。

（一）儿童物质福利

儿童物质福利主要体现为津贴制度。瑞典的儿童津贴制度始于1947年，实施普惠式儿童津贴。凡是未满16周岁的儿童均可无条件领取津贴，经费完全由政府承担。津贴分为四种：一是按月发放给16岁以下儿童的普通津贴，二是按月发放给16岁及以上初中生的扩展儿童补贴，三是发放给三孩及以上家庭的附加儿童补贴，四是发放给高中生的学生补助。生活在单亲家庭中的孩子均可享有地方社会保险署给予监护方父母的生活补贴，抚养残疾儿童的父母可以获得一笔补贴用于照顾孩子。[①]

（二）儿童教育福利

瑞典拥有发达的学前教育体系。瑞典的学前教育主要面向0—7岁婴幼儿，义务教育7岁开始。瑞典的学前教育公共支出政策体现在时间支出、服务支出和现金支出三方面。时间支出政策主要体现为带薪育儿假，是为家庭提供一定时长的带薪育儿时间，使他们在兼顾工作的同时有更多时间照顾子女。瑞典的带薪育儿假始于1974年的产假政策，是世界上第一个给予父母带薪育儿假的国家，强调性别平等且时间充裕灵活。服务支出政策是为家庭提供获得性强且有质量保障的学前教育服务，主要是政府为学龄前儿童提供各种免费或优惠的协助性服务及各种支持性政策，多样化的学前服务机构包括幼儿园、学前班、开放幼儿园、家庭日托中心等，将保育与教育整合为不同年龄段儿童提供贯通式服务。瑞典的学前教育机构主要依靠公共经费支出。现金支出政策直接给予家长育儿补贴，既可以减轻家庭照顾子女的经济压力，也可以支付子女接受学前教育服务的费用。[②]

---

① 邹明明.瑞典的儿童福利制度[J].社会福利,2009(12):58-59.

② 江夏.儿童福利视角下瑞典学前教育公共支出政策内容、特征及启示[J].学前教育研究,2018(3):3-12.

（三）儿童健康福利

瑞典公民全部享受免费医疗。学龄前儿童及中小学生在儿童保健中心和校卫生所看病完全免费，到医院看病和成人一样交挂号费。16岁以下儿童住院治疗完全免费，在公立医疗机构治疗牙齿完全免费。10岁以下儿童住院，父母看望每周可以至少报销一次路费。父母因照顾残疾儿童不能工作时，国家提供相当于提前退休的补助，同时对于照顾16岁以下伤残儿童的父母还可以领取儿童照料补助。父母在孩子12周岁之前每年可请最长4个月假照顾病儿，待遇如同休病假。[①]

（四）儿童福利服务

瑞典的公共托育服务体系由三部分构成：一是日间照顾中心，主要为1—6岁儿童提供托育服务；二是学前教育，为参加正式教育之前的幼儿父母及子女提供兼具教育性与社会性的学前教育活动；三是家庭日托服务，由政府选取、雇佣一些家庭，为12岁以下儿童提供家庭内照顾服务。[②]

根据瑞典《社会服务法》规定，当政府无法照顾子女时，由地方政府的社会福利委员会安排家庭协助服务。对受虐待的儿童及犯罪青少年，大多由"家庭之家"采取保护措施。对不适合安排家庭寄养的儿童，则提供收容服务，根据儿童不同特点安置于婴儿院、母亲之家、母子之家、暂时收容之家、特别之家等收容机构，为困境儿童提供福利服务。

三、日本的儿童社会福利

日本的儿童福利政策以1947年颁布的《儿童福利法》为发展起点，1973年称为日本的"福利元年"，随着儿童福利政策不断完善，20世纪90年代末期日本儿童福利政策向普惠型进行转变，目前已经形成比较完善的儿童福利政策体

---

① 何玲.瑞典儿童福利模式及发展趋势研究[J].中国青年研究，2009（2）：5-9.
② 杨琳琳，周进萍.德国、瑞典、日本和英国普惠托育支持模式探析[J].成都师范学院学报，2023，39（10）：86-97.

系。日本于1997年修改《儿童福利法》，将儿童福利改为"儿童与家庭福利"，儿童照顾由家庭内部"私事"转化为一种"公共事务"的同时，强调家庭是儿童照顾的第一责任主体，育儿支持政策的根本目的是提高家庭能够承担的照顾能力。[①]2023年4月1日，日本正式创建"儿童家庭厅"，将负责儿童福利政策的事权部门进行集中，对各项儿童福利政策根据性质、内容、服务对象进行整合。

（一）儿童物质福利

2015年，日本实施《育儿支援法》，形成了包括资金实物补助、育儿费用减免、育儿设施使用、育儿服务项目等在内的较为完善的家庭育儿制度体系。[②]育儿支援制度以托育费用减免和发放儿童津贴两种形式为主，以减轻育儿家庭的经济压力。儿童所在家庭会通过儿童年龄和家庭的"认证"结果，来获得不同的育儿设施和使用托育设施的费用。2019年10月起，"幼保无偿化"政策规定幼儿园、托儿所、认定儿童园不再收取0—2岁儿童且为住户税非纳税户、3—5岁之间所有儿童的使用费。在日本居住、年龄在初中毕业之前的儿童均可获得儿童津贴，费用由国家、地方政府和企业共同承担。被领养或寄住在某些机构的儿童，其监护人或现居机构的设立者也领取儿童津贴。

（二）儿童健康福利

日本以《妇幼保健法》和《儿童发展基本法》为依据，为社区提供从怀孕到育儿全过程的支持和医疗服务。日本出台《母子福祉法》将孕产妇纳入儿童早期福利范围，为孕产妇及新生儿提供营养和健康服务等。厚生劳动省和儿童家庭厅利用专门网站整合母婴保健知识及相关数据和材料，发布怀孕与儿童健康信息、儿科疾病应对等普及知识。积极探索做好孕妇产前检查、孕期产后饮食、产后服务护理、儿童常见和罕见病服务。开展关于婴幼儿营养状况、婴幼

---

① 杨爽.儿童照顾的"家庭化"与"去家庭化"——日本育儿支援政策分析与启示[J].社会建设,2021,8(2):87-96.

② 覃诚.儿童家庭厅成立背景下日本儿童福利政策的经验与启示[J].现代日本经济,2023,42(6):80-92.

儿身体发育、儿童医疗费用支援等调查。

（三）儿童福利服务

日本育儿家庭支援制度根据不同育儿家庭的实际需要提供多样化的儿童保育项目。一是为育儿家庭提供育儿支援基地项目、课后儿童健康发展项目、设立儿童中心等专用场地或设施服务。二是家庭支持中心项目、育儿支援照护项目等用户支援项目为育儿家庭提供信息咨询服务，增强儿童教育、卫生保健、医疗福利等机构对育儿家庭的服务能力。

为防止儿童被虐待和欺凌等负面事件发生，日本形成全方位儿童受虐待的预防处理机制，出台《预防欺凌措施促进法》和《关于新的儿童政策促进制度的基本方针》等措施，为儿童健康成长保驾护航。针对家庭功能不全或身体缺陷等特殊儿童，通过制定抚养政策或提供社会设施等，对家庭予以支援或进行社会抚养和保护。

第三节　我国的儿童社会福利

一、我国儿童社会福利政策变迁历程

（一）早期儿童社会福利政策建立时期（1949—1978年）[①]

1949—1957年，新中国成立后，儿童群体所面临的主要问题是如何确立其在国家社会生活中的地位。儿童福利范围与内容主要是法律与权益保护，服务领域初步涉及儿童生活的所有领域。这个阶段最突出的问题是儿童生存发展问题，儿童福利政策框架与儿童福利服务体系建设尚处于孕育和萌芽阶段，少数儿童政策与福利服务分散在法律保护、基础教育、妇幼保健、婚姻家庭与孤

---

① 刘继同.当代中国的儿童福利政策框架与儿童福利服务体系（上）［J］.青少年犯罪问题，2008（5）：13-21.

残儿童领域。

1958—1966年，儿童福利政策与儿童福利服务体系建设取得初步发展，儿童生存发展成为相对独立的议题。儿童群体所面临的主要问题是日常生活照顾问题，建设托儿所、幼儿园成为关系工农业生产的大事。总体来说，这个时期的政治经济运动和妇女解放运动极大地推动了儿童福利政策和服务体系的发展，儿童生存发展与儿童福利状况在多个领域取得明显进展。

1967—1978年间，由于受特定历史事件的影响，儿童福利政策与儿童福利服务体系建设中断，许多儿童福利机构处于瘫痪或无法正常运转的状态。

（二）儿童社会福利政策恢复与重建时期（1978—1990年）[①]

改革开放初期，儿童议题尚未成为国家改革开放发展政策的优先领域，儿童问题"掩藏"在婚姻家庭妇女议题中。1990年9月，联合国在纽约召开的世界首脑儿童会议极大促进和推动了中国政府的儿童工作。改革开放以来，全国人大分别通过《中华人民共和国继承法》（1985）、《中华人民共和国义务教育法》（1986）及国务院行政法规《学校卫生工作条例》（1990）等，此时儿童福利制度建设的成果主要是法律法规，儿童福利政策微乎其微。法律法规制度建设的重点是儿童福利制度和相关领域，如婚姻家庭与继承、义务教育与学校。

（三）儿童社会福利政策快速发展和制度化建设时期（1991—2000年）

从国际背景来看，儿童身心健康成长和儿童权利成为国际社会的广泛共识。1989年11月20日，联合国大会通过的《儿童权利公约》为各国政府的行动提供了理论基础。国务院批准的《九十代中国儿童发展规划纲要》提出将儿童发展置于社会发展的优先领域，开启了中国儿童福利时代的航程。为全面推动中国儿童发展工作，国务院成立妇女儿童工作委员会，成为国务院负责妇女儿童工作的协调议事机构，为儿童福利事业发展奠定组织性基础。20世纪

---

① 刘继同.改革开放30年来中国儿童福利研究历史回顾与研究模式战略转型[J].青少年犯罪问题,2012(1):31-38.

90年代，政府有关儿童福利的政策法规数量急剧增加，政策法规涉及范围与领域明显扩大，其中最主要的法律有《中华人民共和国未成年人保护法》（1991年）、《中华人民共和国收养法》（1991年）、《中华人民共和国预防未成年人犯罪法》（1999年）等。最主要的部门规章有卫生部的《托儿所、幼儿园卫生保健管理办法》（1994年）、公安部的《公安机关办理未成年人违法犯罪案件的规定》（1995年）、教育部与公安部的《流动儿童少年就学暂行办法》（1998年）、民政部的《中国公民收养子女登记办法》（1999年）等，政策法规重点突出，关注未成年人社会保护和预防未成年人犯罪，收养与妇女保健等。总体来说，20世纪90年代儿童发展议题首次上升为国家发展规划与国家政策，政府主导、政策法规发展、国家专项规划先行和儿童发展行政管理模式的时代特征格外明显。

（四）中国特色儿童社会福利政策框架形成时期（2001—2009年）

2000年的联合国千年发展目标，使儿童健康、教育、保护和平等权利提到前所未有的高度，儿童处于全人类千年发展目标和千年议程中心位置。进入新世纪，加强以改善民生为重点的社会建设和社会管理创新成为我国主要的社会议题，儿童议题首次由政府行政管理问题转为具有政治、经济、社会、文化特征的"社会性问题"。2001年5月22日，国务院发布第二个儿童发展十年规划《中国儿童发展纲要（2001—2010年）》，从健康、教育、法律保护、环境四个领域，提出儿童发展目标，基本搭建中国现代儿童福利制度框架与儿童福利政策框架，为儿童福利发展指明方向。

（五）儿童社会福利加速发展和完善阶段（2010年至今）

2010年既是中国社会福利元年，也是中国儿童福利元年，标志着中国社会进入儿童福利时代。其中，2010年10月，国务院常务会议通过《关于加强孤儿保障工作的意见》，拉开了中国儿童福利时代的序幕，成为中国儿童福利元年和儿童福利时代来临最主要的标志。儿童问题从妇女问题中分离出来，成为独立的社会福利政策议题。国务院妇女儿童工作委员会牵头制定的《中国儿童发展纲要（2011—2020年）》，首次增加"儿童福利"章节，明确将提升儿童福利水平，提高儿童整体素质，促进儿童健康、全面发展，以及推动儿童福利由补缺型向适度普惠型转变作为发展目标。

2016年，国务院印发《关于加强困境儿童保障工作的意见》，开展困境儿童分类保障。新修订的《未成年人保护法》（2020年）、《家庭教育促进法》（2022年）、《中国儿童发展纲要（2021—2030）》等为代表的诸多法律或政策，将孤弃儿童为主的传统儿童福利保障范围扩展至事实无人抚养儿童、农村留守儿童和其他困境儿童等，同时儿童福利政策范围不断扩大，政策内容和政策工具不断丰富，回应了儿童普遍化和多样化的福利需求。

二、我国儿童社会福利发展现状

近年来，我国有关儿童社会福利的国际公约、权利宣言、婚姻家庭、妇幼保健、免疫接种、食品营养、收养寄养、义务教育、司法保护、学校保护、社区保护、职业教育等所有领域的政策法规框架基本形成，其重点是预防未成年人犯罪与社会性保护服务。同时，中国涌现多个国内和国际背景的儿童福利机构，开始为广大儿童提供福利服务。

（一）儿童权利理念逐渐得到认可

受历史发展阶段和社会文化环境的影响，我国在过去较长时间内倾向于将儿童问题归于家庭，只有当涉及医疗卫生、学校教育等需要专业力量介入时，国家才予以公共支持。随着儿童权利观的发展，儿童作为独立个体的观念逐渐得到认可，国家为家庭育儿提供支持，当家庭无力承担育儿责任时国家及时采取强制性干预和提供替代性服务逐渐形成共识。这也进一步强化了政府与社会在儿童福利事业发展中的责任意识，不断出台儿童福利与保护类的政策法规。如2013年，民政部开展适度普惠型儿童福利制度建设试点和未成年人保护试点工作，将适度普惠型儿童福利真正付诸行动，将儿童保护正式纳入政策议程。2021年6月，新修订的《未成年人保护法》正式生效，明确了家庭保护、学校保护、社会保护、网络保护、政府保护、司法保护六方面的未成年人保护工作。2021年6月，国务院印发《关于加强未成年人保护工作的意见》，对未成年人保护工作的目标任务进一步明确。由此可见，儿童福利理念的发展助推了儿童福利的制度建设和法治进程。[①]

（二）儿童福利内容日益丰富

当前，我国儿童福利形成了以特定保障方式为特定人群提供分层次保障服务的福利形态。为孤弃儿童和事实无人抚养儿童提供福利津贴和社会服务，为流浪儿童、特困供养人员子女提供社会救助，为残疾儿童提供专项医疗或康复服务，为农村留守儿童提供家庭教育指导、心理健康指导等专项关爱保护等。除此之外，我国针对普通儿童实施以下保障内容：一是为有儿童家庭提供一定额度的个人所得税抵扣，减轻家庭在育儿方面的经济压力；二是为所有适龄儿童在母婴保健、疫苗接种、医疗保障、义务教育、营养健康、文化娱乐等方面提供相应基本公共服务；三是为儿童在法律保护、社会环境营造等方面提供基本的制度支持，尤其是加大了对儿童侵权行为的打击力度，通过立法保障儿童的基本权利。

（三）儿童福利水平不断提升

计划经济时期，我国受制于经济发展水平，儿童福利投入处于偏低水平。2010年，民政部、财政部在国务院《关于加强孤儿保障工作的意见》指导下，安排专项资金补助各地发放孤儿基本生活费用，确定了全国孤儿最低养育标准。随着我国经济实力不断提升，各级政府对福利机构、未成年人救助保护机构等财政投入不断增加，中国财政补贴力度逐渐增大。截至2022年底，全国共有儿童福利机构529个，未成年人救助保护机构396个，全年共支出儿童福利资金99.5亿元，其中孤儿基本生活保障资金31.4亿元，事实无人抚养儿童

[①] 何芳.新时代我国儿童福利政策的基本特征、发展逻辑与未来走向——基于《中国儿童发展纲要（2021—2030年）》的分析[J].学前教育研究,2023（5）:10-19.

基本生活保障资金45.8亿元，其他儿童福利资金22.4亿元。[①]与此同时，各类民政服务机构集中养育孤儿和社会散居孤儿基本生活保障平均标准不断提高。政府对儿童福利经费投入的增加，有助于保障儿童的合法权益。

（四）儿童福利管理体制逐步完善

儿童福利工作自新中国成立以来就是民政部门的传统工作。2006年儿童福利处成为独立处室，未成年人保护处则与之分属不同单位。2018年国务院机构改革，民政部设立儿童福利司，负责拟定儿童福利的相关政策，出台标准、督导落实等工作。2019年，民政部开始探索区域化集中养育，将地市级儿童福利机构打造成集养育、治疗、康复、教育和安置、社会工作一体化的高质量综合服务保障平台，县级儿童福利机构转型为未成年人救助保护机构。2021年4月，民政部印发《关于加快乡镇（街道）社工站建设的通知》，要求将乡镇（街道）社工站建设纳入民政重点工作，加强资金保障通过政府购买服务加强儿童福利等工作。与此同时，乡镇和村设立儿童督导员和儿童主任，壮大了基层儿童福利领域队伍，健全了基层儿童福利工作体系与服务网络，打通了儿童福利服务递送的"最后一公里"。除此之外，儿童福利类社会组织快速发展，政府通过购买服务多方面满足各类儿童特别是困境儿童的服务需求。

三、我国儿童社会福利制度存在的问题

（一）儿童优先理念落实不到位[②]

国家"十四五"规划和2035年远景目标纲要提出"坚持儿童优先发展"的理念，《中国儿童发展纲要（2021—2030）》也明确提出"坚持对儿童发展的优先保障"。然而，儿童福利领域还没有完全落实儿童优先理念。从覆盖对

---

① 民政部.2022年民政事业发展统计公报［EB/OL］.［2023—10—13］. https://www.mca.gov.cn/n156/n2679/c1662004999979995221/attr/306352.pdf.

② 尹吉东.从适度普惠走向全面普惠：中国儿童福利发展的必由之路［J］.社会保障评论，2022,6（2）:122—143.

象来看，现行适度普惠型儿童福利只覆盖孤儿、事实无人抚养儿童等困境儿童，绝大多数儿童并没有被覆盖到。从福利水平来看，适度普惠型儿童福利制度对儿童的保障主要是满足基本生活需要，保障水平总体较低。从福利项目和内容来看，目前九年义务教育、孕妇围产期服务、免疫规划疫苗接种等已经实现或基本实现全面普惠，但这些项目内容较为单一，主要局限于生存性福利。同时，尽管我国对儿童福利的经费投入总体上处于上升趋势，然而增长幅度较慢，在一般公共预算支出中占比较低，与发达相比还存在较大差距，这也在一定程度上表明儿童优先的理念没有得到较好落实。

（二）儿童福利政策体系尚不健全

2018年成立的儿童福利司尽管要将与儿童福利有关的工作进行整合，但是并没有真正解决部门分割、条块分割的局面。目前，孤弃儿童保障、儿童收养、儿童救助保护等工作由民政部门负责，义务教育和幼儿园等教育事务则由教育部门负责，妇幼卫生与保健、婴幼儿早期发展等则由卫健委负责，儿童医疗保险、医疗救助及生育保险则由医保局负责，国务院妇女儿童工作委员会则负责编制儿童发展纲要并组织实施和监测评估。由于各部门的政策目标不同，在对待儿童问题上往往基于部门利益，不一定完全贯彻儿童优先理念，因此可能导致各部门在政策制定、资源配置及具体行动中缺乏协同，政策出现"碎片化"，在执行过程中可能会出现重复、缺失甚至相互矛盾的现象，政策执行效率和效果会大打折扣。

（三）儿童福利供给组合结构失衡

长期以来，我国儿童福利主要以"补缺型"制度为主，家庭在法律上承担着儿童养育的基础且首要责任，家庭出现问题时，其他亲属进行福利补偿，国家则体现为最终保障。然而，这种福利责任共担机制高估了家庭内亲属的实际育儿意愿、能力及福利替代效应。并且，基层民政服务体系不健全及儿童福利从业者专业服务技巧匮乏也使得公共部门兜底保障能力有限。目前，尽管建立了市级儿童福利院、县级未成年人救助保护中心、乡镇（街道）社会工作站，提升了基层儿童福利机构和未保中心的养育能力，乡镇儿童督导员和村居儿童主任的普遍设立名义上实现了儿童家庭外监督监护的"专人管理"，然而，基层未保中心和儿童福利院由于人员编制和部门意愿等原因难以成为儿童服务的支持中心，儿童督导员和儿童主任也因财政拨款不足不能做到专人专岗。公益慈善、志愿服务、邻里互助等社会力量发展缓慢也制约了其协助公共部门参与儿童福利建设的能力。[①]

四、我国儿童社会福利制度发展方向

（一）以儿童权利和需求为中心构建儿童福利政策

儿童社会福利的本质是一种完整全面的社会建设，它建立在社会对每一个儿童的发展成长负有责任和义务这样一个基本认识之上。"一切为了孩子，为了每个孩子"的观念是儿童福利保障体系建构的前提。以儿童为中心就是要以儿童的需求为导向，儿童社会福利需求是建立在儿童权利观念之上的，是将儿童作为一个能动的主体，对其发展本质进行认识和评价。评价一个国家儿童福利政策和运行机构及机制的优劣，重要的标志在于能否涵盖儿童的全面需求。从社会福利角度看儿童福利需求，它不是简单的生理心理性的、个体性的、个别化的需求，而是一种全面的社会性需求。[②]而目前儿童福利政策和法律法规基本上还是相关部委，如卫生、教育等行政部门从政府管理的角度制定的，缺少以儿童为中心的理论基础，儿童福利政策往往会比较空洞缺乏可操作性。因此，要加强以儿童生存和发展问题以及儿童需求为导向的研究，为儿童福利立法提供充分的理论和实证依据。

（二）投资儿童，迈向发展型儿童福利政策

一直以来，儿童社会政策被视为对无法从家庭、从经济发展进程中获得

---

① 万国威.我国城市流动儿童关爱保护研究[R].民政部社会福利与社会进步研究所2022年委托课题研究报告.

② 陆士桢.中国儿童社会福利需求探析[J].中国青年政治学院学报,2001(6):73-77.

必要资源的儿童的国家保障计划。从这个意义上来说，儿童社会政策被看作一种负责消减市场经济发展给儿童带来的负面影响的社会开支。福利国家针对贫困儿童、残疾儿童、单亲家庭儿童等处境困难儿童及其家庭的收入保障政策与照顾计划蓬勃开展。然而，随着福利国家财政负担加重，无论是国家还是市场，都无法独自有效承担起扶助贫弱、促进社会公平的责任。在我国，儿童社会政策发展的基础相对薄弱，国家更愿意强调父母与家庭在抚育儿童中的责任。然而，随着妇女进入劳动力市场、家庭结构小型化、婚姻结构不稳定等原因使得家庭功能弱化的情况下，需要重新界定家庭与国家在抚育儿童中的责任界限。发展型儿童政策应运而生。发展型社会政策具有明显的社会投资功能，更重视致力于消除或者减少那些会使人们陷于不幸或者困境的因素。在发展型社会政策看来，儿童社会政策是对社会未来的投资，对儿童福利的普遍关注，是在最广泛的范围内提升儿童及其家庭的人力资本与社会资本，提高其参与经济发展的能力，并使其成为活跃的生产力因素。在社会政策层面增进儿童福利，也意味着在为国家的未来储备人力资本。[①]

（三）面向全体儿童，建立政府主导的普惠型儿童福利政策

中国的儿童福利制度起步于孤残儿童，2010年11月出台的《国务院办公厅关于加强孤儿保障工作的意见》，国家第一次直接通过现金补贴的形式为福利机构内外的孤儿提供制度性保障，标志着中国在儿童福利政策方面的重大突破，也体现了政府和社会对于儿童福利的观念和认识发生了重要转变。从福利理念上看，这反映出儿童生活保障不再仅仅是家庭和扩展家庭的责任，国家同样有责任和能力接替扩展家庭，为失去父母养育的儿童提供生活保障。[②]同时，针对患大病儿童、残疾儿童、受艾滋病影响儿童、服刑人员子女和流浪未成年人等，已经纳入政府对社会福利的关注范围，政府积极开展试点救助、鼓励地方和社会力量的实践开拓与创新。这就需要国家承担起为困境儿童提供福利服

---

① 杨雄主编.儿童福利政策[M].上海:上海人民出版社,2012:3-6.

② 尚晓援.中国儿童福利政策的重大突破与发展方向[J].社会福利,2011(6):5-6.

务的责任，从基本医疗和教育等方面切入，逐步建立起政府主导的、面向全体儿童的普惠型儿童福利体系。

（四）整合资源，建立参与型儿童福利模式

改革开放以来，儿童福利模式由社会救助转向教养取向发展和社会保护混合型，儿童社会保护、儿童权利和社会发展等观念日趋流行，国家的儿童福利政策清晰明确，国家级儿童福利发展规划成为儿童福利事业发展的指南。伴随着社会福利制度改革的不断深入，社会福利社会化政策日益完善和规范。尤其是四个儿童发展十年纲要，将国家保护和关爱儿童福利的意志上升为国家政策和发展规划。儿童福利与发展政策的总目标是坚持"儿童优先"原则，保障儿童生存、发展、受保护和参与的权利，提高儿童整体素质，促进儿童身心健康发展。儿童福利机构与组织打破国家垄断的局面，形成国家、社区、企业、家庭、个人和非政府组织共同兴办儿童福利事业的大好局面。这也是参与型儿童福利的核心所在，这种模式的优越之处在于：首先，参与型儿童福利推崇社会平等、广泛参与和均衡发展的价值理念，能够最大化满足现代化建设处境下的儿童福利政策目标；其次，中国是个发展中国家，社会福利资源相对缺乏，而儿童绝对数量居世界首位，社会福利资源与儿童福利需要之间差距较大。通过国家、社会、市场、家庭和儿童群体自身的广泛参与，可以有效克服福利资源缺乏的问题。

本章小结

儿童社会福利有广义和狭义之分。狭义儿童社会福利具有补缺取向，广义儿童社会福利具有发展取向。儿童社会福利具有普遍性、发展性和社会性。儿童社会福利包括家庭保护、教育福利、医疗卫生与保健福利、文化娱乐福利、困境儿童保护等内容。儿童社会福利具有促进儿童全面发展、促进社会安全和社会发展等功能。借鉴英国、瑞典、日本等国家儿童社会福利的内容及举措。我国儿童社会福利经历了早期政策建立时期、恢复与重建时期、快速发展与制度化建设时期、政策框架形成时期、加速发展与完善阶段。当前，我国儿童社会福利取得了一定成效，儿童权利理念逐渐得到认可，儿童福利内容日益丰富，儿童福利水平不断提升，儿童福利管理体制逐步完善。然而，儿童社会福利仍然存在儿童优先理念落实不到位，儿童福利政策体系尚不健全，儿童福利供给组合结构失衡等问题。将来我国儿童社会福利应向着以下方向发展，即以儿童权利和需求为中心构建儿童福利政策，投资儿童迈向发展型儿童福利政策，面向全体儿童建立政府主导的普惠型儿童福利政策，整合资源建立参与型儿童福利模式。

复习思考题

1. 简述儿童社会福利的概念。

2. 简述儿童社会福利的特征和功能。

3. 比较英国、瑞典、日本等国家儿童社会福利的优缺点。

4. 借鉴国外儿童社会福利的发展思路，谈谈如何优化我国儿童社会福利制度。

拓展阅读

1. 联合国儿童基金会

联合国儿童基金会（The United Nations Children's Fund），原名联合国国际儿童紧急救助基金会，是联合国下设的专门机构，也是联合国系统的永久成员，于1946年12月11日在联合国大会上成立，总部设在美国纽约。联合国儿童基金会目前在190多个国家和地区开展工作，曾获得诺贝尔和平奖。该组织以拯救儿童的生命，捍卫他们的权利，帮助他们实现自己的潜能为服务宗旨。联合国儿童基金会的工作基于实证数据、严谨的研究与细致的分析形成研究报告，为最有需要的地方提供支持。

2. 国家统计局.《中国儿童发展纲要（2021—2030年）》统计监测报告[R].

为全面反映《中国儿童发展纲要（2021—2030年）》（以下简称《纲要》）实施进展情况，国家统计局根据《纲要》统计监测指标体系和相关部门数据资料，从儿童健康、安全、教育、福利、家庭、环境、法律保护等七个领域对《纲要》实施进展情况进行综合分析。该报告从2021年《纲要》开始实施进行发布，每年度发布一次。

案例讨论

泗水县创建"全国未成年人保护示范县"

山东省泗水县是沂蒙革命老区县、劳务输出大县。未成年人占比23%，其中农村留守儿童939人，孤儿、事实无人抚养儿童、困境儿童335人。近年来，泗水县以《中华人民共和国未成年人保护法》为依据，以实施联合国儿基会"护童成长"项目为抓手，通过建网络、强阵地、聚合力，形成了党政负责、民政牵头、部门协作、社会力量深度参与的大未保工作格局，于2023年1月成功创建首批"全国未成年人保护工作示范县"。

泗水县的未保工作经验如下：一是三级书记抓未保，以党政同责力推上下一盘棋。泗水县搭建了县、镇街、村居"三级书记"抓未保组织网络，逐步形成"1443"泗水工作模式，即搭建1个协调指挥平台，建设"县未保中心、镇街工作站、社会公益组织、村儿童活动场所"4大阵地，实施"泗郎回乡、素质提升、困难帮扶、生命关爱"4大工程，健全"党政主导、各方共治、制度保障"3项机制，基本实现素质提升、服务阵地、结对帮扶、济困扶助、权益维护全覆盖。二是公益力量齐参与，以社会同心奏响关爱大合唱。泗水县高度重视培养、引导和扶持社会公益组织和志愿者队伍作用，凝聚全社会关爱未成年人合力，塑造"泉乡有爱 合护未来"品牌形象，创造了"希望小屋""微爱妈妈"等一系列关爱帮扶品牌，其中"希望小屋"项目被山东省及周边省市团委提炼后广泛推广。

资料来源：贺亚林，《泗水县创建"全国未成年人保护示范县"》，2023年4月13日，大众网·济宁（dzwww.com）。

思考题：结合案例，谈谈重视困境儿童关爱保护工作的重要性，以及如何创新困境儿童关爱保护工作。

第六章 妇女社会福利

◇ **学习目标**

通过本章学习，了解妇女社会福利的概念、内容功能，通过借鉴国外典型国家妇女社会福利的经验，在对我国妇女社会福利现状和存在问题了解的基础上，指出我国妇女社会福利的发展思路。

2020年，在联合国大会纪念北京世界妇女大会25周年高级别会议上，习近平主席强调要坚持在发展中保障妇女权益，靠发展改善妇女民生，实现妇女事业和经济社会同步发展。党的二十大报告指出，坚持男女平等基本国策，保障妇女儿童合法权益。

第一节　妇女社会福利概述

一、妇女社会福利的概念

妇女在政治、经济、文化、社会和家庭生活等各方面，享有与男子平等的权利，这是男女平等所追求的目标。同时，妇女由于生理方面的特殊性，面临着许多特殊的困难，社会应给予特殊的照顾和服务，由此产生了妇女社会福利事业。广义的妇女社会福利是国家和社会通过社会化的福利设施和有关福利津贴，以满足所有妇女的社会服务需要并促使其生活质量不断得到改善的一种社会政策。狭义的妇女社会福利是针对遭遇不幸的妇女（如家暴受虐者、残疾女性等）所采取的辅助性、支持性服务。

广义的妇女社会福利主要包括两个方面：一是保护妇女的经济和社会权益，即保障妇女教育、就业、收入等方面享有与男子平等的权利；二是向妇女提供专门的福利服务，即根据妇女特殊的需求在医疗卫生、社会保障、劳动保护等方面为妇女提供特殊的待遇和专门的服务。

二、妇女社会福利的内容

根据妇女的特殊福利需求，妇女社会福利内容主要概括为妇女就业福利、妇女生育福利、福利设施和福利服务。

（一）妇女就业福利

妇女是重要的劳动力资源，同男性一样为社会创造着财富。然而，由于女性自身生理及心理方面的原因，在参与社会劳动过程中承受着比男性更大的压力，面临着更大的就业难度。联合国于1979年通过《消除对妇女一切形式歧视公约》，旨在消除对妇女的歧视、推动性别平等。世界各国均通过制定法律法规和相关政策，保证妇女与男性享有同等的就业权利和机会，使妇女平等地参与社会经济生活。

具体来说，妇女就业福利包括：一是对妇女就业权益的保护。立法保障妇女享有同男子平等的就业权利，用人单位不得以性别为理由拒绝录用妇女或提高对妇女的录用标准；任何单位不得以结婚、怀孕、产假、哺乳等理由辞退女职工或单方面解除劳动合同；制定政策促使女性提高受教育程度和职业技能，增强女性在就业市场上与男性具有平等的竞争实力。二是对妇女职业权益的保护。立法保障女职工就业期间享有与男职工同等的待遇，包括同工同酬、同行培训机会和晋升机会；根据妇女的身体和生理特点，合理安排女职工的工种和岗位。三是对妇女特殊劳动权益的保护。女性在经期、孕期、产期和哺乳期，不得被安排从事有毒、有害、危险的劳动；孕期、哺乳期不得延长女职工的劳动时间，并为其提供特殊保护设施；生育时享受一定天数的产假。

（二）妇女生育福利

在人类的繁衍生息中，妇女担负着孕育下一代的特殊任务，维护妇女的合法权益、保障她们的生育功能、保护母婴健康，关系到一个国家和民族的希望和未来。国际劳工大会1952年通过《生育保护公约修正案》《生育保护建议书》，在世界范围内为照顾妇女生育提供了政策框架，其宗旨是确保妇女在产前、产后使其本人及婴幼儿得到支持和照顾。在西方福利国家，生育社会保险、社会福利和社会救济共同为妇女生育构筑了一道安全网。

生育保险是通过立法为因怀孕、分娩而丧失劳动能力的女职工提供物质帮助和产假的社会保险制度。生育医疗保健服务是为孕期、分娩和产后妇女提供的各种检查、咨询、助产、住院、护理、医药等服务，以保证母婴平安健康。这项服务在很多国家属于医疗保险的子项目。

产假是职业妇女在分娩或流产期间依法享有的法定带薪休假。根据生育社会福利产前和产后都享有的原则，产假一般明确划分为产前假和产后假两段，并依产程难度及产出婴儿数分为正常产假、难产产假、多胞胎产假。产假的长度以有利于产妇恢复健康为基础，结合社会政策和经济承受能力来制定。

生育津贴是对职业妇女因生育而导致的工资收入损失依法给予的现金补偿，目的是为生育妇女提供基本生活保障。

育儿假和育儿津贴在不同国家有不同的规定，主要是规定婴儿的母亲或父亲可以在休满产假后增加一段休假照顾婴儿。

（三）福利设施和福利服务

生育福利与劳动保护均是针对劳动妇女设置的，并且只适用于特定阶段，如生育福利保障的是育龄妇女，劳动保护保障的是就业期间的妇女。未参与社会劳动或未受雇的妇女无法享有这种福利，超过生育期或未生育的妇女也不能享受这种保护。因此，真正具有普遍意义的妇女福利是国家和社会为全体女性提供的福利设施和服务。如设立妇幼保健院、妇产医院，建立女性卫生室、孕妇休息室、哺乳室、托儿所、幼儿园等设施，可以解决女性在生理卫生、哺乳、照料婴儿方面的困难。妇女活动中心、健美中心、妇女用品专门店则是为女性提供福利服务的场所。在许多国家和地区，还设有专门的妇女庇护所，为受虐妇女或遭遇特殊困难的妇女提供特殊救助。

三、妇女社会福利的功能

妇女社会福利作为一项分支福利项目，与儿童社会福利、家庭成员福祉和社会质量紧密相关。妇女社会福利在社会生活中发挥的作用具体表现为以下几个方面：

（一）有利于实现男女平等

传统的社会分工将女性固定在以家庭为主的领域，她们要么在政治经济领域很少"抛头露面"，要么还要承担工作以外的所有家务，从而被视为具有经济价值却得不到社会报酬的重要后援，在家庭中的付出很少能被承认。随着社会的发展和观念的进步，男女平等成为社会发展的趋势。实现男女平等的关键是妇女享有平等参与社会经济活动的权利和平等的发展机会。国家通过立法保障妇女的劳动权利，实施女工劳动保护，加强妇女保健工作，提高妇女的整体素质，都有利于妇女参与社会经济活动，是实现男女平等的必要条件。

（二）有利于提高人口质量

劳动力资源是一个国家经济社会发展的重要生产要素，儿童是一个国家潜在的劳动力资源。通过对妇女在就业期间提供保护，在经济可承受的能力范围内对妇女孕育过程提供帮助和服务，保证优生优育，可以从根本上提高全民族人口质量，为提高国家综合国力奠定基础。

（三）有利于维护家庭和睦与社会安定

家庭是社会的基本生活单元，是儿童社会化的第一场所，承担着孕育未来公民的重任。传统的"男主外、女主内"观念和女性的母亲职能决定了妇女在家庭中肩负着比男性更多的责任、承担着更多的压力。尤其是职场母亲，要面临工作和家庭难以平衡的困境。如果妇女得不到家庭和社会的支持，往往会出现身体和心理失衡，影响个人健康、子女健康成长和家庭生活。国家和社会通过政策和服务对家庭进行支持，既可以缓解妇女的工作和生活压力，又有利于家庭和睦和下一代的健康成长，同时有利于社会安定。

（四）有利于开发和利用女性劳动力资源

妇女是重要的劳动力资源，甚至有些工作非女性不能承担。完善的妇女社会福利可以为职业女性在家务劳动和养育子女方面减轻负担，使妇女可以从家务劳动中解脱出来，提高她们参与市场劳动的积极性，使她们在工作中发挥优势和特长，从而有利于社会经济的快速发展。

第二节　国外的妇女社会福利

一、瑞典的妇女社会福利

瑞典作为"福利国家橱窗"，主张性别平等和女性自立，瑞典女性福利的完善程度在世界范围内居于领先地位。瑞典女性在政治经济参与、教育及卫生服务、劳动力就业保护等诸多领域得到全方位的福利保障，女性不仅能享受到政府的充分就业政策，还能享受到生育孩子和养育孩子的特殊现金补助和带薪休假制度，这使得女性权益和性别平等程度得到有效维护。瑞典早在2000年被联合国评为世界上男女平等的"模范国家"。

（一）女性教育福利

2009年瑞典出台《反歧视法案》，立法强制规定反对教育领域中的性别歧视，保证女性和男性同样享有入学机会平等与教育过程平等的权利。2011年新颁布的《教育法》，规定学校所有员工都有责任促进男女学生间的平等，这一规定同样适用成人教育。瑞典在课程设置和安排方面也进行了积极探索，如生活通识、家庭经济等原来属于女性的必修课，要求男性也必须参与学习。瑞典的《高等教育法》和修订的《教育法》中，都有专门法律条款对女性成年教育和高等教育进行保护，在欧洲国家中，瑞典的女性教育水平已经处于较高水平。女性享有的教育福利进一步提升了全国的整体受教育水平。

（二）女性健康福利

一直以来，瑞典十分重视女性健康服务。在卫生服务水平不断提升的国情下，瑞典将相关措施以制度形式固定下来，进一步保障女性健康福利的落实。所有瑞典女性均可享受到国家规定的定期医疗保健检查，费用由国家承担。女性怀孕期间可以享受怀孕补助。

（三）女性就业福利

瑞典立法保护女性在劳动力市场上免受性别歧视、保护女性的就业机会。1974年，瑞典将一系列家庭福利和产假相结合，形成"父母保险制度"，成为世界上第一个将享受产假的权利延伸到父亲的国家。同时，对产假之后、8岁以下孩子的父母在法律上提供时间支持，主要是缩短工时，允许灵活安排工作时间，提供育儿假。瑞典福利制度规定，父母在孩子出生后可以享受长达450天的假期，并可以在其中360天享受平时工资80%的津贴，剩下的假期享受最低生活保障津贴。在父亲承担照顾孩子方面，瑞典在父母假期中为父亲预留一部分时间，即"父亲份额"，这一假期高达两个月，以此要求父亲承担照顾孩子的责任，促进真正意义上的性别平等。此外，当孩子生病时，父母可以享受短期的带薪育儿假。瑞典这种"女性友好"的家庭政策极大地推动了性别平等，使女性就业率和人口出生率都处于较高水平。

二、英国的妇女社会福利

按照埃斯平-安德森的分类，英国属于自由主义福利体制。反映在家庭政策领域，国家对家庭事务较少进行直接干预。1997年，英国工党改革将促进女性就业作为执政目标之一，但女性仍被预期为"家庭照顾者"的角色。从2010年紧缩财政改革以来，英国家庭政策呈萎缩趋势，主要是对弱势家庭进行有针对性的支持。

（一）妇女生育福利

英国在孕妇福利方面，从母亲怀孕开始，孕妇权益就开始受到法律保障，怀孕期间享受特别的社会福利，包括法定怀孕工资和孕妇津贴。如果申请人存款低于一定数额，还可以申请社会基金孕妇补贴金和孕妇拨款。

（二）妇女就业福利

1994年，英国为育儿提供税收减免政策，这大大促进了女性就业需求。随着女性劳动力大量涌入劳动力市场，男性陪产假应运而生。母亲可以享有52

周产假，其中最多有39周是带薪产假。在带薪产假前6周，收入水平是平均周薪的90%，后33周收入水平略低一些。父亲的陪产假在孩子出生后的20周至1岁之间，收入标准是平均工资的90%。除了带薪产假，父亲还可以享受26周无薪产假。在育儿假方面，父母双方每人每年可以享受每个孩子最多4周的无薪假期，但这要求父母在受雇公司工作一年以上才有资格享受。英国的产假和育儿假与工作挂钩，对于无工作的女性来说，只能依靠特殊津贴维持收入。

三、德国的妇女社会福利

德国是"保守主义"的典型国家，体现在家庭政策上，尽量强调家庭的完整和家庭功能的发挥。2002年，德国首次提出"可持续家庭政策"原则，旨在寻求通过减轻工作与家庭之间的冲突来提高生育率和减少儿童贫困的措施。同时，德国强调男性和女性劳动力的充分就业。

（一）妇女生育福利

德国政府一直强调母亲对儿童发展的重要性，倡导家庭照料。德国《就业母亲保护法》规定，雇主应相应调整怀孕期间女性的工作岗位，防止辐射、噪音对母婴的影响。同时规定，雇主不得辞退怀孕女职工或生育不满4个月的女职工。女性生育假期包括产前6周至产后8周，期间员工工资收入不变，且父母双方可共同享有长达三年的育儿假。政府还为产后妇女提供培训信息与建议指导，安排培训课程，给予产后女性心理和精神辅导等服务，确保产后顺利就业。德国提供与儿童照料相关的儿童津贴、产假期间的薪资替代以及亲职假期间的儿童养育给付等收入补偿制度，支持儿童父母在家照顾儿童。德国规定，儿童未满18周岁之前，可领取儿童津贴或享受抚育家庭税收减免。

（二）妇女就业福利

2006年，德国颁布《一般平等待遇法》，明确规定性别不能成为就业歧视原因的雇主抗辩理由。同时规定，女性雇员在受到不公正待遇等就业歧视时，可以拒绝履行劳动义务，并有权申请补偿。

除了劳动法体系中对女性就业权的保护外，德国还建立了完备的儿童福利体系。为了进一步加强政府对家庭照顾的支持，德国从2007年起将儿童照顾津贴制度改为父母津贴制度，并且从向中低收入家庭提供转向共同承担育儿责任。随后，德国又补充建立"父母津贴+"与"合作育儿奖励"制度，不同津贴项目之间可以自由组合，儿童父母可以在更长时期内兼顾家庭与工作。

在时间支持方面，德国以家庭为中心向外辐射的儿童福利设施十分完备，包括托幼所、托儿所、课后托育中心、残障儿童托儿所及残障儿童课后托儿所等。同时，德国规定各州及市县必须确保成立能为儿童提供日托的机构，资金则由政府财政承担。

儿童家庭既可以选择时间政策或是育儿津贴在家庭内为儿童提供照顾，也可以选择继续工作将儿童送往日间照顾中心接受照顾，德国通过完善的时间政策与经济政策，提升女性劳动参与率，促进了性别平等。

四、日本的妇女社会福利

日本深受儒家文化影响，重视发挥家庭的赡养和抚养功能，曾经在儿童照顾政策上坚持家庭化取向，采取选择型儿童福利政策，为有需要的儿童提供有限的机构照顾。当日本政府意识到总和生育率急速下降与人口老龄化加剧导致少子化、高龄化危机时，开始将政策转向以促进家庭就业为目的，出台一系列有利于家庭照顾的时间政策、经济支持政策、服务政策等。

（一）妇女生育福利

日本女性的生育福利与应对少子化危机紧密联系在一起。日本针对儿童的经济支持政策包括生育临时育婴金、生育津贴、育儿休假补助金。临时育婴金主要对象是加入国民健康保险或公司健康保险的女性，针对养育子女的数量支付补助金。连续参加工作单位健康保险1年以上的女性可以获得生育津贴。除此之外，日本政府还设置育儿休假补助金，为在产假之外孕育未满一周岁的婴幼儿提供育儿津贴。

时间支持方面，日本主要有产前产后休假、孕期休假和育儿休假等。劳动法规定，日本产妇可在预产期6周前（双胞胎和多胞胎可从预产期前14周开始使用产前休息）、产后8周获得休息时间。日本育儿看护休假法规定，无论男女都可获得一年的育儿休假。女性育儿休假是从产假结束到儿童满一岁。

日本不断完善育婴室、母子生活支援设施，同时积极利用科技手段支持生育，营造温馨的适合婚、孕、产、育的社会氛围。

（二）妇女就业福利

日本政府在二战后逐渐意识到女性应当从家庭回归职场，并为此建立了一系列法律保障男女平权和同工同酬。进入21世纪后，日本政府持续推进落实女性兼顾工作和生活原则，对于积极配合的企业，政府在国家招标项目中给予倾斜的政策优惠。同时，为促进女性就业及产后融入工作，政府积极引导企业为女性创造更好的职场环境，支持远程、信息化等多样化工作模式，并出台《女性继续活跃法》，支持女性生育后的职业发展。

日本以儿童育幼支援法为基础，建立起认定儿童园、幼稚园、小规模保育机构等在内的育儿支援体系。同时，日本注重发挥社会力量，在全社会构建重视儿童、全生命周期的社会支持，通过多样化的社区网络促进育儿合力。日本政府通过建立系统型儿童照顾政策，减轻职业女性家庭照顾负担，让更多女性有条件投入到劳动力市场中，在实现自身价值的同时，缓解国家潜在的社会保障财政危机，促进性别平等。

第三节　我国的妇女社会福利

一、我国妇女福利的发展历程

新中国成立以来，广大妇女的劳动权益与特殊权益保障得到密切关注，妇女福利得到显著发展。

（一）建国初期的妇女福利

1949—1977年是新中国妇女工作的全面奠基时期，妇女工作主要围绕妇女解放、妇女运动等活动展开。1949年3月，中国妇女第一次全国代表大会召开，4月中华全国民主妇女联合会正式成立，我国妇女工作由此拉开历史的序幕。1949年9月颁布的《中国人民政治协商会议共同纲领》中明确规定："中华人民共和国废除束缚妇女的封建制度。妇女在政治的、经济的、文化教育的、社会的生活各方面，均有与男子平等的权利，实行男女婚姻自由。"1950年，新中国颁布第一部成文法律《中华人民共和国婚姻法》，明确规定婚姻自由、男女平等的婚姻制度。1954年颁布的《中华人民共和国宪法》也规定，妇女在政治、经济、教育等方面享有与男性平等的权利。20世纪50年代，妇女健康工作主要围绕妇女劳动保护、"妇女病"防治展开。1951年颁布的《中华人民共和国劳动保险条例》中，规定女员工生育期的保障政策。1955年国务院通过《工厂安全卫生法规》，规定工厂应根据需要设置更衣室、妇女卫生室等辅助设施。社会生活领域中，女性的福利则与经济制度密切相关。

这一时期妇女福利是通过就业和单位保障来实现的。为了保障充分就业，女性劳动者也被安排到单位内，但是传统文化对女性仍然有家务劳动的要求，这就忽视了性别之间存在的生理差别，导致很多女性伤、残、病或者面临公私领域的矛盾。1949年第一次全国妇女代表大会的工作重心是城市妇女工作，1953年召开的第二次全国妇女代表大会的工作重点是城乡妇女儿童福利事业，1957年第三次全国妇女代表大会则强调保护婚姻、家庭、母亲等权益。全国妇联举办的三次全国妇女代表大会积极推动了全国妇女事业的持续健康发展。

（二）改革开放后的妇女福利

1978年以来，随着我国进入改革开放新时代，妇女福利也迈入新阶段，妇女福利在不同阶段分别取得不同的发展成效。

1978—1989年，我国妇女工作迈入现代化历史发展阶段。第四次全国妇女代表大会强调，要维护宪法和法律赋予妇女的合法权益，解决溺弃女婴、侮辱妇女、虐待生女孩母亲及拐卖妇女问题。在市场经济条件下，妇女就业、收入水平、婚姻家庭等面临新问题，妇女问题首次被全国妇联界定为"社会问题"。20世纪80年代，妇女问题主要集中于婚姻家庭、家庭暴力、女性就业、女职工生育保险与劳动保护等，如何平衡女性就业与家庭生活、生产劳动与家务劳动之间的关系是妇女面临的主要问题。1978年、1983年、1988年分别举行的三次全国妇女代表大会，共同主题是提高妇女素质，发展妇女事业，维护妇女合法权益。

1990—2001年，随着改革开放不断深入，社会主义市场经济体制初步建立，我国妇女福利进入全面奠基和制度化建设时期。1990年代，我国妇女面临婚姻家庭与妇女发展、妇女与贫困、妇女素质与市场竞争之间的突出问题，也反映出市场竞争中妇女权益亟需保护，因此妇女发展与权益保障是妇女工作的重点。1992年颁布的《中华人民共和国妇女权益保障法》是一个里程碑式的法律文件，明确规定了与女性就业、人身权利、婚姻家庭和经济权利等福利相关的内容。1995年8月发布的第一个《中国妇女发展纲要（1995—2000年）》，标志着妇女工作主题转变为"妇女发展，男女平等"，妇女工作向"社会性为主"的趋势转变。1990年，国务院妇女儿童工作委员会成立，标志着我国妇女工作和妇联组织建设均迈入崭新的历史时代。1995年，第四次世界妇女大会在北京召开，我国妇女事业发展进入国际化时代。

2002年，我国提出全面建设小康社会的奋斗目标，对妇女发展、男女平等与妇女福利提出更高要求。妇女问题主要集中在观念、权益保障、主体地位、妇女能力和综合素质，妇女工作的范围由婚姻家庭、经济生产发展扩大为教育、健康、福利和维权。[①]妇女问题与儿童问题实现了剥离，成为独立的社会福利政策议题。2011—2020年的发展纲要首次增设"妇女与社会保障"领域。2003年第九次全国妇女代表大会指出，妇女在经济、政治、文化、社会

---

① 刘继同.当代中国妇女工作的历史经验、结构转型与发展方向[J].中共中央党校学报，2017,21(6):80-92.

和家庭生活等领域的平等权利要得到切实尊重和保障，妇女的综合素质明显提高，参与可持续发展的能力显著增强。2008年第十次全国妇女代表大会强调妇女在全面建设小康社会中的主体作用。2012年颁布的《女职工劳动保护特别规定》中，规定包括对女性经期、产期、哺乳期等特殊时期的具体保护措施，同时规定由于客观生理差异，不允许女性从事重体力危险劳动。

从制度的演进中我们可以看出，对于妇女福利的保护从改革开放后就步入到一个制度化的轨道中，包括保障妇女获得平等的就业机会，提高妇女的地位，保障基本卫生保健权利，维护妇女合法权利等，从而提高妇女的生活质量，促进妇女事业的持续健康发展。综合来看，党和国家对妇女解放与平等发展给予了高度认同和保障，经济的快速发展为我国妇女福利奠定了物质基础，同时为妇女参与经济社会发展提供了更多机会，社会保障的再分配效用增强了妇女共享改革发展成果。[①]

二、我国妇女福利的发展现状

《中华人民共和国妇女权益保障法》和《中国妇女发展纲要》的颁布和实施，反映了以人为本理念的确立和不断深化，同时反映了国家、社会对女性生育的社会价值的认同与重视。我国形成了以妇女参与经济为基础，以妇女参政为关键，以妇女接受教育为决定因素，以妇女的健康状况为指标，以法律保护为有效手段，以优化环境为重要因素的妇女福利保障体系，使妇女发展和权益保护有了更加明确的法律依据与发展目标。具体来说，我国妇女福利表现为以下几个方面：

（一）女性健康保障快速发展

1994年，我国颁布了《中华人民共和国母婴保健法》，标志着我国开始从

---

① 黄桂霞.共享发展：中国妇女社会保障百年发展回顾与前瞻[J].杭州师范大学学报（社会科学版），2022，44（6）：103-114.

法律高度维护妇女儿童的健康。全面二孩政策实施后，我国相继出台多部政策法规保障母婴安全。2017年，国家卫生计生委出台《关于加强母婴安全保障工作的通知》，提出全面开展妊娠风险筛查与评估，着力保障妇女儿童生命安全。

在机构设置上，大中城市设有妇幼保健院、妇产医院、妇女保健所，以及各级医院的妇产科。在农村，县、乡、村有三级妇幼保健院（所、站），妇女可以在遍布城乡的妇幼保健网络中得到基本医疗服务、基本药物供给、计划免疫、孕产期保健等医疗保健服务。从2000年起，我国相继实施降低孕产妇死亡率、农村孕产妇住院分娩补助、农村妇女"两癌检查"和免费孕前优生健康检查等妇幼重大公共卫生服务项目。2009年起，我国实施国家基本公共卫生服务项目，人均补助经费逐年提高，免费提供包括孕产妇健康管理在内的基本公共卫生服务。

（二）女性受教育水平显著提升

我国通过法律法规赋予妇女同男子平等的受教育权利。在坚持优先发展教育、持续实施教育惠民政策、缩小城乡教育差距、积极推进教育公平的政策背景下，妇女的受教育状况不断改善，受教育水平大幅提升。一是扫除妇女文盲成果显著。截至2023年底，女性人口文盲率已由新中国成立前的90%降至2.7%。二是九年义务教育基本消除性别差距。在《中华人民共和国义务教育法》等法律和政策保障下，我国不断加大义务教育投入，在城乡义务教育完全免费的政策优惠下，女童的受教育权得到充分保障。三是妇女接受高中阶段和高等教育水平大幅提高，接受职业教育和继续教育的人数也大幅增加。

（三）女性生育保障制度不断完善

我国的生育保障制度，主要是保护在劳动力市场上暂时处于弱势的生育女性。1994年，《企业职工生育保险试行办法》提出，保障女职工在生育期间得到必要的经济补偿和医疗保健。2011年开始实施的《中华人民共和国社会保险法》设生育保险专章，将部门规章上升为国家法律，为保障妇女生育权益提供法律依据；同时，将有生育保险的男职工未就业配偶纳入生育保险，未就业女性的生育权益通过配偶得到保障。2019年，全面试点的职工医疗保险与生育保险合并实施，扩大了生育保险覆盖面，未就业人群的生育医疗费用纳入城乡居民基本医疗保险支付范围，明确保障妇女生育医疗费用和生育津贴待遇水平不降低，并稳步提高。

同时，我国不断推动公共场所和用人单位建设母婴设施，促进托育服务事业发展。针对不同年龄段儿童制定不同的育儿支持政策，缓解家庭育儿负担，帮助妇女平衡工作与家庭。如对3岁以下幼儿，支持社会以多种形式提供托育服务；对3—6岁学前儿童，不断提高普惠性幼儿园的覆盖率。

（四）女性劳动就业保护不断加强

我国在经济体制转轨和经济结构重大调整的背景下，为女职工提供了更多的就业渠道和就业机会，并不断加强对女职工劳动权益保护。我国于1988年颁布《女职工劳动保护规定》，2012年出台《女职工劳动保护特别规定》，对女职工的劳动保护程度不断提高。2019年，人社部、教育部等九部门《关于进一步规范招聘行为促进妇女就业的通知》，明确了不得实施的六种就业性别歧视行为，建立健全多部门联合约谈、市场监管、司法救济三条救济渠道，进一步促进妇女平等就业。随着国家经济社会快速发展，妇女就业选择更加多元，创业之路更加宽广，就业和创业人数大幅增加。妇女参与经济社会发展的能力显著增强，在政治、经济、科技、教育、文化、卫生等各条战线展现巾帼风采、贡献巾帼力量。各行各业优秀女性大量涌现，各级妇联组织表彰了一大批三八红旗手、三八红旗标兵和三八红旗集体。

三、我国妇女福利发展面临的挑战[①]

尽管我国妇女福利发展取得了一定成效，妇女权益得到较好的保障，然

---

① 黄桂霞.共享发展：中国妇女社会保障百年发展回顾与前瞻[J].杭州师范大学学报（社会科学版），2022，44（6）：103-114.

而，由于我国社会保障制度设计存在城乡差异和性别差异，现有社会保障制度使妇女难以平等享有社会发展成果。

（一）社会保障制度缺乏性别视角

社会保障制度本身是性别中立的，但我国长期以来形成的性别不平等和传统性别观念潜移默化地作用于家庭分工，妇女在家务劳动中的经济和社会价值得不到认可，导致劳动力市场上性别隔离和中立的社会保障制度之间的矛盾，社会保障中的性别差距会被扩大，影响社会公正的社会效用。如养老金制度，退休年龄、缴费年限、筹集方式等都对性别产生不同影响，女性由于性别歧视在劳动力市场上更多地从事非正式工作，劳动收入低、养老保险缴费基数低，都会使女性养老金月标准低于男性；同时由于女性退休年龄早、养老金缴费年限短，养老金水平也低于男性。再比如，我国现有城镇职工基本医疗保险政策由于没有考虑性别之间在就业机会、工资收入、生理特点等方面存在的差异，导致妇女在医疗保障方面受益较低，经济负担较重。同时，城镇职工基本医疗保险待遇水平高于城乡居民医疗保险，导致农村女性整体医疗保险待遇低于男性。

（二）妇女社会保障发展不平衡

在我国目前主要社会矛盾中，妇女是社会发展不充分、不平衡中的相对弱势群体，只是在实践中性别发展不平衡和妇女发展不充分一定程度上被城乡发展不均衡和农村发展不充分掩盖了。我国在权利、机会、资源分配方面仍然存在性别不平等，城乡妇女发展也存在不平衡问题。这主要体现在：一方面，和男性相比，妇女存在就业率较低，下岗失业较多且失业得不到保障，再就业困难，就业质量差等问题，这就使得女性较难享有较高水平的社会保障。另一方面，我国城乡二元分化虽然得到一定缓解，但城乡差距依然存在，相较于城镇妇女，农村妇女在发展机会和享有权利方面都要差一些。妇女发展不充分也是影响其发展质量的重要因素，社会上存在对妇女潜能、才干、贡献等认识不充分现象，妇女进入劳动力市场还不是很充分，妇女人力资本还未得到充分发挥，尤其是农村妇女，土地使用权是其生存的主要保障，妇女失去赖以生存的土地又缺乏稳定的就业收入，其获得感较低。

（三）妇女生育权益没有得到很好保障

女性承担着生儿育女的特殊角色，在社会保障制度设计中，相比男性具有生育权益保障的特殊需求。我国生育保障体系缺乏整体设计，不同身份社会成员享有的生育保障制度不同，导致不同人群享有生育待遇差异较大，不充分、不平衡问题突出。不平衡发展体现在城乡、区域、群体以及性别之间，不充分发展体现在覆盖范围、待遇给付等方面。一方面，生育保险的定位导致其覆盖范围窄，妇女生育权益保障不足。生育保险旨在保障女职工生育期间得到必要的经济补偿和医疗保健，这就意味着其保障对象为城镇职工，以保障妇女劳动权益为主，这就使得灵活就业人员、失业人员等无法参保，生育保险覆盖面不足。另一方面，生育保险待遇水平在不同人群之间不均衡。相对于城镇职工比较完善的生育保险政策，城乡居民的生育待遇水平较低。随着生育政策调整，女性可以获得较长的产假，在生育负担较重的情况下，女性在劳动力市场上会受到更多的性别歧视。

（四）妇女难以全面共享发展成果

社会救助本身是不带有性别歧视的政策，但在执行过程中由于没有考虑到妇女的现实需求，在政策效果方面缺乏公平性。一方面，最低生活保障政策没有充分考虑农村弱势妇女存在的特殊困难，如没有针对丧偶、无子女、残疾老年妇女等弱势妇女群体的倾向性救助政策，即使有相关救助政策对她们的保障力度也有限。另一方面，以户为单位的低保统计数据容易掩盖家庭内部的性别差异，无法反映不同群体之间享有救助机会的不同，由于妇女相对贫困程度高于男性，因此妇女享有的社会救助政策相对较差。同时，对弱势妇女的就业援助政策中，只重视对妇女生理特征的保护，对妇女社会特征的保护不足。在社会福利政策中，对在家庭承担照顾老年人、儿童、残疾人等特殊人群的女性享受不到特别的福利政策；作为享受优抚安置政策的军人，妇女大部分是以家属身份享受相应保障，待遇相对较低。

四、我国妇女福利的未来发展路径

尽管我国在妇女权益的维护和保障方面取得了较大发展，但仍然存在妇女福利水平总体偏低，妇女福利在城乡之间、区域之间存在较大差异，妇女贫困问题依然存在，妇女保护仍需加强等问题，维护妇女权益的任务依然很艰巨。为了更好地维护妇女权益，未来妇女福利的发展可以从以下几个方面展开。

（一）转变妇女福利的发展理念

妇女是一个国家或社会重要的人力资源，妇女福利的发展要从尊重基本人权向兼顾人力资本投资转变。妇女福利的发展要以男女平等的基本国策为纲领，以不断促进妇女全面发展为目标，保障妇女依法平等行使民主权利、平等参与经济社会发展、平等享有经济发展成果，切实发挥妇女在经济社会发展中的"半边天"作用。一方面要提升妇女教育福利保障水平，在教育工作全过程中充分贯彻和体现男女平等的理念和行动，构建学校教育、家庭教育、社会教育相结合的性别平等教育模式。进一步保障女童平等接受义务教育的权利和机会，尤其是保障和支持欠发达地区女童、留守女童和随迁女童及学业困难女童的受教育权利和机会。提高女性接受普通高中教育的比例，促进女性接受高质量职业教育，同时保障女性平等接受高等教育的权利和机会。进一步提升女性科学素质，加强女性科技人才的培养，为女性终身学习提供支持。另一方面，要为妇女发展创造性别公平的劳动环境，一是靠发展来解决性别发展不平衡、不充分问题，提高妇女发展能力，逐渐缩小因劳动力市场就业带来的性别差距，充分发挥妇女在经济社会发展中的作用，促进妇女与社会同步发展。二是要调动女性进行自身保护的主体意识和自觉参与意识，在社会化的福利建设中，妇女要善于表达自己的福利诉求，提高自身的独立能力和服务社会的能力。

（二）增强弱势群体妇女保障

通过提高社会救助和社会福利待遇水平，保障妇女尤其是弱势妇女平等享受相应待遇。适度拓宽社会救助覆盖面并提高相应待遇。通过政府转移支付、慈善、社会互助、社会捐赠等形式给予贫困和弱势妇女群体更多的经济、物质和服务扶助，尤其是加大对社会保险不能覆盖的妇科疾病的医疗救助，为妇女提供更好的医疗服务和健康保障。通过实施健康知识普及行动，引导妇女树立科学的健康理念，积极参与全民健身行动，提升妇女健康素养。推进"互联网+妇幼保健"，为妇女健康服务提供科技支撑，对妇女人群健康管理和健康风险起到预警作用。针对妇女的特殊需求和普遍需求，完善保障妇女健康的制度机制，保障妇女获得高质量、可负担保健的医疗服务。通过以上多种举措，多方位、多角度、多主体促进妇女身心健康。

（三）保障妇女生育与劳动权益

女性的生理特征和生育责任是造成劳动力市场性别差距和由此引起的社会福利资源分配不均的原因，因此政策制定时要向女性适当进行倾斜，保障基本生活需求，实现性别平等。首先，要确立劳动力再生产具有与物质生产同等社会价值的生育保障理念，承认女性在劳动力再生产中的重要贡献，将生育保障作为基本公共服务，提高生育保障水平，体现女性劳动力再生产的社会价值。其次，建立性别平等的劳动力市场法律法规，保障女性各种形式的就业不遭受歧视。尤其是确保怀孕女性、产假女性和产后重返工作岗位的女性不受歧视。再次，进一步加强非正规部门女性就业的劳动保护。在非正规部门就业是城市化进程中农村女性主要的就业渠道，应特别关注非正规部门就业女性的劳动合同签订情况、社会保障参与情况等，真正保护非正规部门就业女性的合法权利和利益。最后，帮助女性平衡家庭和工作之间的关系。传统意义的家庭照顾，女性承担着大部分工作，家庭照顾的角色成为阻碍女性参与有偿市场劳动的障碍。在妇女福利的改革中，应通过提倡合理调整家庭角色分工、增加女性灵活就业形式的途径，让更多的女性尤其是母亲能够从事有酬金劳动，在实现经济独立的同时，享有分享社会福利的权利。

本章小结

妇女由于生理方面的特殊性，面临着许多特殊的困难，社会应给予特殊的照顾和服务，由此产生了妇女社会福利事业。妇女社会福利有广义和狭义之分，广义妇女社会福利保护所有女性的经济和社会权益并提供专门的福利服务，狭义妇女社会福利只针对弱势女性提供保护。妇女社会福利包括妇女就业福利、妇女生育福利、福利设施和福利服务。妇女社会福利有利于实现男女平等，有利于提高人口质量，有利于维护家庭和睦与社会安定，有利于开发和利用女性劳动力资源。英国、瑞典、德国、日本等国家妇女社会福利在健康、生育、就业等方面的福利可以为我国提供一定的经验借鉴。我国妇女社会福利经历了建国初期的奠基阶段和改革开放之后的不断完善，女性健康保障快速发展，女性受教育水平显著提升，女性生育保障制度不断完善，女性劳动就业保护不断加强。然而，我国妇女社会福利面临社会保障制度缺乏性别视角，妇女社会保障发展不平衡，妇女生育权益没有得到很好保障，妇女难以全面共享发展成果等挑战，未来我国妇女社会福利应转变发展理念，增强弱势群体妇女保障，保障妇女生育与劳动权益。

复习思考题

1. 简述妇女社会福利的概念。

2. 简述妇女社会福利的功能。

3. 比较英国、瑞典、德国、日本等国家妇女社会福利的异同点。

4. 借鉴国外妇女社会福利的发展思路，谈谈如何优化我国妇女社会福利制度。

拓展阅读

1. 中华全国妇女联合会

中华全国妇女联合会是中国共产党和中国政府联系妇女群众的桥梁和纽带，成立于1949年3月，原名为"中华全国民主妇女联合会"，1957年更名为"中华人民共和国妇女联合会"，1978年又改名为"中华全国妇女联合会"。

其基本职能是团结、动员广大妇女参与经济建设和社会发展，代表和维护妇女利益，促进男女平等。中华全国妇女联合会的最高权力机构是全国妇女代表大会，每五年召开一次。

2. 国家统计局.《中国妇女发展纲要（2021—2030年）》统计监测报告［R］.

为全面反映《中国妇女发展纲要（2021—2030年）》（以下简称《纲要》）实施进程，国家统计局根据《纲要》统计监测指标体系和相关部门数据资料，从妇女健康、教育、经济、决策和管理、社会保障、家庭建设、环境、法律等八个领域对实施进展情况进行综合分析。本报告从2021年《纲要》开始实施起进行监测，每年度发布一次。

案例讨论

新疆"妇女创业一条街"成就出彩人生

"直播间的家人们，这是最新款的艾德莱丝绸晚礼服，融入了今年7月流行的荷叶绿。"近日，在新疆乌鲁木齐市天山区黑甲山后街社区"妇女创业就业一条街"，左然木·扎热裁缝店直播间十分热闹，各色新款服饰吸引着粉丝们下单。

2016年，黑甲山街道后街社区在天山区人武部及"访惠聚"工作帮助下，军民携手共建了妇女创业一条街，通过多种举措助力女性就业。一是搭建平台，铺路搭桥。在这条街上，所有商铺均是免费提供给创业者，随着电商平台的兴起，社区专门为辖区内女性开设电商课程，广泛推广线上线下经营模式。二是接力共建，助力发展。天山区人武部作为妇女创业路上的守护者，一代代官兵接续共建黑甲山后街社区几十年，尤其是2016年共建"军民共建创业一条街"后，这条创业街逐渐走向成熟。三是妇女微家，微而有为。在各级妇联的大力支持下，某家庭服务有限责任公司向农村富余妇女劳动力和困境妇女提供教育培训、就业安置服务，促进农村女性劳动力转移就业。"妇女微家"作为落实基层妇女工作的有力抓手，为妇女提供了相互交流、学习探讨、互帮互助的共享平台。

政策帮扶、军民共建等利好政策让后街社区两万多名流动妇女在家门口接受创业就业技能培训。如今，许多女性线上做电商，线下实体店做营销，日子越来越红火。

资料来源：王江平，《政策帮扶、军民共建，两万余名流动妇女创业就业忙》，中国妇女报，2024年8月1日。

思考题：结合案例，谈谈如何对女性进行就业创业保护。

第七章

残疾人社会福利

◇ 学习目标

通过本章学习，了解残疾人及残疾人社会福利的含义，了解残疾人社会福利的基本原则、理念和主要内容，通过借鉴国外典型国家残疾人社会福利的经验，在对我国残疾人社会福利现状和存在问题了解的基础上，指出我国残疾人社会福利的发展思路。

2014年3月20日，习近平总书记在致中国残疾人福利基金会的贺信中指出，残疾人是一个特殊困难的群体，需要格外关心、格外关注。让广大残疾人安居乐业、衣食无忧，过上幸福美好的生活，是我们党全心全意为人民服务宗旨的重要体现，是我国社会主义制度的必然要求。党的二十大报告指出，完善残疾人社会保障制度和关爱服务体系，促进残疾人事业全面发展。

第一节　残疾人社会福利概述

一、残疾人社会福利的含义

（一）残疾人的含义

残疾人是一个特殊的困难群体，对残疾人的定义直接影响到残疾人社会福利的理念和内容。

世界卫生组织区分了缺陷、残疾和障碍三个不同的概念。缺陷是指心理上、生理上或人体结构上某种组织或功能的任何异常或丧失。残疾是指由于缺陷而缺乏作为正常人以正常方式从事某种正常活动的能力。障碍是指一个人由于缺陷或残疾而处于某种不利地位，以致限制或阻碍该人发挥按其年龄、性别、社会与文化等因素应能发挥的正常作用。

联合国通过《残疾人权利宣言》，将残疾人界定为任何由于先天性或非先天性的身心缺陷而不能保证自己可以取得正常的个人生活和社会生活上一切或部分必需品的人。

国际劳工组织通过了《残疾人职业康复和就业公约》，将残疾人界定为因经正式承认的身体或精神损伤，从而在获得、保持适当职业并得到提升方面的前景大受影响的个人。

我国于1990年通过的《中华人民共和国残疾人保障法》中，将残疾人界定为在心理、生理、人体结构上，某种组织、功能丧失或者不正常，全部或者部分丧失以正常方式从事某种活动能力的人。2011年，我国发布《残疾人残疾分类和分级》国家标准，将残疾界定为身体结构、功能的损害及个体活动受限与参与的局限性；将残疾人界定为在精神、生理、人体结构上，某种组织、功能丧失或障碍，全部或部分丧失从事某种活动能力的人，按不同残疾分为视力残疾、听力残疾、言语残疾、肢体残疾、智力残疾、精神残疾和多重残疾。各类残疾按残疾程度分为四级，残疾一级为极重度，残疾二级为重度，残疾三级为中度，残疾四级为轻度。

我国目前有8500多万残疾人。[①]截至2023年底，得到康复服务的持证残疾人中，有视力残疾人72.5万、听力残疾人69.5万、言语残疾人5.9万、肢体残疾人415.7万、智力残疾人70.1万、精神残疾人159.9万、多重残疾人52.9万。[②]

（二）残疾人社会福利的含义

根据残疾人的特征，残疾人具有康复需求、生活需求、教育需求、就业需求和社会服务需求等，国家应建立残疾人社会福利体系尽可能满足其需要。

残疾人社会福利可以从狭义和广义两个角度去理解。从狭义角度来看，残疾人社会福利与老年人社会福利、儿童社会福利、妇女社会福利并列，都是社会福利体系中不可或缺的子系统。从广义角度看，残疾人社会福利是国家或社会根据社会的经济、文化发展水平，通过制定相关的法律和政策，给予残疾人相应的康复、教育、劳动就业、文化生活、社会环境等权益保障，以改善残疾人及其家庭的生活条件，不断提高他们的生活质量，维护社会稳定，实现残疾人"平等、参与、共享"的目标。

二、残疾人社会福利的基本原则

残疾人由于身体、心理或智力等方面存在缺陷，使他们在正常参与社会生活方面存在一定障碍。建立残疾人社会福利可以反映一个国家的经济、政治、文化发展水平和文明程度，可以维护社会的安全稳定，可以保障残疾人生活水平不断提高，给残疾人安全感和尊重感，使他们实现自身价值。因此，残疾人社会福利需要遵循以下原则。

---

① 国务院.关于印发"十四五"残疾人保障和发展规划的通知[Z].中国政府网_中央人民政府门户网站（www.gov.cn）

② 中国残联.2023年残疾人事业发展统计公报[EB/OL].[2024-04-17]. https://www.cdpf.org.cn/zwgk/zccx/tjgb/03df9528fdcdbc4a8deee35d0e85551.htm.

（一）机会均等原则

机会均等是保证残疾人与其他公民一样，在享受基本公共服务、获取资源、社会参与和提升发展能力等方面可以获得平等的机会，使他们共享经济发展成果。

这需要立法上的平等进行保障。国家在制定法律、法规和各项政策时，要充分尊重和考虑残疾人的各项权利，避免对残疾人行使权利产生不利影响，消除对残疾人的任何歧视，确保残疾人在政治、经济、文化、社会和家庭生活等方面享有同其他公民平等的权利。

残疾人在享有相应权利的同时，也要承担同等的义务。我国《残疾人保障法》规定，残疾人必须遵守法律，履行应尽的义务，遵守公共秩序，尊重社会公德。

（二）特别扶助原则

在保障残疾人享有与正常公民同等机会的情况下，他们作为特殊困难群体，需要国家和社会帮助才能实现其平等权利。

联合国一系列决议均强调，会员要通过各种措施扶持残疾人，必须制定特别方针，保障残疾人的权利。我国《残疾人保障法》规定，需要国家采取辅助方法和扶持措施，对残疾人给予特别扶助，减轻或者消除残疾影响和外界障碍，保障残疾人权利的实现。

三、残疾人社会福利的基本理念

各国在制定残疾人社会福利政策时，均考虑到残疾人作为特殊困难群体的特殊性，但是政策侧重点可能存在差异，这源于不同的价值理念。具体来说，残疾人社会福利的价值理念主要有以下几种：

（一）供养理念

供养理念就是把残疾人尤其是失去劳动能力的残疾人，通过政府包办的方式满足他们的一切需要。但是这种理念关注更多的是物质层面的供养，对于残疾人特别是严重丧失劳动能力的残疾人来说，经济供养是必要的，但不能关照到残疾人的全部需要，如精神需要等。因此，单纯以这种理念为残疾人提供帮助存在一定缺陷。以经济、物质提供为主的残疾人工作实践是在供养理念下指导产生的。

（二）回归社会理念

回归社会理念重视残疾人的社会需要，特别是精神需要，认为残疾人回归正常社会，参与社会，有利于残疾人多种需要的满足，有利于残疾人融入正常社会。让残疾人回到他们熟悉的社区接受照顾普遍得到各国的广泛认可。社区照顾是回归社会理念的实践模式。

（三）增能理念

无论是供养理念还是社区照顾模式，均侧重残疾人的脆弱性特点，忽视了人的潜能和自我实现需要。增能理念站在人的发展立场上，认为通过一定的方法可以在一定程度上恢复残疾人机体的、社会的功能，并有助于他们过上一般的、正常的社会生活。增能不但可以增强他们丧失的机体功能，还可以增强他们的社会信心，实现其基本价值。

四、残疾人社会福利的内容

根据残疾人社会福利的原则和基本理念，对残疾人提供的社会福利服务主要通过社会福利机构、社区服务、居家供养等方式，共同为残疾人构建社会福利服务网络，为残疾人提供相应的福利项目和内容。具体来说，残疾人社会福利的内容包括以下几个方面。

（一）医疗康复福利

对于残疾人来说，最基本的需要是国家和社会帮助其缺损的组织与功能得到救治和康复。

康复有广义和狭义之分。广义的康复是指综合、协调地应用医学的、教育的、职业的、社会的和其他措施，对残疾者进行治疗、训练和辅助，使残疾者达到和保持生理、智力、精神和社会交往功能的最佳水平，使他们能够改变其生活，增强自立能力，提高适应社会的能力，融入正常的社会生活，甚至成为能为社会做贡献的力量。狭义的康复仅指医学康复，是残疾人全面康复的基础。

为残疾人提供康复服务，必须依据残疾人所具备的基本能力，尊重他们的意愿、人格和尊严，最好能在自然环境下进行，同时辅之以必要的机构康复。目前，社会康复已成为残疾人回归社会的具有关键意义的一个环节。

（二）教育福利

发展残疾人教育事业是对他们受教育权的保障，也是提高整个残疾人群体生活质量的基础和前提。残疾人教育主要包括以下三个方面：

一是基础教育。对于有学习能力的残疾学龄儿童和青少年，国家要保障他们同普通儿童一样享有接受义务教育的权利，保障他们享有平等的入学机会。

二是特殊教育。残疾人由于身体方面存在不同程度的缺陷，使他们在接受教育时存在客观上的不利因素和特殊困难，政府和社会要根据各类残疾人的特点，通过盲聋哑学校、培智学校，或在普通学校开设特教班等对残疾人开展特殊教育，如生活自理能力教育、心理辅导等。

三是根据残疾人的特点开展职业教育和成人教育，开启残疾人潜在智力和体能，使其拥有一技之长，增加他们的就业机会，提高其社会生存能力。

（三）残疾人就业福利

生存权和劳动权是人类最基本的权利。残疾人就业是实现其自身价值的基础，也是他们走向社会、参与社会的重要标志之一。国家和社会为一定劳动能力的残疾人提供其力所能及的就业岗位和机会，使他们通过自己的劳动获得收入和生活保障。

为了解决残疾人劳动就业问题，全世界各国都在进行有益探索，通过采用税收减免和其他优惠扶持政策，鼓励残疾人自主创业或相关企业吸纳残疾人就业。许多国家法律规定，所有单位必须按比例雇用残疾人。《关于残疾人的世界行动纲领》提出，会员国要通过各种措施，扶持残疾人参加劳动，如给残疾人企业和雇用残疾人的企业减税、独家承办合同、优生生产权、合同优待或其他技术、财政援助等。

（四）残疾人文化福利

随着残疾人社会福利事业不断发展，开展残疾人文化体育活动成为丰富残疾人生活的重要内容。积极组织残疾人参加文化生活，有利于丰富残疾人的精神生活，促进残疾人身心健康，对整个社会的精神文明建设有着非常重要的意义。

残疾人由于身体或心理上存在某些障碍，在参与公共文化活动中存在诸多不便，同时由于地域、年龄、残疾类别等方面的差异，残疾人的公共文化需求呈现出多样性特点。为了丰富、活跃残疾人的文化生活，国际上定期举办残疾人奥林匹克运动会、国际特殊艺术节、国际残疾人职业技能竞赛等活动。残疾人体育运动逐步走向规范化、正规化。许多国家把残疾人体育事业的发展视为本国体育发展、政治经济发展和文明程度的标志，并予以高度重视。

（五）残疾人福利设施和服务

残疾人由于自身的障碍在参与社会生活方面存在一定困难，其中环境不利因素对他们的影响很大。因此通过完善残疾人友好型福利设施，打造物质环境、信息和交流等无障碍环境，对于提高残疾人生活质量意义重大。物质环境的无障碍设计，包括道路、公共建筑物、居住区域等建筑要有利于残疾人出行和生活。信息和交流无障碍要求公共传播媒介应使听力和视力残疾人可以无障碍获取信息。同时，消除社会上对残疾人的歧视和偏见、为残疾人提供友好服务也是残疾人社会福利的重要内容。

第二节　国外的残疾人社会福利

在各国社会保障制度发展历程中，由于综合经济实力、社会文化传统等存在差异，不同国家的残疾人社会福利制度也存在不同。英国、瑞典、美国、日本等国家残疾人社会福利制度均具有一定特色，对我国发展残疾人社会福利制度具有一定的借鉴意义。

一、英国的残疾人社会福利

英国是西欧福利国家的典型代表，建立了以提升残疾人生活水平为目标且内容广泛的残疾人社会保障制度。英国不仅强调保障残疾人的社会权利，更重要的是保障残疾人的生活能达到社会公众或残疾人期待的某种结果。早在20世纪40年代，英国就建立了以改进残疾人基本生活条件为目标的社会保障制度。然而，因为没有充分考虑残疾人的社会融入问题，残疾人发起草根运动，残疾人理念开始发生转变，从注重医学治疗和康复的国家福利保护理念，转向克服他们融入社会的障碍，以保障他们得到正常生活。基于此，英国在建构残疾人福利制度时采取"因为特殊，所以给予特殊对待"的区别对待原则，构建了一个庞大且完善的残疾人社会保障和服务体系①。

（一）残疾人医疗康复福利

医疗康复包括对身体残疾人的医疗康复和精神残疾人的医疗康复。英国对身体残疾人的治疗及其在医学意义上的康复，是由国民保健服务提供的。康复中心为残疾人配备了各种训练器具、生活用品及厨房设备等，指导身体残疾者进行适应日常生活的训练，还负责专车接送来康复中心接受训练的残疾人。

---

① 杨立雄.美国、英国和日本残疾人福利制度比较研究[J].黑龙江社会科学,2014(3):83-93.

地方政府负责保护身体残疾人，他们需要了解残疾人的人数及其需求，并有义务向残疾人及其家属说明他们可以提供的服务。同时，地方政府经营的设施、民间受委托的设施及在地方政府登记的民间设施也都负责收容保护残疾人，并在社区中为残疾人提供适当的帮助和护理服务，尽量丰富和方便他们的生活。另外，福利机构还为残疾人提供保健人员、家庭护士的帮助。

对于精神残疾人，按其症状的轻重缓急，可以在医院的门诊部、短期住院部、中期疗养部和长期疗养部接受治疗。较重的病人可以送到社会事务部经营的机构进行治疗。地方政府还设立了训练设施和残疾人设施，收容那些不能在自己家中生活的人，这些收容设施往往起着从医院向社区转移残疾人的作用。

（二）残疾人教育福利

英国在1893年就制定了《初等教育（盲聋儿童）法》，规定5—16岁的盲童及7—16岁的聋童应接受义务教育。1944年英国颁布《教育法》，明确政府对生理、心理伤残及智障儿童与青少年提供特殊教育的责任。该法规定，地方教育行政机关应调查各地区内需要实施特殊教育的儿童，并分别办理所需的各类教育。同时，教育单位应指派教师到各医院为学龄儿童设班施教，并对长期在家调养的儿童到家施教。1953年，《学校保健服务及身心残疾儿童规程》中明确规定，特殊教育的实施需要有适当的设备、教材、教法，以及有专门受过训练的教师。英国在1971年将重度残疾儿童纳入教育范围。英国从儿童到青少年阶段，各类残疾儿童的特殊教育都由政府教育单位负责。

（三）残疾人就业福利

英国颁布了《残疾人就业法》《就业及职业训练法》等法律，明确规定国家及地方政府对残疾人就业和康复及职业训练的责任，也标志着英国残疾人社会福利从以前的经济协助转向尊重残疾人人格并确保其有就业机会和就业能力的全面协助。

英国强调为残疾人的就业创造条件，以便残疾人能与正常人一样自立地生活。《残疾人就业法》规定，凡雇用20人以上的企业，有义务雇用企业职工总数3%的残疾人。英国的就业部负责残疾人的就业安排，残疾人就业指导官负责残疾人的就业指导。残疾人经本人申请可在职业介绍所登记。另外，英国还提供了残疾人职业康复福利服务。《就业及职业训练法》规定，各地政府应举办职业训练及就业服务。地方政府在各地设立残疾人训练所或康复中心，并开设专门的机构，办理职业训练或补助经费委托各种企业或职业学校、社会团体等办理各种训练，并于训练后予以就业安置与辅导。

（四）其他福利项目

除了一般意义上的残疾人福利外，英国还通过家庭援助和改善住宅环境为残疾人提供福利。家庭援助由已婚女士充当家庭助手，她们通过每周2—3次的家庭访问，帮助残疾人做一些难以料理的事。家庭援助需支付一些费用，但除残疾年金以外无其他收入的低收入者免费。家庭援助对象80%以上是老人。同时，政府给予财政援助来改善残疾人的住宅环境，包括适残化生活设施、暖气设备等。另外，根据个人残疾情况，配置电话、无线电收音机等，并发放其他生活用品。

二、瑞典的残疾人社会福利

与西欧国家相比，瑞典的残疾人社会福利服务起步较晚。1847年和1871年，瑞典分别通过了《济贫法》和《新济贫法》，依法实施救助老弱病残的社会政策，开始涉及残疾人社会福利服务。第二次世界大战以后，瑞典逐步发展成为高福利国家，社会福利开支占到中央政府总支出的一半以上。当前，瑞典残疾人社会福利服务已发展为以国家保障为基础、以制度规范为支撑、以社会融合为目标的残疾人福利服务模式。瑞典残疾人社会福利具体包括以下内容：

（一）残疾人医疗康复福利

在瑞典，帮助残疾人恢复正常生活的康复训练是各省的责任，而残疾人辅助用具的费用由健康保险部门和省负担。由于瑞典的社会工作比较发达，一般每个残疾人都有相应的社会工作者为其服务。例如，以老人和残疾人为对象的家庭服务员，已经成为身体残疾人日常生活中不可缺少的帮手。

（二）残疾人教育福利

在瑞典，人们认为残疾儿童最需要的不是护理而是教育，因此主张尽可能不让残疾儿童进入收容设施与其他儿童隔离，而让残疾儿童与普通儿童一起接受教育。瑞典的保育所、学龄前预备学院和基础学校都接受残疾儿童入所或入学，这些机构的培训工作由省管辖。除对残疾儿童进行基础义务教育外，瑞典对残疾人的高等教育及成人教育也有相应的福利措施和福利服务。

（三）残疾人就业福利

瑞典于1947年颁布《就业安全法》，保障残疾劳工免遭无理解雇，并规定雇主有责任开发适合残疾人能力的新工作。除了开放性、保护性的就业，瑞典还为残疾人在公、民营企业和工厂安排了半保护性工作。这些机构提供残疾人提高工作能力的机会，从而有助于残疾人在普通就业市场受雇，又为重度残疾者推行"家中就业"计划。对缺乏劳动技能难以就业的残疾人，政府负责提供劳动机会、收入保障和技能训练等方面的相应帮助。

（四）其他福利项目

瑞典政府要求城市建设要符合无障碍设计标准。在瑞典的大城市里，走道和车道都除去阶梯、公共建筑物附设坡道以便于轮椅通行，在交通信号灯处设有盲人用的声音信号机；在其他地方，有为残疾人提供方便的交通输送服务；对用于往返工作场所、医疗机构以及公共机构的交通费用，中央政府予以35%的补助。

三、美国的残疾人社会福利

受个人主义和社会契约论的影响，美国的残疾人社会福利制度遵循"因为你特殊，所以需要正常化"的原则，重在为残疾人"增能"和"赋权"。[①]美国残疾人社会福利服务政策经历了以治疗为特征的生存保障阶段，以强化职业康复和建设基础设施为特征的社会融合阶段，以消除就业歧视和完善工作场所为特征的权利扩展阶段，以及扩展自由和发挥潜能为特征的潜能发展阶段。美国对于残疾人社会福利服务的规定主要体现在《社会保障法》《职业康复法》《康复法》《建筑无障碍法》《残疾儿童教育法》《关于处于发展阶段的残疾人法案》《残疾人法》等法律文本之中。美国残疾人社会福利服务包括以下内容：

（一）残疾人医疗康复福利

美国的身体残疾者福利集中体现在康复计划上。1973年国会通过的《残疾人康复法》，强调对重度残疾者进行康复治疗，以联邦康复服务署为法定主管机关，地方政府则设职业康复机构以执行各种计划，中央补助80%的经费。

美国以残疾人为对象的医疗服务是根据医疗保险及其他有关立法，由普通医院、某些设施、访问护理机构等提供的。这些服务项目妥善与否及享受条件因州和地区而异。医院及长期疗养设施，只收容最需要医疗护理的人，多数人都是在家接受护理。访问护理机构或保健局负责提供护理人员，护理人员的工作通常在医生的全面指导下进行。残疾人康复训练期间，社会福利工作人员有责任利用精神医学的方法对患者和家属进行心理治疗。美国对精神病人的护理，最初是由社区负责的，后来改成隔离保护，现在又改成社区护理。精神卫生中心主要提供住院医疗、门诊治疗、急救等服务。各地的精神病患者治疗由精神卫生中心、州立精神病院、普通医院、康复中心以及其他有关机构协作进行。

（二）残疾人教育福利

《残疾人康复法》规定，所有残疾儿童不论其残疾种类及程度都有接受免费及适当教育的权利，从而确立了残疾人教育机会平等的特殊教育基本原则。

---

① 杨立雄.美国、英国和日本残疾人福利制度比较研究[J].黑龙江社会科学,2014(6):83-93.

《残疾儿童教育法》也规定，从学前教育到高级中学有义务为每一个残障儿童提供免费适当教育，这些机构受联邦政府资助。同时要求各教育机构必须做评估方案，对每一个残障儿童的安置计划及教育效果加以评估，并将检测及评估计划书提供给学生家长，家长有权调阅其子女在校的档案资料，以防止歧视。美国还在《高等教育法》第904条中规定，凡以残疾原因歧视学生或拒绝其入学的高等教育机构，联邦政府将不给予其学校设施补助，以保障残疾人在接受高等教育机会上不受歧视。

（三）残疾人就业福利

《残疾人法》规定，残疾人和正常人拥有同等的被雇用权利，雇主不得拒绝雇用残疾人；被雇用者不应因"身体检查"而受到差别待遇。

美国在联邦政府卫生教育福利部下设立职业康复委员会，负责指导监督全国9个职业康复区分会工作。美国在各地设置80个以上州立职业康复机构，雇用受过专业训练的康复指导师及社会工作者以个案辅导的方式进行辅导、职业训练、职业安排等服务。凡在康复中心接受职业康复的残疾人，其所需费用由政府或劳工保险机构支付。每年联邦政府把各州职业教育补助金额总数的十分之一划为帮助残疾学生的学业补助及工作预备训练之用。办理成绩优良的职业康复机构可经过州政府向联邦职业康复委员会提出扩展或创立计划与预算，申请补助或特别奖金。

（四）其他福利措施

1961年，美国国家标准协会制定了第一个无障碍设计标准，美国成为世界上第一个制定"无障碍标准"的国家，其无障碍环境建设既有多层次的立法保障，又进入了科研与教育领域。各种无障碍设施既有全方位的布局，又与建筑艺术协调统一，同时给残疾人、老年人带来了方便与安全，堪称世界一流水平。1968年，国会通过了建筑无障碍条例，提出了使残疾人平等参与社会生活，在公共建筑、交通设施及住宅中实施无障碍设计的要求，并规定所有联邦政府投资的项目，必须实施无障碍设计。为了从根本上转变观念，美国许多高校建筑系，已专门设立无障碍设计技术课程，作为必须训练的一项基本内容。现在新建道路和建筑物基本能做到无障碍建设，旧建筑物的改造也能考虑无障碍，尤以残疾人居住的建筑最为突出。这些建筑针对使用者的特殊要求，采取了更多措施，包括建筑设施的灵活调整等，以使残疾人通行安全和使用方便[①]。

四、日本的残疾人社会福利

"二战"以后，随着经济复苏，日本的残疾人福利事业得到恢复和发展，残疾人福利立法工作不断得到完善。随着《残疾人福利法》《身体残疾人员福利法》《精神残疾人员福利法》《残疾人基本政策法》《残疾人教育法》《残疾人就业促进法》《残疾人职业训练法》等法律的颁布，日本残疾人福利立法从缺失逐渐完善。尤其是2000年对《残疾人福利法》进行修订，为残疾人福利体系设置了一个基本框架。日本的残疾人社会福利包括以下内容：

(一)残疾人医疗康复福利

在残疾人相关法律的保障下，日本身体残疾人员的福利措施包括特殊康复与医疗服务、残疾人辅助设备与器械更换和维修等，由地方政府福利办公室和康复咨询中心管理，由具备专业知识的技术人员为辖区内身体残疾人员提供咨询服务。这些专业人员可以得到被授权的福利志愿人员以及由市町村政府任命的身体残疾人员顾问的协助。

日本也倡导"正常化"理念，即建立一个没有藩篱的社会，让残疾人可以自力更生，也可以在社区里自由参与社会活动。为此，日本政府实施相应计划，通过增加诸如社会福利家庭的数量、增加有严重精神或身体残疾儿童去幼儿园及其他设施的次数，以及训练精神残疾人员应付日常生活的设施的数量，扩大残疾人参与社会活动的基础。

---

① 钟仁耀主编.社会救助与社会福利(第四版)[M].上海：上海财经大学出版社,2019：288-289.

（二）残疾人教育福利

1947年，日本颁布《学校教育法》，将盲校、聋校及养护学校纳入义务教育范围，同时规定各县市有设置盲校、聋校及养护学校的义务。1973年起，日本实施《身心残疾人志愿全面就学制度》，规定日本残疾儿童不分类别及程度都有权接受12年义务教育。日本在学前教育阶段设置障碍儿童教育中心，并与养护学校的幼稚部共同实施残障儿童幼稚教育，同时为残疾儿童家长提供教育培训。中央政府还编列预算补助地方政府普设特殊教育学校、特殊班及职业学校。为了培养师资，在师范大学普遍开设特殊教育课程，并与特殊教育综合研究所开展长期和短期研习班。1979年起，多重残障及重度残障儿童开始在特殊学校、特殊班或在家中接受教育并实施教育巡回指导制度，政府以定额经费补助。

（三）残疾人就业福利

1960年，日本颁布《残疾人就业促进法》，主要强调轻度残疾人就业。1970年，日本以存在就业困难的中、重度残疾人为对象，建立身心残疾人职业中心，作为公共职业介绍所的专门辅助机构，开展职业咨询、职业评价、职业指导、就职后的跟踪服务等工作。1987年，日本颁布《关于残疾人的就业促进法》，确定社区残疾人职业中心以及在中心工作的残疾人职业咨询专职位置。1991年，残疾人职业综合中心开业。目前，日本已形成了涵盖残疾人职业综合中心—地方残疾人职业中心—社区残疾人职业中心的残疾人就业网络。

（四）其他福利措施

日本为残疾人、老年人增设的无障碍设施比较普及。每一幢建筑物竣工时，政府有专门的部门验收其是否符合残疾人、老年人无障碍设计。在一些公共设施中，尤其是在商店，要按商业建筑面积大小实现不同等级的无障碍设计，建筑面积大于1500平方米的大中型商业建筑要为残疾人、老年人提供专用停车场、厕所、电梯等设施。另外，在机场、火车站以及道路等地方和设备中，无障碍设施和服务也较为完善。

第三节 我国的残疾人社会福利

一、我国残疾人社会福利发展历程

（一）初创阶段（1949—1965年）

20世纪50年代，我国政府开始关注残疾人的生活，残疾人获得了基本的生活权利和政治权利。政府设置了各种社会福利机构，如1953年成立了中国盲人福利会，协助政府关心、扶助广大盲人群众，为盲人福利服务。20世纪50年代中期，残疾人福利工厂、伤残人福利院、荣军疗养院、精神病院等相继出现，盲童、聋哑儿童教育也有所发展。当时的残疾人工作主要是适应经济、社会环境和精神文明建设而开展的，尽管处于安养帮扶阶段，但在康复、教育、就业等方面已有良好开端，自此我国残疾人社会福利事业拉开了序幕。

（二）停顿阶段（1966—1976年）

"文化大革命"期间，我国各项社会事业发展缓慢，原有针对残疾人的福利设施也受到很大影响，残疾人社会福利遭到严重破坏。

（三）再创阶段（1977—2012年）

党的十一届三中全会召开，是我国经济、社会发展的转折点，也是残疾人社会福利事业的转折点。这个时期，我国残疾人事业随着国家经济腾飞走上了稳健发展的道路，残疾人社会福利事业进入了历史上最好的时期。

1982年，全国人大修改后的《宪法》首次规定："国家和社会帮助安排盲、聋、哑和其他有残疾的公民的劳动、生活和教育"，同时在一系列促进残疾人福利事业发展的措施中，残疾人得到社会的尊重和帮助，能以平等的权利和义务参与社会。1990年颁布的《中华人民共和国残疾人保障法》将每年五月第三个星期日，设定为全国助残日。2007年，我国成为联合国《残疾人权利公约》的签署国，更加注重对残疾人尊严的尊重。2008年，新修订的《残疾人保障法》对残疾人迫切需要解决而又能做到的基本问题做出了刚性规定，既保护了残疾人的权益，又指导残疾人事业不断发展，使我国残疾人社会福利发展到一个新的水平。

"十一五"期间，党中央、国务院印发《关于促进残疾人事业发展的意见》，对发展残疾人事业作出重大部署，为残疾人事业的发展指明了方向。国家修订《中华人民共和国残疾人保障法》，制定实施的《残疾人就业条例》和残疾人社会保障、特殊教育、医疗康复等领域的一系列政策法规，为发展残疾人事业、保障残疾人权益奠定了法律基础。通过成功举办北京残奥会、上海世界特奥会、广州亚残运会，在上海世博会设立生命阳光馆，开展全国残疾人职业技能竞赛、全国残疾学生技能竞赛和残疾人特殊艺术展演，宣传我国残疾人事业发展成就，表彰全国残疾人自强模范和扶残助残先进集体和个人，人道主义思想广泛弘扬，扶残助残项目的社会氛围日益浓厚，残疾人参与社会生活的环境进一步改善[①]。

（四）全面发展阶段（2012年至今）

党的十八大以后，在全面建成小康社会的背景下，党和政府对残疾人工作格外关心和关注。"全面建成小康社会，残疾人一个也不能少"。2017年，国务院先后公布修订后的《残疾人教育条例》和《残疾预防和残疾人康复条例》，一方面明确残疾人教育的发展目标和理念、保障和支持措施等，另一方面确定残疾人康复服务的基本要求，保障残疾人康复质量。2017年，由国务院批复，每年8月25日为我国残疾预防日。精准扶贫期间，在中国残联联合中央组织部等26个国家部门联合印发的《贫困残疾人脱贫攻坚计划（2016—2020年）》指导下，残疾人的基本生活、医疗、教育、住房得到有效保障，基本康复服务、家庭无障碍改造覆盖面不断扩大。同时，通过产业扶持助残扶贫行动、电商助残扶贫行动、乡村旅游助残扶贫行动等重点行动，

---

① 王齐彦主编.中国新时期社会福利发展研究[M].北京:人民出版社,2011:131.

多渠道提高残疾人收入。

二、我国残疾人社会福利现状

当前，我国残疾人基本民生得到稳定保障，残疾人基本公共服务得到全面拓展，残疾人社会参与越来越广泛，残疾人就业创业渠道不断拓宽，残疾人事业得到全面发展。

（一）残疾人医疗康复福利

《中华人民共和国残疾人保障法》和《关于促进残疾人事业发展的意见》都强调对残疾人开展医疗康复和残疾预防的重要性，强调以康复机构为骨干，推进康复进社区、服务到家庭，保障残疾人享有基本医疗卫生服务，逐步实现残疾人全部享有康复服务。我国残疾人康复事业兴起于20世纪80年代以后，中国残疾人康复协会通过宣传和引导为中国残疾人康复事业做出了很大贡献，中国残疾人联合会则有组织开展了大规模的抢救性康复工作。党的十八大以来，残疾人健康管理和社区康复纳入国家基本公共服务清单，社区医疗康复纳入社区卫生服务，残疾人康复服务体系初见成效，一方面康复服务覆盖面不断扩大，另一方面康复服务水平逐步提高。

（二）残疾人教育福利

与普通教育相比，残疾人教育又被称为特殊教育。《中华人民共和国残疾人保障法》规定，国家保障残疾人受教育的权利，对残疾人教育给予特别辅助。在残疾人教育立法方面，我国先后颁布了《残疾人教育条例》《关于发展特殊教育的若干意见》《关于高等院校招收残疾考生的规定》《关于加快发展残疾人职业教育的若干意见》等政策法规，为各个年龄段和各种类型的残疾人教育健康、稳步发展提供了可靠保障。国家设立专项补助款，由中国残疾人联合会和政府有关部门共同筹集经费，用以扶持地方发展特殊教育。当前，我国残疾人教育稳步发展，残疾人受教育权得到更好保障，残疾人义务教育、学前教育、高级中学以上教育等都取得了较快发展，残疾人受教育水平逐步提高。

（三）残疾人就业创业福利

国家针对残疾人建立一系列就业福利制度，为残疾人顺利就业提供了可靠保证。我国残疾人劳动就业，实行集中与分散相结合的方针，采取优惠政策和扶持保护措施，通过多渠道、多层次、多种形式，使残疾人劳动就业逐步普及、稳定、合理。《中华人民共和国残疾人保障法》规定，机关、团体、企业事业组织、城乡集体经济组织，应当按照一定比例安排残疾人就业，并为其选择适当的工种和岗位。民政部门、企事业单位、残疾人组织、乡镇、街道等举办福利企业和其他经济实体集中安排残疾人劳动就业。同时规定，政府有关部门鼓励、帮助残疾人自愿组织起来从业或者个体开业。为保障残疾人更好就业，大力开展职业培训，提高残疾人职业技能和生产技术是重要条件。当前，我国残疾人就业服务体系逐渐完善，残疾人就业状况和社会保障状况不断得到改善，残疾人的就业权益得到很好保障。

（四）残疾人文化生活福利

我国鼓励、帮助残疾人进行文学、艺术、教育、科学、技术和其他有益于人民的创造性劳动。文化、科技、卫生、体育等部门通过深化开展文化助残活动、积极发展残疾人特殊艺术、活跃群众性残疾人文化活动、发展残疾人体育事业等，多方位满足残疾人精神文化需求。同时，各级政府和有关部门对残疾人文化事业采取特别扶持和奖励措施，保障残疾人文化活动顺利开展。

（五）无障碍设施建设福利

《中华人民共和国残疾人保障法》规定，国家和社会逐步创造良好的环境，改善残疾人参与社会生活的条件。中国残联联合民政部、建设部制定并实施《城市道路和建筑物无障碍设计规范》，其中有些条款被纳入工程建设标准强制性条文。国务院颁布实施的《无障碍环境建设条例》，为城乡无障碍环境建设开展提供法律保障。当前，我国城市无障碍化基本格局已基本形成，无障碍环境有所改善；同时，信息交流无障碍逐步发展，残疾人无障碍服务网络也初具规模。无障碍设施建设在方便残疾人生活的同时，也完善了城市功能，提升了城市形象。

三、我国残疾人社会福利存在的问题和发展趋势

（一）我国残疾人社会福利存在的问题

当前，我国残疾人社会福利内容逐渐丰富，形式日趋多样，但随着社会文明程度和人民生活水平的不断提高，残疾人的需求也发生了变化，其需求层次由满足基本需求向多层次发展需求转变。与残疾人社会福利需求的变化相比，我国残疾人社会福利水平相对较低，残疾人高层次发展的需求难以得到满足，残疾人福利基金来源较为单一，残疾人社会福利还未走上法制化和规范化轨道。

（二）我国残疾人社会福利发展趋势

推进我国残疾人社会福利事业发展，应始终以残疾人的最根本利益为出发点和落脚点，秉承公共性、基础性、实效性和可行性等服务属性，坚持政府主导、社会参与等基本原则，科学确立与国情相适应的残疾人社会福利服务发展战略，逐步构建城乡服务一体化、服务主体多元化、服务形式多样化、服务模式本土化、服务队伍专业化的具有中国特色的残疾人社会福利服务体系。具体来说，构建残疾人社会福利服务体系应从以下几方面入手：

1. 逐步推进残疾人社会福利服务理念变革

理念是行为的先导，构建残疾人社会福利服务体系必须从理念变革开始。一方面，要以权利保障为宗旨，确立残疾人本位的核心服务理念。这就要求构建残疾人社会福利体系必须从依法保障残疾人的基本权益出发，赋予残疾人在社会福利服务中的主体地位。另一方面，要牢固树立服务型政府意识。落实到残疾人社会福利服务体系的构建上，就是要建设服务型政府，推动与残疾人社会福利服务相关的公共部门全方位、系统性地深化服务理念变革。

2. 实现残疾人社会福利服务主体多元化

残疾人社会福利服务领域宽泛，对象众多，形式多样，仅靠国家是难以包办的，必须以政府为主导，积极引导非营利组织与市场的协作参与，推进残疾人社会福利服务主体的多元化。在市场经济条件下，民间组织可以发挥自我组织、自我服务和行业自律的作用，提供政府和市场提供不了或提供不好的社会福利服务，以满足残疾人日益多元化和个性化的社会福利服务需要。应注重培育发展草根性的社区组织、志愿者组织，组织引导志愿者和社会工作者队伍参与残疾人社会福利服务；同时要积极动员社会力量，聚集社会资本，整合社会资源，引导民间资本投入残疾人社会福利服务建设。

3. 逐步构建以需求为导向的残疾人社会福利服务体系

在残疾人社会福利服务体系的构建中，坚持以人为本，就是要坚持以残疾人为本，即残疾人社会福利服务要以残疾人的基本生活需求和社会发展需求为导向，除了根据残疾人的个体需求和基本需求提供基本福利服务外，还要大力促进残疾人对于构建社会福利服务体系的参与。一方面，要完善残疾人参与社会福利服务的有效途径，保证残疾人对于社会福利服务体系构建决策的参与。另一方面，在残疾人社会福利服务的供给中，大力发挥残疾人的服务潜能，发展"增能"型服务，积极引导残疾人从服务客体转变为服务权益主体。

4. 促进残疾人社会福利服务均等化

构建残疾人社会福利服务体系，应该从公平公正出发，促进残疾人社会福利服务的均等化，保证残疾人平等享受社会福利服务的发展成果。一般而言，残疾人社会福利服务的均等化应包括三个方面：一是城乡之间残疾人社会福利服务的均等化；二是残疾人社会福利服务与健全人社会福利服务的均等化；三是重点残疾人与一般残疾人社会福利服务的均等化。

5. 大力发展残疾人社区福利服务

社区是残疾人的安身之所，是残疾人生存与发展的基本依托。残疾人社区福利建设应该坚持社区化的工作方向，充分利用社区资源，为残疾人提供就近便利的服务。社区残疾人社会福利应以家庭为基础，开展残疾人社区康复；积极开展心理辅导、文化娱乐、体育健身等服务项目，活跃残疾人的精神文化生活；加快社区社会福利服务场所和无障碍设施建设改造，建设社区无障碍环境，方便残疾人参与社会生活，建立以社区为基础的残疾预防制度，完善残疾人信息通报机制①。

本章小结

残疾人是一个特殊的困难群体，需要在明确缺陷、残疾和障碍的基础上来确定残疾人社会福利的概念。残疾人社会福利可以从广义和狭义两个方面去理解。残疾人社会福利遵循机会均等、特别扶助的原则，按照供养理念、回归社会理念和增能理念，包括医疗康复福利、教育福利、就业福利、文化福利、福利设施和服务等内容。通过对英国、瑞典、美国、日本等国家残疾人社会福利发展举措的介绍，为我国残疾人社会福利提供经验借鉴。我国残疾人社会福利经历了初创阶段、停顿阶段、再创阶段和全面发展阶段。与残疾人社会福利需求的变化相比，我国残疾人社会福利水平相对较低，残疾人高层次发展的需求难以得到满足，残疾人福利基金来源较为单一，残疾人社会福利还未走上法制化和规范化轨道。我国残疾人社会福利发展趋势应逐步推进残疾人社会福利服务理念变革，实现残疾人社会福利服务主体多元化，逐步构建以需求为导向的残疾人社会福利服务体系，促进残疾人社会福利服务均等化，大力发展残疾人社区福利服务。

复习思考题

1. 简述残疾人社会福利的含义。

2. 简述残疾人社会福利的基本理念。

3. 比较英国、瑞典、美国、日本等国家残疾人社会福利的异同点。

4. 借鉴国外残疾人社会福利的发展思路，谈谈如何优化我国残疾人社会福利制度。

---

① 陈银娥,潘胜文主编.社会福利[M].北京:中国人民大学出版社,2009:196.

拓展阅读

1. 中国残疾人联合会

中国残疾人联合会（简称中国残联）成立于1988年3月，是国家法律确认、国务院批准的由残疾人及其亲友和残疾人工作者组成的人民团体，是全国各类残疾人的统一组织。中国残联的宗旨是：弘扬人道主义思想，发展残疾人事业，促进残疾人平等、充分参与社会生活，共享社会物质文化成果。中国残联具有代表、服务、管理三种职能：代表残疾人共同利益，维护残疾人合法权益；团结帮助残疾人，为残疾人服务；履行法律赋予的职责，承担政府委托的任务，管理和发展残疾人事业。中国残联的最高权力机构是全国代表大会，每五年举行一次。

2. 中国残疾人联合会.残疾人事业发展统计公报[EB/OL].

残疾人事业发展统计公报是反映一个国家或地区残疾人事业发展状况的重要文件，它涵盖残疾人工作的各个方面，包括残疾人康复、教育、就业、社会保障、宣传文化、体育、维权、组织建设、服务设施等，通过统计数据反映残疾人事业的发展趋势和成就。这份公报不仅为政策制定者提供决策依据，也为公众了解残疾人事业的发展提供了窗口。该报告每年公布一次。

案例讨论

科技感+人情味　广东民政助力残疾人共享美好生活

近年来，广东民政部门强化科技应用，以信息化、智能化的数据平台为支撑，积极探索"线上+线下"智慧手段，采取惠民生、暖民心举措，着力兜准兜牢残疾人基本民生保障底线，持续加强残疾人关爱服务，助力残疾人共享美好生活。

一是跨省通办、全程网办、数据赋能：残疾人两项补贴申办更便捷、发放更精准。广东已全面实施残疾人两项补贴申请"跨省通办""全程网办"，实现"马上办、就近办、一次办"。残疾人可通过登录多个线上终端，足不出户申领两项补贴，真正实现"一次不用跑"。

二是低收入人口动态监测：社会救助兜底保障更精准更高效。广东省民政厅建设了低收入人口动态监测管理系统，推动由"人找政策"到"政策找人"与"人找政策"相结合转变。各级民政部门加强部门信息共享，做好低收入残疾人口动态监测。

三是"明天计划""绿色通道"：让残疾孤儿服务保障更暖心更有品质。广东自2004年以来持续开展"孤儿医疗康复明天计划"项目，拓展救助对象和救助内容，从集中供养孤儿拓展到散居孤儿，从手术治疗拓展到非手术、体检、康复。

四是家庭适老化改造："量身定制"让残疾老年人生活更安全更便利。广东省按照"一户一方案"的原则，根据老年人身体情况、居住环境和改造需求等"量身定制"改造方案，为包括残疾老年人在内的特殊困难老年群体提供更安全、便利、舒适的居家环境。

资料来源：广东省民政厅，2024年5月17日。

思考题：结合案例，谈谈残疾人社会福利涵盖的内容，同时论述如何更好地保障残疾人社会福利。

第八章

公共福利

◇ **学习目标**

通过本章的学习,熟悉公共福利的含义、内容、形式,掌握教育福利、住房福利、公共卫生福利、公共福利设施等基本知识与理论。

党的二十大报告明确指出，要全面推进人的全面发展，不断满足人民群众日益增长的美好生活需要，强调公共福利的重要性和紧迫性。公共福利的核心目的，在于通过政府和社会的共同努力，为广大民众提供基本生活保障，改善民生，促进社会公平与正义，实现人人享有发展成果的社会主义共同富裕愿景。党的领导是中国特色社会主义最本质的特征，是公共福利事业顺利推进的根本保证。

第一节　公共社会福利概述

公共福利是国家和社会为满足全体社会成员的物质和精神生活需要而兴办的公益性设施和提供的相关服务，它是现代国家和社会发展的重要组成部分，对于社会的稳定与进步具有重要意义。

一、公共社会福利的含义

（一）公共社会福利的概念

公共社会福利，也称为国家福利、财政福利或者一般福利，是国家旨在提高全体社会成员的生活质量和福利水平而采取的直接投资、财政补贴、税收减免等措施和手段的社会福利项目。社会全体成员是福利设施和福利服务的享有者，并且社会成员对福利设施和服务的享有、使用是能够重复使用的。公共福利的目标是提高全民的身体素质和生活质量，丰富人民群众的文化生活。[①]

公共社会福利涵盖内容广泛，涉及卫生、教育、住房、福利设施等生活的各个方面。公共卫生福利保障公民在生病时能够得到必要的医疗服务；教育社会福利确保每个公民都有接受教育的机会；住房社会福利满足公民的基本居住需求；福利设施可以改善居民的生活环境。

公共社会福利是社会福利的重要内容，在社会福利制度产生和发展过程中，针对一般社会成员的公共福利出现得相对较晚，公共福利是社会经济发展到一定阶段的产物，公共福利内容和水平受经济发展水平的制约较大。随着社会经济发展和民众对自身生活质量要求的提高，公共社会福利的基本内涵和外

---

① 赵映诚,王春霞,杨平主编.社会福利与社会救助（第三版）[M].大连:东北财经大学出版社,2019:44.

延也在不断丰富和扩展。通过提供公共福利，政府能够减少贫困和不平等，提高全社会的幸福感和生活质量。同时，公共福利也有助于社会的稳定与和谐，减少社会矛盾和冲突。

（二）公共社会福利的特点

公共社会福利与老年人社会福利、儿童社会福利、妇女社会福利、残疾人社会福利等特殊福利相比，作为针对全体公民的福利项目，具有自身的特点。

1. 外部性

公共社会福利是一种特殊的资源分配机制，具有广泛的外部性。其外部性体现在，公共社会福利提供的内容关系到民众的教育、卫生、住房、福利服务等，因此一个国家或地区公共社会福利内容越丰富、福利水平越高，就会出现民众的受教育程度越高、身体状况越好、犯罪率越低等外部效应。

2. 公共物品

公共物品具有两个典型特征，即非竞争性和非排他性。公共社会福利的非竞争性体现在，它是向公众免费提供的。公共社会福利的非排他性体现在，它所服务的对象是一般社会成员，不存在排斥其他社会成员的现象。此外，公共社会福利还涉及绿化、生活设施和交通条件等公共环境问题。

3. 社会性

公共社会福利面向全体公民，无论个人的收入、地位或背景，人人都有权享受基本的福利项目和设施。当这种权利无法通过市场力量保障时，政府有必要进行干预，保障公民的基本人权。

二、公共社会福利的发展历程

公共社会福利的发展历程反映了人类社会的进步和国家治理能力的提升。公共社会福利从早期宗教慈善救济发展到现代复杂的社会保障体系，经历了多个阶段的演变。

（一）古代与中世纪的公共社会福利

在古代社会，公共社会福利主要通过宗教慈善和社区互助来实现。古罗马时期，政府通过"粮食法"向贫困公民分发粮食，以保障其基本生存。中世纪的欧洲，教会成为主要的慈善机构，通过修道院、医院和救济院向穷人、病人和无家可归者提供帮助。中国古代也有类似的福利制度，例如周朝的"赈济法"和唐朝的"恤邻法"，由政府和富裕家庭向受灾和贫困群体提供救助。

（二）工业革命后的公共社会福利

工业革命带来了经济的快速发展，同时也导致了贫富差距的扩大和劳动条件的恶化。19世纪末至20世纪初，西方国家开始建立现代公共福利制度。英国在1834年通过《新济贫法》，将贫困救济系统化。德国在1883年由俾斯麦政府推出世界上第一个社会保险制度，标志着现代公共福利制度的开端。这一时期的公共福利制度主要集中在劳动者的生活和工作条件改善，逐渐扩展到养老、医疗和失业等方面。

（三）20世纪初期的公共社会福利扩展

随着工人运动和社会主义思想的影响，许多国家在20世纪初期扩大了公共福利的范围。1906年，英国通过了《老年养老金法》，为70岁以上的老年人提供无须缴费的养老金。美国在大萧条时期，通过1935年的《社会保障法》，建立联邦层面的养老、失业和伤残保险制度，为全国的劳动者提供基本生活保障。

（四）二战后的福利国家建设

二战后，许多国家建立了比较完善的公共福利体系，进入所谓的"福利国家"时期。这段时间，政府在教育、医疗、住房和社会保障等方面的投入显著增加。英国在1948年实施了《国家医疗服务法》，建立全民医疗保险制度。北欧国家，如瑞典、丹麦和挪威，通过高税收和高福利的模式，提供全面的福利服务，保障公民的基本生活需求。二战后的福利国家建设，不仅提高了公民的生活水平，也促进了社会的公平和稳定。

（五）现代公共社会福利制度的发展

进入20世纪末和21世纪初，全球化、技术进步和人口老龄化等因素，传统的公共福利制度遇到了新的挑战和机遇。许多国家开始对福利制度进行改革，以提高其可持续性和适应性。例如，瑞典在20世纪90年代进行养老金改革，从传统的固定福利养老金制度转向与个人账户挂钩的混合模式，提高了制度的财政稳定性。美国在奥巴马政府期间通过了《平价医疗法案》，扩大了医疗保险覆盖范围，旨在减少无保险人群，提高医疗服务的可及性和公平性。

三、公共社会福利面临的挑战

（一）老龄化问题

全球许多国家都面临人口老龄化的挑战。老龄化社会意味着更多的老年人需要养老金和医疗服务，这对公共福利制度提出了巨大的挑战。如何保障老年人的生活质量和养老服务成为公共福利的重要议题。许多国家正在探索延迟退休年龄、鼓励私人养老保险等措施，以缓解公共养老保险的压力。

（二）财政压力

随着福利需求的增加，许多国家的公共财政面临巨大压力。尤其是在经济不景气时期，政府的税收收入减少，但福利支出却往往增加。如何在有限的财政资源下提供高水平的福利服务是一个难题。一些国家尝试通过提高税收、削减其他政府开支或引入私人资本来缓解财政压力，但这些措施往往引起社会争议。

（三）社会公平

公共福利的一个重要目标是实现社会公平，但在实际实施中，如何确保福利的公平分配和有效使用仍需进一步探索。在一些国家，福利资源分配不均、滥用福利等问题较为严重，导致社会不满和矛盾。如何建立公平、透明的福利分配机制，提高公共福利的使用效率，是亟待解决的问题。

（四）技术进步

技术进步对公共福利的影响日益显著。人工智能和大数据在医疗和社会服务中的应用，可以提高服务效率和质量，但也带来了隐私保护和数据安全等新问题。例如，智能医疗设备和远程医疗服务可以为边远地区的居民提供更好的医疗服务，但同时也需要解决个人健康数据的安全和隐私问题。

（五）全球化与移民

全球化和人口流动增加了公共福利的复杂性。跨国移民带来了多元文化和劳动力市场的变化，同时也对公共福利制度提出了新的要求。如何平衡移民的福利需求与本国公民的福利保障，是许多国家面临的挑战。部分国家在移民福利政策上采取了较为保守的态度，但也有国家通过加强国际合作和调整福利政策，努力应对这一问题。

（六）环境与可持续发展

环境问题和可持续发展对公共福利提出了新的要求。气候变化、资源枯竭等环境问题影响人们的健康和生活质量，公共福利制度需要考虑如何应对这些挑战。例如，通过推动绿色经济和可持续发展，减少环境污染，提高公民的生活质量。同时，公共福利制度也需要具备应对自然灾害和环境突发事件的能力，为受灾群众提供及时的救助和支持。

第二节　教育社会福利

一、教育社会福利的含义

教育在提高人们自身素质的同时，也扩大了人们的职业选择的范围。实施教育福利能够提高劳动者的文化素养和劳动操作熟练程度，从而更好地促进社会生产，在社会竞争中提升自身的竞争力。

教育福利是国家给国民提供免费教育或提供受教育的一些优惠条件等来保障国民的基本受教育权利。教育福利作为国家意志的体现，所保障与实现的是公共利益。教育福利的公共性体现在三个方面：一是教育的公益性，即教育活动尤其是政府举办的教育必须满足国家、社会的公共利益，惠及全体公民；二是教育的公共参与，即教育活动必须为所有教育利益相关者参与教育公共治理提供相应的机会；三是教育公平，即教育利益的分配和教育公共参与机会的分配必须符合社会公平的基本原则，具有公平性。教育公平是教育公共性的必要条件，如果教育利益分配不公或教育公共参与机会分配不公，教育的公共性就不可能实现。

二、国外的教育福利

（一）日本的教育福利

日本中小学生可以享受免费午餐和牛奶供给。1954年，日本政府制定的《学校餐饮供给法》规定，全国实行义务教育制的学校（包括中小学、特殊教育学校等）都必须实施"学校餐饮供给制度"。[①]该制度的目的是帮助学生养成良好的饮食习惯，合理改善学生营养结构，促进学生身体健康发展，引导学生树立正确的粮食观。日本政府在免费午餐和牛奶供给中提供财政补贴，这两项福利从试点到全国推广，整个过程都有国家和地方的财政支持。[②]

（二）英国的教育福利

在英国，公立中学全部实行免费教育，一切学杂费、教材费、书本费无需学生承担。学生使用的教材都是学校统一分发，学生对于课本只有使用权而

---

① 胡务主编.社会福利概论（第三版）[M].成都:西南财经大学出版社,2022:303.
② 胡务主编.社会福利概论（第三版）[M].成都:西南财经大学出版社,2022:303.

没有所有权。课上使用完课本后，课下就由老师收回，一套教材可供好几届学生循环使用。每个中学的图书馆和网络中心也对学生免费开放。为了保证每个学生的平等受教育权，英国政府制定对困难家庭的补助政策。对于那些处在失业状态且靠领取救济金生活的家庭或者收入低于最低生活线的家庭，学校为其在校子女免费提供午餐。

英国的大学生也可以享受良好的教育福利政策。20世纪50年代到80年代期间，英国政府实施"免费加助学金"的高等教育财政制度，即由政府为所有大学提供财政拨款，政府承担所有全日制大学生的学费，并且为贫困家庭的学生发补助金。20世纪70年代的石油战争使英国遭受严重的经济困境，1990年，英国开始正式实施"缴学费上大学，贫困学生贷款加补助"的资助方式。根据"社会回报和个人回报"原则，英国政府给大学毕业生设定了还贷款门槛，若毕业生的年收入没有达到标准，当年就不用还贷。除大学生贷款之外，英国政府资助学生教育占比最大的还是助学金。英国政府给所有全日制本科以及45%的本科以下程度的大学生提供"特殊助学金""残疾学生助学金""学生子女税收减免""教师培训津贴"等资助。

三、中国的教育福利

（一）中国教育福利政策的变迁历程

1. 1949—1977年的教育政策[①]

新中国成立之初，为了尽快改变文化教育落后的局面，党和政府对教育事业高度重视，把教育工作的首要任务指向改造旧教育、建立新教育，并对有关教育的大政方针政策做了规划。

1949年9月，中国人民政治协商会议第一次全体会议通过的《中国人民政治协商会议共同纲领》中明确规定了新中国教育的性质和任务："中华人民共和国的文化教育为新民主主义的，即民族的、科学的、大众的文化教育。人民

---

① 林闽钢主编.中国社会政策［M］.武汉：武汉大学出版社，2011：112.

政府的文化教育工作，应以提高人民文化水平，培养国家建设人才，肃清封建的、买办的、法西斯主义的思想，发展为人民服务的思想为主要任务。"《共同纲领》中的文化教育政策为建国初期的教育事业发展提供了指导思想和依据。

1952年，我国进入了由新民主主义向社会主义过渡的时期，党和政府适应新形势需要，制定了一系列具有社会主义性质的教育政策，提出了发展社会主义文化的"百花齐放、百家争鸣"的教育方针，提倡通过"两条腿走路"和"两种教育制度"等多种渠道普及教育，根据工业建设需要对高等教育体制进行改革等。这些教育政策极大地促进了我国当时教育事业的发展。1954年，第一届全国人民代表大会通过的《中华人民共和国宪法》以法律形式确定了教育为人民大众服务的性质。

从1958年开始，我国教育事业的正常发展受到了破坏，后来教育政策虽然有所调整，但1966开始的"文化大革命"使得党和政府的教育政策被严重扭曲，执行过程中出现很大偏差，教育的正常秩序被彻底破坏。

2. 1978年以来的教育政策[①]

我国改革开放以来的教育进程是不断探索建立公平高效的教育新秩序的过程，其教育政策演进过程可分为4个阶段。

第一阶段：恢复秩序阶段（1978—1984年）。随着十一届三中全会的召开，我国拉开了改革开放的序幕，教育领域也开始发生变革，恢复秩序成为本阶段教育发展和教育政策的关键词。1977年，邓小平主持召开的科技和教育工作座谈会，开始恢复高考制度、职称评审制度，确立了三级学位制度，重新颁发学校管理条例等。

第二阶段：体制变革阶段（1985—1992年）。1985年颁布的《中共中央关于教育体制改革的决定》拉开了教育体制全面改革的序幕，体制改革成为本阶段教育政策的核心内容与教育改革的关键词。教育体制改革包括教育行政体制、学校内部管理体制、教育投入体制和办学体制等，其直接目的是"放权增效"，

---

① 褚宏启.光荣与梦想:建立公平高效的教育新秩序——中国教育政策30年述评(1978—2008)[J].中国教育学刊,2008(10):1-7.

即中央向地方放权，政府向学校放权。本阶段改革打破了以往以计划为主的教育体制，建立了新的教育秩序，初步建立起中国特色教育体制的基本框架。

第三阶段：深化改革阶段（1993—2002年）。1993年中共中央和国务院下发的《中国教育改革和发展纲要》，确定了本阶段和其后我国教育政策的基本架构。在本阶段，优先发展教育的战略地位被进一步强调。该文件明确提出，"不仅教育的规模要有较大发展，而且要把教育质量和办学效益提高到一个新的水平"，"中小学要由'应试教育'转向全面提高民族素质的轨道"。1999年制定的《面向21世纪教育振兴行动计划》，决定实施"跨世纪的素质教育工程"。同年，中共中央、国务院下发《关于深化教育改革全面推进素质教育的决定》，把素质教育的要求拓展到各级各类教育，以全面提升各级各类教育的质量。

第四阶段：追求有质量的公平阶段（2003年至今）。2003年，党的十六届三中全会通过的《关于完善社会主义市场经济体制若干问题的决定》确立了科学发展观，这也成为2003年以来我国教育政策制定、教育改革与发展的根本性指导原则。本阶段教育政策的导向和重点都发生了重要变化，人本主义精神成为教育政策的主导价值观，促进教育公平和提高教育质量成为本阶段教育改革与发展的两个核心目标。教育体系结构的调整，教育管理体制、教育投入体制、办学体制的完善都是为实现这两个核心目标服务的。在此期间，具体教育政策有实施农村免费义务教育，促进义务教育均衡发展，控制高等教育发展规模、提高高等教育质量的政策等。

（二）中国教育福利的内容

1. 学前教育阶段

我国政府通过多种措施推进普惠性学前教育，如积极建设和发展公办幼儿园，尤其是在农村和贫困地区，新建和改扩建了大量幼儿园，提高入园率。同时，通过财政补贴降低入园费用，减轻家庭负担。为提升教学质量，实施教师培训计划，提高学前教育教师的专业水平。此外，我国注重城乡教育资源平衡，通过增加农村地区学前教育经费投入，改善教学设备和办学条件。这些措施扩大了幼儿教育的覆盖面，减轻了家庭经济负担，为儿童进入义务教育阶段奠定了坚实基础。

2. 九年义务教育阶段

中国实行九年制义务教育，即小学和初中阶段的教育对所有学生免费。国家免除了学杂费，并为学生免费提供教科书，确保所有适龄儿童都能接受基础教育。这项政策不仅减轻了家庭的教育负担，还保障了教育的普及和均衡发展。此外，针对农村义务教育阶段的学生，国家实施了营养改善计划，通过提供营养餐，提升学生的营养健康水平。这些举措有助于提高整体教育质量，促进城乡教育公平。

3. 高中教育阶段

在高中教育阶段，为了促进教育的普及和公平，国家对家庭经济困难的学生提供多种形式的资助，如学费减免和助学金。这些政策确保更多学生能够完成高中学业，避免因经济原因辍学，从而提高国民的整体教育水平。政府还鼓励和支持地方政府和学校采取措施，减轻学生和家庭的经济压力，保障所有学生都能获得继续教育的机会。

4. 高等教育阶段

在高等教育阶段，国家通过奖学金政策来支持学生完成学业。国家奖学金奖励成绩优异、综合素质突出的学生，每年选拔并给予高额资助，用于支付学费和生活费。国家励志奖学金则面向家庭经济困难且品学兼优的学生，提供经济支持并激励他们克服困难，继续努力学习。此外，各高校还设有校内奖学金，奖励在科研创新、社会服务等特定领域表现突出的学生。这些奖学金政策不仅减轻了家庭经济负担，也鼓励学生全面发展，促进了教育公平和人才培养。

5. 其他教育福利

除了各阶段的教育福利政策，国家还在特殊教育、远程教育和继续教育方面提供支持。针对残疾儿童，国家提供免费的特殊教育，确保他们享有平等的教育权利，并在普通学校中推广融合教育，促进残疾学生的社会融入和全面发展。利用互联网和现代化技术，国家积极推广远程教育，特别是在偏远和农村地区，为更多学生提供优质教育资源，缩小教育差距。此外，政府鼓励和支持成人教育、职业教育和终身学习，通过设立继续教育学院、职业培训中心等，提供多样化的学习机会和技能培训，提升全民素质和就业能力。

（三）中国教育福利未来发展目标

当前，我国逐步确立了以义务教育为主体，以学杂费减免、奖贷学金制度和免费师范生制度为补充的教育福利制度框架。这一制度框架为推进教育公平、提升教育普及率发挥了重要作用。然而，在中国式现代化进程中，仍需进一步厘清教育制度与教育福利的关系，通过教育福利制度建设，更好地服务于经济社会发展。只有推动教育福利资源均衡发展，实现教育公平，才能培育现代化建设所必需的人力资本，为中国式现代化提供高质量人才支撑。

1. 以义务教育制度为基础，不断推动儿童福利政策与教育福利的协调配套

义务教育是教育福利的基石，未来应继续完善义务教育阶段的学杂费减免政策，确保所有适龄儿童都能免费接受九年义务教育。同时，应加强对农村和贫困地区学校的财政支持，改善办学条件，提升教育质量，缩小城乡教育差距。此外，还应关注留守儿童、流动儿童的教育问题，通过寄宿制学校和流动人口子女学校等形式，保障他们的受教育权利。

2. 坚持基础教育和师范教育的免费性，促进学前教育和校外教育的公益性

在基础教育阶段，除了义务教育外，还应逐步实现高中阶段教育免费化，为更多学生提供公平的受教育机会。师范教育作为教师培养的重要途径，也应继续保持其免费的政策，吸引更多优秀人才投身教育事业，提升教师队伍的整体素质。学前教育和校外教育作为基础教育的延伸，应强化其公益性，通过政府资助和社会力量的支持，减轻家庭的教育负担，确保每个孩子都能接受良好的学前和课外教育。

3. 保证高等教育的公平性，健全更加普惠的教育福利体系

高等教育是培养高层次人才的重要途径，但其高昂的学费往往使低收入家庭望而却步。未来应进一步完善高等教育助学贷款、奖学金和助学金制度，降低学生的经济压力，确保所有学生都能平等地进入高校学习。特别是对于来自贫困家庭和农村地区的学生，应提供更多的经济资助和生活支持，帮助他们顺利完成学业。

4. 利用信息技术提升教育福利的普惠性和质量

未来应大力发展在线教育平台，提供丰富的数字教育资源，实现优质教育资源的共享和普及。特别是要为农村和边远地区的学生提供更多的在线学习机会，弥补教育资源的不足。同时，利用大数据和人工智能技术，提供个性化的教学服务，满足不同学生的学习需求。

第三节　住房社会福利

住房是居民最基本的生存条件之一，也是各国改善民生的一项重要内容。

一、住房社会福利的含义

（一）住房社会福利的概念

住房社会福利是国家通过国民收入再分配保障国民基本住房需求和改善国民居住条件而采取的措施和政策。在当前经济发展环境中，住房不仅仅是一种投资品，更是国民安身立命的物质基础。因此，各个国家都十分重视并采取相应的住房福利措施。

住房社会福利的发展除了需要完善的市场机制作为支撑外，往往还需要"政府的手"。设立住房社会福利的主要目标是维护社会稳定，促进社会公平。无论哪个国家，无论基于什么样的国情，经济的有序发展、市场的有效运行和政府的合理干预都是决定住房福利的重要因素。

（二）住房社会福利的内容

1. 公共房屋

公共房屋即政府出资建造大量的低租金的公共房屋供社会中下阶层或生活较为困难的群体居住。比如，英国在1946—1976年间，建造的公共房屋其居住对象从最初的困难户发展为后来的所有家庭。又如，新加坡1965年独立后，为解决中低收入家庭的住房问题，允许动用部分公积金存款作为首期付款，极大地促进了低收入者购买积极性。

2. 住房财政补贴

住房财政补贴主要是用来补贴购买自住住房者的免税和减税政策。例如，英国有条文规定，买房时可以享受贷款利息、保障金和住房维护等方面的优惠。瑞典在1968年将政府的建房抵押贷款的利率提高到市场水平，同时加大了对各类困难人员的房租补贴。

3. 住房金融政策

住房金融政策是政府介入住房领域的一个重要手段，常见的住房金融政策有以下几种：一是私营机构住房贷款抵押。该模式以美国为代表，其基本特征是：第一，经办地产金融业务的机构中私营金融机构占主体地位，大多数美国人通过一些私人金融机构的抵押贷款来解决住房问题。第二，联邦政府的住房金融管理机构对住房金融市场进行有效控制，建立全国性的二次抵押市场等方式。同时，结合政府调控和私人资本的作用，实现两者的高度融合。二是公私机构互为补充的购建房贷款。该模式以日本为代表，住房金融公司是一种公营住房金融机构，该机构成立的初衷是政府希望向国民提供建购房贷款。它行使着政府住房金融职能，按照政府的住房福利相关政策对建购住房者提供优惠且长期的贷款。三是住房公积金。该模式的典型代表国家是新加坡，新加坡从1965年以来推行中央公积金制度，雇员可以用自己的公积金进行买房。雇员买房的首期付款和银行贷款都可以用住房公积金进行偿还，但是住房公积金不可以用于支付房租。

二、国外的住房社会福利

（一）美国的住房社会福利

美国政府帮助经济困难的家庭实现住房需求，主要是通过税收优惠或者降低住房租金，或者是发放住房补贴来实现的。1986年，美国政府颁布《住房法案》，提出为新建住房提供补贴的政策，补贴的手段主要是通过给开发商提供税收、贷款等方面的优惠。联邦政府按照住房市场一半的租金水平确定补贴金额，地方政府住房局确认租约后直接以租金证明或租金优惠券的形式向房主支付一部分租金。^①此外，建立联邦住房贷款银行系统是美国联邦政府住房金融市场进行有效调控的手段之一。例如，1932年美国制定的《联邦家庭贷款银行法》，通过发布债券来实现集资，然后以较低的利息借给银行，使其发放住房贷款。通过这种方式，银行得到了低息资金，再往外发放住房贷款，房贷利息也随之降低。

（二）英国的住房社会福利

在英国，保障低收入家庭的住房权利被政府当成公民权利的一项重要组成部分，政府尽量去满足低收入家庭的住房需求。20世纪80年代英国制定了《住房法》，用法律法规的形式来保障居民的居住权利。英国最具特色的住房福利在于通过多种抵押贷款优惠来促进社会成员购买住房。抵押贷款偿还周期一般比较长，在15—20年左右。^②为满足不同人群的需求，贷款的方式和档次各式各样。英国政府还大力扶持具有互助性质的建房社团，即政府人为地阻止银行等金融机构进入个人住房抵押领域，使建房集团能在住房金融市场中站稳，建房集团不是营利性组织，所获得的收入以某种方式返还到存款人和借款人手中，通过这种方式，加强了资金的流通，增强了社会成员购买住房的能力。

（三）日本的住房社会福利

日本的土地大部分都是私有的，但是政府依然遵循"保低放高"的原则，通过采取有效的调控政策，让大部分国民"居者有其屋"。"保低放高"就是保障社会中低收入者采取的措施，为其提供廉价住房或者优惠住房贷款，高收入的国民则按照市场机制来解决其住房问题。日本政府为中低收入者提供的住房为"公营住宅"，类似于我国的"经济适用房"。日本政府提供大量资金支

---

① 张奇林主编.社会救助与社会福利[M].北京:人民出版社,2012:288.
② 张奇林主编.社会救助与社会福利[M].北京:人民出版社,2012:288.

持和鼓励地方政府修建住房，然后以较低的价格出售或者出租给中低收入者。日本在1955年出台了《住宅公团法》，规定中央出资组建住宅公团，这是一个不以营利为目的的组织，负责在城市周边进行城区改造和建设，并把建设好的住宅出租给一般收入的国民。1950年，日本政府制定了《住宅金融公库法》，规定国家出资建立住宅金融库，对购房的个人和单位实行低利率和长周期的做法。

三、我国的住房社会福利制度

（一）我国的住房福利制度发展历程

我国的住房福利改革经历以下几个时期：一是与经济体制改革配套阶段（1980—1994年）。1980年，面对城市住房短缺的困境，我国政府启动了城市住房改革，将住房投资的决策权下放到地方政府、国营单位和城市集体企业，政府和国营单位下属的住房建设企业通过企业改革成为独立的房地产开发企业。大批新建住房和旧房改造缓解了由于缺乏投资造成的住房短缺问题。1994年，国务院下发《关于深化城镇住房制度改革的决定》，强调结合职工工资改革筹集住房建设资金，具体包括发展住房公积金、租金改革、按成本价出售公房、"安居工程"建设等举措。二是市场化住房改革阶段（1994—1998年）。1998年，我国停止了自1949年以来的福利住房分配制度，提出以住房市场为基础的城市住房政策框架，为高收入者提供市场化住房，为中等收入者提供经济适用房，为低收入家庭提供廉租房。三是住房金融体制改革阶段（1998年至今）。这一阶段我国建立了为住房开发与建设提供稳定资金来源的市场融资机制，通过商业银行提供住房信贷和个人强制储蓄的住房公积金，我国初步建立住房金融体制。

（二）我国的住房福利基本框架

自进行城镇住房商品改革和企业货币化分房改革以来，我国基本形成了以住房公积金制度作为主要的政策性住房奖金来源，以经济适用住房为主要住房供应渠道的多元化保障方式和分层次的保障制度。

1. 住房公积金制度

住房公积金是中国为解决职工住房问题而设立的一种长期储蓄性住房保障制度，由职工和单位按月缴存，主要用于支持职工购买、建造、翻建、大修自住住房或支付房租。住房公积金具有强制性和普惠性特点，职工和单位按一定比例共同缴存公积金，职工的住房公积金账户逐月累积。这些资金不仅帮助职工积累购房首付款，还能在需要时提取用于支付房租或其他住房相关费用。此外，职工可以申请住房公积金贷款，贷款利率较低，有助于减轻购房压力，缩短还款期限。公积金贷款额度根据职工账户余额和缴存时间确定，通常具有更高的贷款上限和更长的还款期限。在实际操作中，住房公积金的用途广泛，不仅限于购房和建房，还可以用于大修自住住房以及支付租金。对于租房的职工，住房公积金可以提取用于支付房租，减轻他们的经济负担。此外，公积金账户中的资金在特定情况下，如职工退休、出国定居或购买第二套房等，也可以进行提取。住房公积金制度不仅提高了职工的住房保障水平，还通过提供低利率贷款，促进了房地产市场的稳定和健康发展。同时，住房公积金的政策设计还包括对低收入职工的特别支持，如减免部分缴存比例，提供额外补贴等，以确保住房公积金制度的公平性和普惠性。

2. 共有产权房

共有产权房是一种新型的住房保障模式，旨在帮助中低收入家庭解决住房问题，降低购房门槛，提高住房保障水平。这种模式中，政府与购房者共同持有房屋产权，购房者只需支付部分产权的费用，其余部分产权由政府持有，大大降低了购房者的初期购房成本。共有产权房通常由政府提供政策支持和财政补贴，确保房屋质量和社区环境良好，同时保证购房者的合法权益。购房者在居住一段时间后，可以根据自身经济状况逐步购买政府持有的产权，实现完全产权拥有。这种方式不仅减轻了购房者的经济负担，还为他们提供了更多的灵活性，使其可以根据经济状况逐步实现完全产权。此外，共有产权房的购房者在产权未完全购买之前，可以享有使用权，并承担相应的物业管理费用，但政府部分产权的升值收益也归购房者所有，这样在保障购房者利益的同时，也提高了他们的居住稳定性和生活质量。共有产权房还包括严格的监管和退出机制，以确保其公平性和可持续性。购房者在出售共有产权房时，需要按照市场价将政府持有的产权部分返还政府，或者通过特定的程序将房屋出售给其他符合条件的购房者。这种机制既保证了政府的公共利益，也防止了住房资源的滥用。

3. 棚户区改造

棚户区改造是中国政府为改善城市低收入家庭住房条件和城市环境实施的一项重大工程，通常针对城市中设施简陋、居住环境差、存在安全隐患的老旧住宅区。改造工作主要包括住房改善、环境整治和经济补偿三方面。通过拆迁和新建住房，提供现代化的居住条件，改造后的住房通常配备完善的基础设施，如供水、供电、供气等，大幅提高居民的生活质量。同时，棚户区改造不仅改善住房条件，还包括大规模的社区环境整治，例如修建道路、绿化带、公园和建设社区服务设施等，这些措施显著提升整体城市面貌，使社区更宜居。对于拆迁的居民，政府提供相应的经济补偿和安置住房，确保他们的利益得到保障，避免因拆迁导致生活质量下降。此外，政府还提供职业培训和就业支持，帮助居民适应新的生活环境，促进社会稳定。棚户区改造的目标是通过综合整治，提高城市的整体居住环境和居民的生活水平，增强城市的功能和吸引力，促进城市的可持续发展。这些改造项目不仅改善了物质环境，还增强了社区凝聚力和居民的幸福感。

第四节　公共卫生福利

一、公共卫生福利的含义

（一）公共卫生福利的概念

公共卫生福利是国家和社会为了改善和提高国民健康水平向国民提供的基本医疗卫生和保健等方面的福利，包括医疗费用的减免和补贴、医疗保健设施和服务等。①在市场经济条件下，公共卫生的提供者是政府及公共部门。完整的公共卫生体系包括公共卫生服务体系、医疗保障体系和卫生执法体系。

公共卫生福利为一个国家或地区的群体健康保驾护航，在国家公共安全体系中扮演着重要角色。

（二）公共卫生福利的原则

1. 保障生命权和健康权为最高原则

健康和生命对于每个人来说都是宝贵的。人若没有了健康和生命，所有的一切都是空谈。人的生命权和健康权是最基本的权利，是其他权利存在和实现的前提。所以，公共卫生福利的最高原则就是保障生命权和健康权。

2. 待遇水平与国力相适应的原则

由于以生命权和健康权为人类最高权利，政府非常重视公共卫生福利，随着现代化的医疗技术和预防手段的发展，医疗成本在不断上升，往往会出现公共卫生福利待遇水平超过国力的情况。因此，公共卫生福利首先要保障国民的基本医疗，在国力能够承受的范围内再逐步提高福利水平。

3. 普遍性原则

每个人都会面临患病风险。从疾病本身的特点来说，它的发生具有不确定性，主要包括发生时间不确定、发生对象不确定。公共卫生是专门用于预防疾病、治疗疾病和康复的特殊商品，立足点是保障人的健康权和生命权。公共卫生的需求弹性很小，即无论个人的收入水平如何，一旦患病都会产生消费需求。因此，公共卫生福利应该是普遍的、面向全民的，而且应覆盖全体国民的整个生命周期。

二、国外的公共卫生福利

（一）计划调节式社区卫生服务模式

英国实行国家健康服务，包括初级卫生保健和住院服务、社区卫生服务、

---

① 张奇林主编.社会救助与社会福利[M].北京:人民出版社,2012:297.

全科医生服务和社会个人服务。这些服务不仅能帮助个人与家庭发现健康问题，还能有效控制疾病的发展和传播。但是，英国的医疗服务模式存在医务人员职业积极性不高、卫生系统效率较低、医疗资源供需不匹配、医疗费用增加等问题。面临这些问题，需要政府采取措施进行改善，如增大患者就医中的自付比例、将公立医院和私立医院进行合理竞争、医院加强自我管理、提高医生个人收入等。

（二）市场调节式社区卫生服务模式

市场调节式社区卫生服务模式的典型代表是德国，主要由家庭医生、医院、公共卫生服务体系组成，家庭医生主要是私人职业医师，公共卫生服务体系主要负责疾病的预防管理、公共卫生等。但是德国的医疗保健系统存在如下问题：一方面，第三方支付主要的医疗费用导致医生和患者对医疗成本有所忽视，医生诱导患者需求增加，医疗成本逐渐增大；另一方面，医疗资源配置不高，不利于患者的护理、康复，导致患者平均住院时间过长。其改进措施包括控制医生数量、控制药物使用、改变卫生服务的支付和补偿制度等。

（三）多元化社区卫生服务模式

多元化社区卫生服务模式的典型代表是美国。美国的卫生服务系统由社区卫生服务和医院服务两大部分组成，医院包括公立医院和私立医院，社区卫生服务主要由家庭医生负责，家庭医生通常以个体或集体的形式开业。居民就医时首先会去找自己的家庭医生，如需住院则由家庭医生转诊到适合的医院。但这种模式最大的缺点就是市场化的运作导致双向转诊困难，以社区为导向的作用发挥较差，其改进措施包括严格的转诊制度、增加医务人员的数量等。

三、我国的公共卫生福利

（一）我国公共卫生福利的发展

20世纪50年代，我国开始大规模地实施公共卫生计划，预防和消除传染病工作是医疗卫生工作的重点，特别是农村地区的医疗卫生工作。政府通过大力开展爱国卫生运动和卫生教育活动，采用低成本的医疗技术，建立最基本的医疗服务队伍和独具特色的合作医疗体系，广大城乡居民尤其是农村居民无需支付高额的医疗费就能享受卫生保健服务。尽管当时政府对这方面的投入力度并不是很大，医疗技术也有待提高，但是政府在卫生人员培训、设施建设、宣传预防等方面的作用十分突出，提高了卫生保健服务的普及性和公平性。

改革开放以来，我国的卫生事业发展迅速。首先，卫生经费大幅度上涨。2023年全国卫生总费用达8.5亿元，人均卫生总费用约为5993元。其次，我国卫生系统的硬件措施不断完善，卫生人员的学历水平和技术水平也在不断提高。截至2023年底，全国医疗卫生机构总数达107.1万个，病床数量达1020万张，全国卫生技术人员总数达1247万人，其中执业医师和执业助理医师478万人，注册护士563万人[①]。随着医疗行业资金的不断涌入，医疗机构的医疗条件得到明显改善。

（二）我国公共卫生福利改革

2009年，中共中央、国务院发布《关于深化医药卫生体制改革的意见》，这是医改新方案出台的标志，其主导思想为"坚持公共医疗卫生的公益性质，坚持预防为主、以农村为重点、中西医并重的方针"。总体目标是"建立覆盖城乡居民的基本医疗卫生制度，为群众提供安全、有效、方便、价廉的医疗卫生服务。2020年，覆盖城乡居民的基本医疗卫生制度基本建立，普遍建立比较完善的公共卫生服务体系和医疗服务体系，比较健全的医疗保障体系，比较规范的药品供应保障体系，比较科学的医疗卫生机构管理体制和运行机制，形成多元办医格局，人人享有基本医疗卫生服务"。其具体措施主要有：

1. 加强公共卫生服务体系的建设

建立健全疫病预防控制、精神卫生、应急治疗、卫生监督和计划生育等

---

① 国家统计局.2023年国民经济和社会发展统计公报［EB/OL］.［2024-02-29］.https://www.stats.gov.cn/sj/zxfb/202402/t20240228_1947915.html.

专业公共卫生服务网络，完善以基层医疗卫生服务网络为基础的医疗服务体系的公共卫生服务功能，提高公共卫生服务和突发公共卫生事件应急处置能力，促进城乡居民逐渐享有均等化的基本公共卫生服务。

2. 建立完善的医疗服务体系

坚持以非营利机构为主体，营利性医疗机构为补充、公立医疗机构为主导、非公立医疗机构共同发展的办医原则。建立覆盖城乡的医疗服务体系，大力支持与发展农村医疗卫生服务体系；建立健全以县级医院为龙头、乡镇卫生院和村卫生室为基础的农村医疗卫生服务网络。政府要加大对县级医院的重视与投入，并在每个乡镇办好卫生院，采取多种形式帮助村卫生室发展，大力改善农村卫生室的医疗条件。加快建设以社区卫生服务中心为主体的城市社区卫生服务网络，维护社区居民的健康，提供疾病预防等公共卫生服务。

3. 加快医疗保障体系的建设

加快建立和完善以基本医疗保障为主体、其他多种形式为补充、覆盖城乡居民的多层次医疗保障体系。尤其是党的十八大以来，随着医保改革不断深化和政府财政投入力度不断增强，医疗保障事业步入了全面发展的快车道，社会医疗保险制度覆盖了13亿多人口，全民医保的目标基本实现。中国特色的全民医疗保障制度体系，要突出全民覆盖，即制度体系覆盖全体社会成员，其中基本医疗保障制度作为整个医疗保障体系的主体，要体现人人享有，以保障基本服务和基本需求为主。

4. 建立健全药品供应保障体系

加快建立以国家基本药物制度为基础的药品供应保障体系，保障人民群众安全用药，规范药品生产流通。2021年全国卫生健康药政工作会议提出，要以加快健全药品供应保障制度为主线，以落实《基本医疗卫生与健康促进法》《药品管理法》和国家基本药物制度、短缺药品保供稳价等为重点，扎实做好药政工作。要全力推动基本药物制度落地落实，抓好基本药物优先配备使用，加强基本药物制度评估宣传，优化调整国家基本药物目录。全面加快药品使用监测建设，推进监测平台、网络联通和制度化建设，加强监测信息数据的分析应用。

第五节　公共福利设施

一、公共福利设施的范畴

所谓公共福利设施是政府为了满足居民生活需要而提供的属于社会公众享用或使用的公共物品或劳务。城市公共福利设施相对于农村公共福利设施有所不同。例如，城市公共福利设施主要指城市的排污系统、城市路灯、城市绿化、城市路标指示等。这些设施基本都是居民日常最基本的需求，把公共设施免费施于民，让民众使用起来更方便，提升了民众生活的幸福感，同时也展示了现代城市的文明，增强了人们的公共意识。

二、国外的公共福利设施

（一）美国：城市基础设施的立法保护

美国在20世纪八九十年代就开始对城市基础设施进行防护。美国对城市基础设施的保护措施主要有两个比较显著的特点：第一，综合各种力量，形成一个强有力的城市基础设施保护网络。美国的《国家基础设施保护计划》规定国土安全部为国家基础设施安全保护的统一领导和协调机构，同时也明确了美国各联邦职能部门、各州和各级地方政府、私营部门的职责和角色定位。第二，城市基础设施保护中引入风险管理的方法。合理分配保护资源，对基础设施进行有效评估，加强保护措施的可操作性并不断更新。

（二）德国：城市基础设施规划设计的社会参与

德国经济较发达，在城市规划方面处于世界领先地位。在城市基础设施规划设计中强调科学性与合理性，通过科学合理的城市基础设施规划给人们提供一个舒适的工作环境。德国的社会规划往往具有前瞻性，使城市的公共安全得到保障。德国在重大基础设施规划设计中，一般采用"公众多方参与—规划设计—公众参与审核—主管部门依法审查"的"三结合"方式，寻求现实和理想的统一，让方案更有可实施性，在保障质量与社会认可的基础上保障城市基础设施公共安全。

（三）日本：公共安全与城市基础设施融合

20世纪80年代以来，日本在城市基础设施建设中，将市场经济方法与现代科学管理理念相结合，实施"大交通""大环保"等战略，保障基础设施安全有效。具体做法有：第一，利用市场机制，扩大城市基础设施投资主体，为基础设施建设提供充足的资金保障。第二，城市基础设施建设注重环保、防灾，设计理念具有前瞻性。第三，以"大交通"理念构建城市基础设施，形成公共设施的交通大格局。在日本，城市交通基础设施涵盖普通公路、地铁、飞机场、地下通道等，不仅方便城市内部沟通与交流，而且避免了危机事件带来的城市大规模交通瘫痪的问题。

三、我国的公共福利设施

（一）我国公共福利设施的发展

我国的公共福利设施发展经历了显著的变化。从改革开放初期比较匮乏到如今相对丰富，公共福利设施的发展反映了国家经济的繁荣和社会进步。在早期，公共福利设施主要集中在大城市，农村和边远地区的公共服务设施极为有限，甚至缺乏基本的卫生和教育设施。随着经济发展和政策倾斜，政府加大对公共福利设施的投资力度，逐步缩小城乡差距。近年来，国家大力推进城乡公共服务均等化建设，着力改善农村地区的基础设施和公共服务水平。例如，通过"美丽乡村"建设和乡村振兴战略，大量资金被投入到农村道路建设、公共卫生服务、教育设施以及文化娱乐设施的建设中，农村居民享受到与城市居民均衡的公共服务。与此同时，政府在城市公共福利设施建设和维护方面也取得显著成效。各大城市加大对公园、图书馆、体育场馆、社区服务中心等公共设施的投资，提升城市居民的生活质量。此外，政府还注重公共福利设施的管理和创新。例如，在智慧城市建设中，政府利用互联网和大数据技术，提升公共设施的管理效率和服务水平。智能垃圾分类系统、智慧交通管理系统、数字图书馆等新技术应用，不仅提高公共服务质量，也增强居民的参与感和获得感。

（二）我国公共福利设施存在的问题

1. 公共福利设施建设存在高度垄断

我国传统观念将政府视为公共服务的天然供给主体，导致公共福利设施的高度垄断。政府被看作全能型机构，负责所有公共设施的建设和管理，如公园、图书馆、医疗机构等。在这种情况下，由于缺乏经营风险和市场竞争，公共福利设施在投入和产出方面缺乏精准的核算、有效的管理与监督，且这些设施在市场上具有独占性，使用者的需求和利益往往得不到充分的关注和反馈。垄断性管理导致冗员、冗费等问题产生，并且缺乏创新意识和与时俱进的精神，影响公共设施的供给效率和服务质量。同样，公共福利设施的垄断管理也导致资源配置不合理，服务质量不高的问题。

2. 公共福利设施总量供应不足

当前，我国政府在提供公共产品和服务方面仍存在不足。例如，城市垃圾分类处理系统建设滞后，导致环境污染问题日益严重；城市园林绿化和维护工作不足，使城市生态环境质量下降；城市道路交通管理不善，造成交通拥堵和出行不便。这些问题反映了政府在公共服务供给中的缺位，迫切需要加强公共产品和服务的供给，提升城市管理水平，以满足居民日益增长的公共服务需求。

3. 公共福利设施存在结构失衡

目前，我国公共福利设施在结构上存在明显失衡。首先，政府在公共福利设施规划和建设上投入不均衡，过多集中于城市中心区域，对农村和边远地区公共设施建设投入不足，导致城乡之间公共服务设施差距明显。例如，城市中的医疗、教育、文化设施相对完善，农村地区则普遍缺乏高质量的医疗和教育资源。其次，不同类型的公共服务设施之间，投入也存在不平衡。政府往往优先投资基础设施建设，如交通运输和市政工程，在环境保护、社会福利和社区服务等领域的投入相对较少。

（三）提高我国公共福利设施水平的政策建议

1. 扩展投资模式

由于公共福利设施是一种公共产品，其供给中的"外部性"和"搭便车"问题使私人供给无效率或低效率。政府始终代表着公共利益，是公共福利设施服务供给的主体。因此，对于某些产品的产出价格难以界定并难以强制履行合同，无法实行竞争，而且与居民的生活息息相关的公共设施都可以由政府直接提供，比如公路、路灯、防洪、垃圾处理等。随着市场经济不断发展，这种供给方式已不再适应社会的快速发展，因此，必须根据公共产品服务的特点并结合我国当前经济发展的特点重构公共设施的供给模式。

2. 保障与维护公共福利设施的公共福利性

在公共福利设施投资趋向市场化、社会化管理之后，政府财政要在以下方面配合政府公共福利设施服务并加强市场监管，维护公共福利设施的公共福利性：首先，可以通过公共定价和价格管理来维护公共福利。由于公共福利设施具有明显的外部效应和垄断性，投资和管理市场化需要政府进行干预和指导。在程序上，支持居民对服务价格享有决定权，听证会不能仅流于形式，要切实听取代表的意见。当多数代表不同意价格调整时，政府部门不得强行更改价格[①]。其次，运用税收减免、财政补贴等财政工具，大力支持公共福利设施建设和运营，满足政府不同时期的目标，不仅包括经济目标也包括社会政策目标。再次，选择不同的财政投资方式，调节、控制公共福利设施的建设。通过财政投资、控股等不同手段引导社会资金投资于公共福利设施建设。最后，加强对公共福利设施建设政府采购、经营权转让等活动的监督，防止暗箱操作，以维护社会公平。

---

① 汪波,梁晓雯.邻避事件治理的定性比较研究——基于动机—能力框架[J].东北大学学报(社会科学版),2023,25(1):55-63.

3. 保障公共福利设施建设的优先性

公共福利设施是民生福利工程，必须保证其优先价值取向，切实践行"民生优先、安全为重、绿色优质"等原则。民生优先就是要加强对居民生活的保障，加强供水、供电、公共交通、防灾避险等与民生密切相关的基础建设，对老旧基础设施的改造等，保障基础设施供给，提高设施质量和服务水平，满足居民的生活需求。安全为重就是要完善城市的交通、排水、消防、防洪等系统，增强城市应对灾害的能力，保障城市的运行安全。绿色优质，就是要践行绿色城市的理念，提高城市公用设施建设的工业化水平，优化节能建筑、绿色建筑的发展环境，建立相关标准体系和规范，促进节能减排。

4. 提高城乡公共福利设施的均等化

为大多数人服务是公共服务的一个基本原则。在提供公共福利设施时，不仅要满足城市居民的需求，还必须平等地为农村居民提供服务，确保每个人都能享受到公共福利设施的便利和优质服务。为此，政府应进一步加强城乡公共服务一体化建设，打破城乡间的服务壁垒，推进公共设施的均等化和普惠化。例如，在城市和乡村地区均衡配置医疗、教育、文化、交通等公共设施，提升农村地区公共服务的可及性和质量，缩小城乡差距。同时，政府应加强对公共福利设施的管理和维护，确保其高效运作和持续开放，真正实现公共服务的公平和普惠。

本章小结

公共福利是国家通过直接投资、税收减免、财政补贴等手段，举办的各种旨在提高社会成员生活质量和福利水平的社会福利项目。公共福利的内容十分广泛，包括教育福利、住房福利、公共卫生福利、公共福利设施等。

教育福利一般认为是由政府设置的，实施所有公民皆应享受的减免费的教育，教育福利以提供纯公共产品性质的教育服务为目标。教育福利包括：普及义务教育；实行奖、助学金；向学生提供无息贷款；学生购票优惠政策等。住房福利是国家通过国民收入再分配保障国民基本住房需求和改善国民居住条件采取的措施和政策。住房福利一般包括公共房屋、住房财政补贴、住房金融政策。公共卫生福利是国家和社会为改善和提高国民健康水平向国民提供的基本医疗卫生和保健等方面的福利，包括医疗费用的减免和补贴、医疗保健设施和服务等。公共卫生福利的原则包括：保障生命权和健康权为最高原则；公共卫生福利待遇水平要与国力相适应；普遍性原则。公共福利设施是政府为满足居民生活需要提供的属于社会公众享用或使用的公共物品或劳务。公共福利设施是政府爱民亲民的体现，彰显着一个社会的人文主义情怀。

复习思考题

1. 公共福利的含义是什么？并简述公共福利的内容与形式。

2. 国外的教育福利有哪些，请举例说明。

3. 住房福利的基本内容有哪些？

4. 简述我国公共卫生福利的发展与改革。

5. 我国的公共福利设施存在哪些问题并提出相应的解决措施。

拓展阅读

1. 教育部.全国教育事业发展统计公报[EB/OL].

全国教育事业发展统计公报是反映一个国家教育事业发展状况的重要文件，它涵盖教育工作的各个方面，包括综合教育情况、学前教育、义务教育、特殊教育、高中阶段教育、高等教育、民办教育等，通过统计数据反映全国教育事业的发展趋势和成就。这份公报不仅为政策制定者提供决策依据，也为公众了解全国教育事业的发展提供了窗口。该公报每年公布一次。

2. 国家卫生健康委员会.我国卫生健康事业发展统计公报[EB/OL].

我国卫生健康事业发展统计公报是反映我国卫生健康事业发展状况的重要文件，它涵盖卫生健康工作的各个方面，包括卫生资源、医疗服务、基层卫生服务、中医药服务、病人医药费用、疾病控制与公共卫生、妇幼卫生与健康老龄化、食品安全与卫生监督、人口家庭发展等，通过统计数据反映我国卫生健康事业的发展趋势和成就。这份公报不仅为政策制定者提供决策依据，也为公众了解我国卫生健康事业的发展提供了窗口。该公报每年公布一次。

案例讨论

辽宁省沈阳市铁西区：多措并举推进学前教育普及普惠发展

辽宁省沈阳市铁西区秉持教育强区的战略定位，优化学前教育发展结构，全方位、多层次推进学前教育普及普惠发展，提升学前教育的整体质量，显著增强教育资源的公平性和可及性。

一、规划引领与配建保障，扩增公办学位供给

铁西区采取一系列前瞻性规划与建设措施，确保公办学位数量稳步增长。2019年起，铁西区全面启动城镇小区配套园治理工作，明确提出区内新建小区配套园"一律公办"，新办园在制度上应规尽规、应建尽建、应交尽交和"一律公办"，为小区配套园的建设和管理提供了坚实的制度保障。

二、收购与规范并重，助力民办园转型公办

2020年，铁西区为帮助民办幼儿园渡过难关，成立铁西启航文教发展服务有限公司，专项负责民办幼儿园的收购与转型工作。通过承租承兑、政府补贴等多种方式，铁西区成功收购了34所民办幼儿园，新增公办学位6450个。这一举措使得诸多幼儿园由民办转为公办民营，不仅有效缓解了幼儿园经营压力，还极大降低了家庭的教育支出负担，使得更多孩子能够享受到优质且负担得起的学前教育。

三、政府支持与督导评估，提升普惠园质量

为全面提升全区普惠性民办幼儿园的办学质量，铁西区自2017年起启动全域学前教育普及普惠督导评估工作。有序推进普惠性民办幼儿园认定工作，落实普惠性民办幼儿园生均公用经费标准，加强对非营利性民办幼儿园收费监管，落实支持社会力量办园政策，提高学前教育的普及普惠率。

四、创新机制与交流合作，促进优质资源共享

铁西区在学前教育领域始终保持着开放与创新的态度。为迅速提升新收购幼儿园的办园质量，实现优质教育资源的共享与辐射作用，铁西启航文教发展服务有限公司成立了启航教育集团，采取优质品牌园带领办园的策略，推广优质办园经验。这种创新性的合作模式充分发挥了优质公办幼儿园的引领辐射作用，促进了全区学前教育水平的整体提升。

铁西区2022年毛入园率达99%，公办幼儿园从15所提升至66所，公办率从15.3%提升至51.2%，普惠率从39%提升至84.5%。进一步健全了布局合理、覆盖城乡、以普惠性幼儿园为主体的学前教育公共服务体系。

资料来源：教育部基础教育司"中国基础教育实践创新典型案例"；2023中国基础教育年度报告。

案例思考：结合案例谈谈政府在推进学前教育普及普惠发展过程中应扮演怎样的角色？如何有效引导和鼓励社会力量参与学前教育事业？

第九章 基本生活救助

◇ 学习目标

通过本章学习，掌握基本生活救助的含义和形式，掌握居民最低生活保障制度的概念、发展历程和未来发展，了解农村五保供养的相关内容，掌握扶贫开发的发展历程以及我国的扶贫开发与精准扶贫的伟大成就。

习近平总书记指出，要深化社会救助制度改革，形成以基本生活救助、专项社会救助、急难社会救助为主体，社会力量参与为补充，覆盖全面、分层分类、综合高效的社会救助格局。坚持问题导向，突出重点对象和重点任务，抓住短板弱项和关键环节，进一步谋划好、部署好社会救助兜底保障和特殊困难群体关爱服务工作。

第一节　基本生活救助概述

基本生活救助是关于如何解决贫困人口温饱问题的社会救助项目，是社会救助的一项重要内容，因为解决的是贫困人员的基本温饱问题，所以基本生活救助是社会救助的最重要组成部分。

一、基本生活救助的含义

基本生活救助是指国家和社会对生活在最低生活保障标准之下的贫困人员，按法定标准给予现金和实物等帮助，以满足其最低生活需求的一项社会救助项目。基本生活救助制度是整个社会救助制度中最主要的救助制度，发挥着保底的作用。基本生活救助的目的是维持处于贫困状态的生活成员最基本的生活水平，达到保障全体公民最基本生存权利的目标。

基本生活救助的责任主体是国家，国家必须承担起保障居民最低生活水平的责任，对陷入生活困难的个人或家庭提供满足基本生存需要的现金或实物帮助。政府一般是通过建立各种法律规范和行政法规来保证基本生活救助制度顺利实施。

基本生活救助的救助对象主要包括以下几种：第一种是无依无靠又没有生活来源的国民。这一人群基本属于享受国家长期救助的对象，通常包括孤儿、无子女和无配偶的老年人，长期患病者以及残疾人等。孤儿未满18周岁前国家会一直提供生活救助，直到他们成年后有生活来源才会停止。第二种是虽然有工作和收入来源但是生活水平低于法定最低生活保障标准的个人和家庭。一般是指工资太低而无法维持个人和家庭的最低生活水平。第三种是享受失业保险金期满后，仍然没有找到工作，没有收入来源的居民。各国由于国情和经济发展水平的差异，在救助对象的划分上也存在差异。在我国由于城乡二元经济的存在，基本生活救助的划分对象可以分为城市困难户和农村贫困户。

二、基本生活救助的形式

国家提供基本生活救助的形式主要包括三种：现金救助、实物救助和服务救助。目前最主要的还是现金救助和实物救助，服务救助是一种辅助手段，但也发挥了很大的作用。

现金救助是国家直接向救助对象发放现金，以帮助处于困难状态的个人和家庭摆脱贫困状态，保障基本生活水平的一种形式。国家并不干涉救助对象对现金的使用，由救助对象根据情况自己决定如何对现金进行安排。现金救助作为最主要的救助方式，给予了救助对象更多的选择权。

实物救助是国家通过发放实物的方式，帮助救助对象缓解贫困的一种形式。与现金救助不同，实物救助是由国家根据救助对象的实际需要，向他们无偿提供维持基本生活的物质资料，包括粮食、衣物以及农作物等。这种形式更为直接地解决了救助对象的实际困难。

服务救助是根据救助对象的特殊需求，向他们提供生活照料和护理方面的服务，主要是对高龄老人以及残疾人的护理服务、无依无靠儿童的关心与照顾。随着时代的发展以及老龄化的不断加剧，服务救助的需求量越来越大，国家已开始制定有关法律规范以及采取相应的措施，促进养老、医疗等服务救助的发展。

第二节　国外的基本生活救助制度

西方发达国家在社会救助制度建立的早期，教会慈善救济占有重要地位，国家只是起到辅助作用。伴随着社会变革，出现贫困加剧、社会秩序混乱现象，统治者从维护秩序的角度开始对贫困者实行补济型救助，而且打上了福利污名这一标签。随着对贫困问题和其他相关系列问题研究的深入，社会救助才逐渐被视为贫民的权利和国家的责任。21世纪初，在经济危机的压力下，政府为了减轻财政负担，开始考虑社会救助中国家、社会和个人的责任分担，进入了后福利国家改革的进程。

尽管基本生活救助的名称在各国存在差别，但基本都设置了相应的生活救助制度，以确保社会救助制度的首要目标即低收入者最基本的生存。通常来说，生活救助制度面向低收入家庭，通过发放救助金和生活必需品的形式向受助者提供收入不足以维持生活的差额部分，如美国的贫困家庭援助计划、英国的家庭收入救助、瑞典的社会补贴等。[①]

一、美国的基本生活救助制度

美国的生活保障形式较多，以现金救助为主，如补充保障收入和一般公众援助，同时还包括代金券以及收入补贴，如食品券和收入所得税抵免。各地区在推行生活救助制度时一般会设置家计调查、参与就业等作为接受救助的限制条件。如规定接受现金救助的成年人两年之后必须参加工作项目，累计接受财政救助的时间为五年。美国的生活保障制度中，联邦政府的投入占了很大部分，尤其是对一些经济水平略低的州，联邦政府的投入更多。美国生活救助制度的内容主要包括以下几个方面：

（一）贫困家庭临时救助

贫困家庭临时救助是一项针对特殊贫困家庭的政策，来源于1935年立法的"抚养未成年子女家庭援助计划"，目标是向抚养未成年子女的单亲母亲提供现金救助及服务。1962年，父亲失业的家庭也被纳入救助范围，政策目标开始指向家庭。1996年，根据《个人责任与工作协调法案》修改为贫困家庭临时救助项目。临时救助对象为单亲或父母中有一人无劳动能力或长期失业的家庭，旨在通过救助贫困家庭，使其为儿童建立良好的家庭氛围。该项目提供的贫困救助以受救助父母参加工作为前提，并且对参加工作的时间也有严格要

---

① 杨爽.国际比较视角下我国社会救助制度内容与体系研究[J].理论月刊,2018(12):164-170.

求，目的是减少福利依赖。

（二）补充保障收入

1935年美国的《社会保障法》建立了老年人、残疾人和盲人救助计划，合称为"成年人救助计划"。1972年，在《社会保障法修正案》中将三项成年人救助计划改为补充保障收入计划，这是一项针对残疾人、盲人、65岁及以上老年人家庭的救助政策，目的是为贫困盲人、残疾人和65岁及以上的贫穷老人提供救济金，满足他们的基本生活需求。

（三）贫困家庭营养补助

补充营养援助计划由食品券计划改革而来。食品券计划设置于1961年，经过试验之后于1964年开始推广。该计划是为美国低收入家庭提供食品援助，食品券根据家庭的规模及收入发放，免费或低价购买指定商店或货架上的商品，只限于面包、牛奶、鸡蛋等基本食品，不能兑换家庭用品、酒精等非食品类。有劳动能力者需进行工作登记后领取，并接受家计调查以确保家庭净收入在贫困线以下。1972年，美国针对妇女、婴儿、儿童实施特殊营养补充计划，州政府在联邦政府资金支持下为有妇女、婴儿及5岁以下儿童的家庭提供补充食物、营养教育等。2008年，营养补助计划取代食品券计划逐渐成为一项重要的家庭救助政策。

除此之外，美国对低收入家庭劳动所得税进行减免，针对贫困落后地区实施区域援助发展计划。

二、瑞典的生活救助制度

瑞典的最低生活保障制度也称为社会救助或基本生活补贴，是该国社会保障体系的重要组成部分，旨在为那些因各种原因导致收入不足以维持基本生活水平的公民提供经济援助。这一制度基于公平和社会责任的原则，通过政府的财政支持，为低收入群体提供必要的经济保障。

（一）生活救助的申请条件和发放标准

在瑞典，对接受最低生活保障的个人或家庭通常需要进行收入核查和资产评估。申请人的收入（包括工资、养老金、失业救济金等）必须低于国家设定的最低生活保障标准。这一标准会根据地区、家庭规模、年龄、健康状况等因素进行调整。除了收入外，申请人的财产和资产也会被考虑在内，以评估其是否有自我支持能力。然而，瑞典的最低生活保障制度通常会忽略一定价值的财产，如住房和个人必需品，以避免剥夺申请人的基本生活资料。另外，申请人通常需要在瑞典有合法居留权，并满足一定的居住时间要求。

瑞典的最低生活保障标准是根据国家统计局发布的生活成本数据以及政府制定的政策来确定的。该标准会定期进行调整，以确保其能够跟上通货膨胀和生活成本的变化。最低生活保障金的发放通常是通过银行转账的方式进行。申请人需要提供银行账户信息，以便政府将救助金直接打入其账户。此外，政府还会对申请人的家庭状况进行定期核查，以确保救助金的发放符合实际情况。

（二）生活救助制度的特点

瑞典生活救助制度的实施具有以下特点：一是全面性，瑞典的最低生活保障制度覆盖所有符合条件的公民，无论其年龄、性别、职业或家庭状况如何。二是灵活性，该制度会根据申请人的具体情况进行灵活的调整，以确保其能够获得足够的经济援助来维持基本生活。三是公平性，瑞典政府通过严格的收入核查和资产评估来确保最低生活保障金的发放是公平合理的，以避免资源的浪费和滥用。四是持续性，政府会定期对最低生活保障制度进行评估和调整，以确保其能够适应社会经济的变化和满足公民的需求。

瑞典的最低生活保障制度为低收入群体提供了坚实的经济保障，有助于缓解贫困问题并促进社会稳定。同时，该制度也体现了瑞典政府对于公民福祉和社会公正的承诺。①

---

① 杨爽.国际比较视角下我国社会救助制度内容与体系研究[J].理论月刊,2018(12):164-170.

三、德国的生活救助制度

德国的社会救助分为两类：一类是一般低收入家庭的救助，另一类是特殊困难家庭的救助。前者为被救助者提供衣、食、住、家庭用具、取暖方面的救济；后者包括残疾人救助、老年人救助、疾病救助、盲人教育救助、孕妇和产妇救助、无家可归者救助、流浪者救助和在国外的德国人的救助等等。

德国实施的最低生活保障制度，旨在为失业者和其他无法自给自足的人群提供一种基本生活保障。该制度不仅提供基本生活费，还涵盖了住房、医疗、教育等方面的支持。

德国的最低生活保障标准会根据实际情况进行调整。例如，根据2024年的新规定，单身人士的年收入免税额将从10908欧元增加到11604欧元，这在一定程度上反映了最低生活保障标准的提高[①]。具体的救助金额会根据申请人的家庭状况、收入水平、居住地区等因素进行评估和确定。

对于低收入家庭，德国政府还提供了各种补贴和支持措施：为低收入家庭提供住房补贴，以确保他们能够获得适宜的住房条件；鉴于能源价格上涨，政府为低收入家庭提供能源补贴，以减轻他们的经济负担；食品券、交通补贴等其他补贴，旨在帮助低收入家庭维持基本生活。在德国，申请低收入生活救助，通常需要满足一定的条件并提交相应的申请材料。申请人必须是德国当地的居民，处于失业状态或没有经济收入。申请材料包括书面申请、家庭收入和财产状况查询授权书、家庭成员收入证明等。

德国的低收入生活救助体系是一个多层次、多领域的综合体系，旨在通过多种方式和手段来帮助低收入人群维持基本生活并提高生活水平。

---

① 张京萍,冯文芸.2022年以来各国(地区)个人所得税改革的特点及趋势[J].国际税收,2024(7):14-21.

第三节　我国的基本生活救助制度

基本生活救助制度被称为"最后一道安全网"，保障全体公民的最低生存条件。目前我国的基本社会救助制度主要包括城镇居民最低生活保障制度、农村居民最低生活保障制度、农村五保供养制度。同时，基本生活救助制度与扶贫工作密不可分，是解决贫困问题的有效手段。

一、居民最低生活保障制度

（一）居民最低生活保障制度的概念

居民最低生活保障制度是指国家依据法律规定，对经济收入低于当地最低生活标准的个人或家庭给予生活援助的社会救助制度。[①]它包含以下几个具体含义：一是政府是最低生活保障制度的责任主体；二是最低生活保障制度按照法律规定实施；三是最低生活保障制度的救助对象是经济收入低于当地最低生活标准的个人或家庭。由于传统的城乡二元经济结构，我国的居民最低生活保障制度分为城市最低生活保障制度和农村最低生活保障制度。

（二）城市居民最低生活保障制度的建立和发展

1. 城市居民最低生活保障制度建立的背景

新中国成立以来，在计划经济体制下，我国城市居民达到一定年龄可在政府安排下就业，很少或几乎没有失业现象。城市居民虽然收入水平较低，但由于实行普遍就业，只有很少一部分人需要接受社会救助，主要是没有劳动能力、没有经济来源、没有法定赡养人的"三无"人员。

20世纪90年代，我国实行经济体制改革，大量国有企业开始减工裁员，

---

① 乔东平,邹文开编著.社会救助理论与实务[M].天津:天津大学出版社,2011:55.

导致很多职工下岗，失业现象剧增，产生了大量城市新贫困人口。与此同时，社会保障制度开始由原来的单位制向社会化转变。传统的城市社会救助制度由于救助范围有限、救助标准过低、救助经费严重不足、救助工作随意性大等弊端，已经无法满足新的救助需要。为了维护社会稳定，发挥生活救助制度最后安全网的作用，城市生活救助制度改革势在必行。

2. 城市居民最低生活保障制度的发展历程①

城市居民最低生活保障制度最早建立在部分城市的社会救济基础之上，在国有企业改革中发挥了重大作用，得到中央政府的肯定后，不断扩大保障范围、提高保障标准，成为社会保障制度的重要组成部分。城市居民社会保障制度的发展经历了以下几个发展阶段：

第一阶段：试点阶段（1993—1997年）。1993年6月，上海创新性地提出城镇最低生活保障线方案，这是建立城市居民最低生活保障制度的起点。1994年的全国民政会议上，民政部对上海市建立城市居民最低生活保障制度的经验进行了充分肯定，提出"对城市社会救济对象逐步实行按当地最低生活线标准进行救济"的改革目标，并开始在沿海地区开展试点工作。1995年，上海、厦门、福州、青岛等6个沿海城市已成功建立起最低生活保障制度。同年5月，民政部分别在厦门和青岛召开全国城市最低生活保障工作座谈会，要求把最低生活保障制度扩散到全国各大中小城市。1996年底，全国已有116个城市建立了最低生活保障制度。城市居民最低生活保障制度正式建立，成为我国一项重要的社会保障制度。这一阶段，城市居民最低生活保障制度已完成了试点工作并进行了初步探索，为后续推广阶段奠定了基础。

第二阶段：普及阶段（1997—1999年）。1997年8月，国务院颁布《关于在各地建立城市居民最低生活保障制度的通知》，规范了保障对象、保障标准和保障资金等方面的内容，城市居民最低生活保障制度进入了普及阶段。1997年9月，国务院强调到1999年底全国各大城市和乡镇都要建立城市居民最低生活保障制度。1999年，民政部下发《关于加快建立与完善城市居民最低生活

---

① 乔东平,邹文开编著.社会救助理论与实务[M].天津:天津大学出版社,2011:57-58.

保障制度的通知》，在民政部的指导下全国668个城市和1638个县政府所在地的建制镇全部建立了最低生活保障制度，完成了普及和推广的任务。这一阶段，由于试点工作积累了不少经验，推广和普及的任务顺利进行，但是仍然存在保障范围不够广泛、救助标准划分较高、与政策目标相去甚远等问题。

第三阶段：全面落实阶段（1999—2003年）。针对普及阶段存在的问题，1999年9月，国务院颁布了标志性文件《城市居民最低生活保障条例》，这是第一部较为完善的最低生活保障制度法规，标志着我国社会救济制度正式转为社会救助制度，也标志着我国城市居民最低生活保障制度正式迈入法制化进程。在扩大最低生活保障制度覆盖范围过程中，为解决资金不足问题，中央政府进行了财政支持。2001年，中央财政关于城镇低保制度的预算达到23亿元，比1999年增长4倍，财政总支出达42亿元。2001年11月，国务院办公厅下发《关于进一步加强城市居民最低生活保障工作的通知》，进一步扩大城市居民最低生活保障制度的范围。这一阶段，城市低保人数迅速上涨，财政投入增加，初步解决了应保未保问题，我国真正建立了城市居民最低生活保障制度。

第四阶段：提高完善阶段（2003—2007年）。2003年以后，国家全面推进城市居民最低生活保障制度，健全管理体制和机制，落实与其他社会保障制度的关联及配套措施。2006年3月，"完善城市居民最低生活保障制度"被写入《中华人民共和国国民经济与社会发展第十一个五年计划》。民政部重点关注两方面的问题：建立相关配套措施，为低保对象提供医疗、住房、子女教育等配套措施，全方位满足贫困居民的需求；分类实施保障制度，对有特殊需要的家庭进行分类保障，包括老年人、残疾人等，提高保障的精准度。这一阶段，城市居民最低生活保障制度平稳运行，配套措施和分类救助全面性、针对性地解决贫困人民的生活难题。

第五阶段：全民保障阶段（2007年至今）。2007年以后，我国社会救助制度不断完善，继续向制度化、法制化方向迈进。由于经济发展水平不断提高，我国的物价水平也不断上涨，居民的整体消费水平大幅度提高。2007年8月，民政部和财政部联合发布《关于妥善安排城市居民最低生活保障家庭生活有关问题的通知》，采取了一系列措施保障城市贫困家庭的日常基本生活，包括发放临时补贴、提高最低生活保障标准等。另外，国家也采取了相关措施帮助低保贫困人群解决就业问题。2008年2月，《国务院关于做好促进就业工作的通知》中指出，要积极推进城市低保人员及家庭实现再就业，从根本上帮助低保人员解决贫困问题。2012年8月，民政部发布《关于进一步加强城市最低生活保障对象认定工作的通知》，对低保对象的认定做出明确规定，低保对象的识别更加精准，有利于各项资金和补贴明确落实。这一阶段，城市居民最低生活保障制度稳定发展，并且成为社会救助制度的主体制度安排。

2020年，中共中央办公厅、国务院办公厅印发《关于改革完善社会救助制度的意见》，提出坚持以人民为中心的发展思想，按照保基本、兜底线、救急难、可持续的总体思路，以统筹救助资源、增强兜底功能、提升服务能力为重点，完善法规制度，健全体制机制，强化政策落实，不断增强困难群众的获得感、幸福感、安全感。

（三）农村居民最低生活保障制度的建立和发展

1. 农村居民最低生活保障制度建立的背景

随着家庭联产承包责任制度的进行，传统的农村集体经济土崩瓦解，农民由集体中的一员转变为单独的生产者从事生产经营活动，大部分农民通过传统的耕种方式进行生产，由于自然因素和个人劳动技能等因素的影响，很容易陷入贫困状态，且自身难以摆脱。建立农村最低生活保障制度有利于维护农民权益，保障农民在陷入贫困时保持最低生活标准。

2. 农村居民最低生活保障制度的发展历程

第一阶段：试点探索阶段（1992—1997年）。20世纪80年代，随着改革开放的不断推进，人民公社制度被撤销，原来由农村集体保障的贫困户面临救济危机，如何解决农村贫困人口的生存问题成为社会救助工作的重点问题。1992年，山西省左云县首先展开了农村居民最低生活保障制度的试点。1994年，全国第十次民政工作会议提出，在农村建立起与经济发展水平相适宜的、层次不同的、标准有别的社会保障制度，给农村居民最低生活保障制度提供了政策支持，不再只是地方政府的自主探索。1996年底，民政部颁发了《关于加快农村社会保障体系建设的意见》，建设农村低保制度的步伐加快，不断扩大农村居民最低生活保障制度的试点范围。

第二阶段：扩大试点、全国铺开阶段（1997—2006年）。1997年5月，民政部提出"继续扩大东部地区的试点，积极启动西部试点，抓两头、带中间，因地制宜，稳步推进"的要求，陆续在多地展开试点工作。1997年底，全国试点城市达到997个。2006年，全国建立农村低保制度的省级行政区达25个，县一级发展到1791个。这一阶段仍然处于试点阶段，试点的范围进一步扩大，试点经验得到充分积累。

第三阶段：普及与规范管理阶段（2007年至今）。2007年7月，国务院发布《关于在全国建立农村最低生活保障制度的通知》，成为农村居民最低生活保障制度的指导性政策文件，通过在全国范围建立农村居民最低生活保障制度，将符合条件的农村贫困人口全部纳入保障范围，并对农村低保标准、保障对象、资金管理等方面制定了详细规定。至此，全国普遍建立起农村居民最低生活保障制度，实现全国性覆盖。在落实过程中，各地低保和扶贫的标准条件、具体的人群识别程序仍然需要各地来具体细化。

（四）城乡居民最低生活保障制度统筹发展

2012年9月，国务院召开全国加强和改进最低生活保障工作电视电话会议，强调最低生活保障是我国保障困难群众基本生活的一项基础性制度。要求各地区和有关部门通过提高认识、规范管理，将所有符合低保条件的群众纳入保障范围。

2013年，十八届三中全会提出，统筹城乡基础设施建设和社区建设，整合城乡居民基本养老保险制度、基本医疗保险制度，推进城乡最低生活保障制度统筹发展。为此，多地实现城乡低保标准统一，不断打破城乡二元壁垒，保障民生底线公平，让更多困难群众享受经济发展成果。2020年初，上海、北京、南京等地相继调整城乡居民最低生活保障标准，实现城乡低保标准"并轨"。同时，不断有地区在酝酿实现城乡低保标准统一。2021年6月，民政部印发《最低生活保障审核确认办法》，提出为适应户籍制度改革新要求，加快推进低保制度城乡统筹发展，删除了有关城市低保、农村低保的概念，所有规定不再区分城乡，统一规范为"最低生活保障"。

我国居民最低生活保障制度的建立和发展经历了一个由点到面、由二元到一元的发展阶段，最低生活保障政策体系逐渐完备，低保制度与就业扶持、扶贫开发等制度实现有效衔接，为城乡困难群众提供了坚实兜底保障。截至2022年底，全国共有城市低保对象423.8万户、682.4万人。全国城市低保平均保障标准为752.3元/人·月，比上年增长5.7%，全年支出城市低保资金483.3亿元；农村低保对象1896.7万户、3349.6万人。全国农村低保平均保障标准582.1元/人·月，比上年增长9.8%，全年支出农村低保资金1463.6亿元。[①]

（五）居民最低生活保障制度的主要内容

居民最低生活保障制度的主要目标是保障城乡居民的基本生活，将符合条件的居民全部纳入保障范围之内，稳定、持久、有效地解决全国贫困人口的温饱问题。

1. 保障对象

城乡居民最低生活保障制度的保障对象是家庭人均纯收入低于当地最低生活保障标准的城乡居民，这是依据家计调查来识别贫困人群。另外一类标准是疾病、残疾、年老体弱、失去劳动能力等贫困居民，这是根据保障对象的特征以及特殊需求识别。基于这两个识别标准，居民最低生活保障的范围不断扩大，保障的贫困人口迅速增加。

2. 保障原则

居民最低生活保障制度要与其他配套措施相配合，如扶贫开发政策、促进再就业政策、生活补贴政策等，坚持国家保障、家庭赡养、社会帮扶的政策，鼓励有劳动能力的贫困人口及家庭积极实现生产自救，摆脱贫困状态。

[①] 民政部.2022年民政事业发展统计公报[EB/OL].[2023-10-13]. https://www.mca.gov.cn/n156/n2679/c1662004999979995221/attr/306352.pdf.

3. 保障标准

居民最低生活保障标准根据维持贫困人口个人及家庭全年基本生活所必需的衣、食、住、行等费用，并适当考虑水、电、煤气以及未成年子女教育等费用来确定，并且最低生活保障标准必须随着当地生活必需品的价格变化和人民生活水平的提高进行适当调整。

4. 资金管理

居民最低生活保障所需资金，由地方人民政府列入财政预算，纳入社会救助专项资金支出项目，专项管理，专款专用。最低生活保障金原则上按照申请人家庭年人均纯收入与保障标准的差额发放，也可以在核查申请人家庭收入的基础上，按照其家庭困难程度和类别，分档发放。

（六）居民最低生活保障制度存在的问题

1. 最低生活保障制度没有完全实现城乡统筹

城乡二元结构是我国社会发展的突出特征，贯穿于很多制度发展历程之中。城市居民最低生活保障制度开始较早，且在很长一段时间内城市和农村居民最低生活保障制度是独立发展的，发展的阶段并不相同，发展的程度也存在着较大差异。虽然我国从2021年起，开始适应户籍制度改革要求推进低保制度城乡统筹发展，但是目前城乡居民最低生活保障制度统筹仅在部分地区展开，各地在实施城乡居民统筹过程中还存在较大差距。

2. 最低生活保障制度救助项目较单一

最低生活保障制度以保障贫困人群的基本生活需要为目标，但是目前救助主要以现金为主，救助项目较为单一，保障水平较低。虽然部分地区已经开始实施住房保障、医疗保障等试点，但还需要长时间观察其成效，做出适当调整，以便在全国推行。提高贫困人群的生活质量，增加支持性救助项目、提高最低生活保障标准是必须坚持的长期、稳定的原则目标。

3. 精确开展家计调查存在一定困难

目前许多地区并未实行严格的家计调查方法来发放低保，由于经费少、工作人员缺乏等原因对家庭收入的调查十分困难。有些地区除了公认的非常贫困的家庭之外，其他家庭的贫困程度很难区分高低，因此只能采取平均发放的原则，难以做到"依据法律的规定，进行家庭收入核查，实行补差发放"的要求。此外，在入户调查走访中，也会出现低保申请者故意隐瞒自己的实际收入，或者其他方式增加的收入无法测量的现象，给家计调查工作带来困难。

4. 保障对象界定困难

当前，各地政府均按照《城市居民最低生活保障条例》，对需要资助对象进行评估和界定，虽然我国各地城镇居民最低生活保障制度已经实现应保尽保，但有些矛盾和冲突仍然无法从根本上进行解决。首先，农民工作为进城务工群体，无法纳入城镇居民最低生活保障制度覆盖范畴。其次，低保边缘人群界定困难，无法给予针对性帮扶救助。家庭人均收入略高于最低保障标准的人群，其实际生活十分困难，但根据救助标准并不在救助范围，使其无法脱离贫困现状。最后，流浪乞讨人员的认定和救助。当前很多城市出现了"职业乞讨人员"，即家庭生活条件良好，以乞讨的方式进行敛财，人数和规模不断扩大，对城市形象产生恶劣影响，也加大了救助保障工作的难度。

（七）居民最低生活保障制度的发展趋势

1. 加快推进最低生活保障制度城乡统筹

在最新的《最低生活保障审核确认办法》中，不再对城市低保和农村低保进行区分，统一称为最低生活保障制度，实现最低生活保障制度城乡统筹是未来的发展方向。这是因为我国的城乡低保标准存在较大差异，大部分需要低保救助的人口在农村，需要得到更多的关注。虽然《最低生活保障审核确认办法》的发布并不意味最低生活保障制度完全实现了城乡统筹，但却具有重要意义，代表着我国迈出了最低生活保障制度城乡统筹的第一步，有利于缩小城乡之间的差距，更体现了以人为本的需求。

2. 构建围绕社会救助目标的配套措施

最低生活保障制度的基本目标是保障贫困人口及家庭的最低生活需求，从目前来看低保制度已经成为社会救助制度的核心，但同时也承担了过多责任。为了减轻最低生活保障制度的负担，满足低保人群更高层次的需求，要相应地建立最低生活保障制度的配套措施，如住房救助、医疗救助、就业促进等制度与低保制度相衔接，使社会救助制度和经济政策、社会政策相配合，各项制度安排各司其职，发挥应有的作用，不仅关注低保对象，也要尽可能地满足低收入群体的需求。

二、农村五保供养制度

（一）农村五保供养制度的含义

农村五保供养制度是指国家和政府按照法律规定，对农村的老年人、残疾人和未满16周岁的孤儿，且无劳动能力、无生活来源、无法定赡养、抚养、扶养义务人，或者其法定赡养、抚养、扶养义务人没有赡养、抚养、扶养能力的人，在吃、穿、住、医、葬等五方面提供生活照顾和物质帮助的社会救助制度。[①]

（二）农村五保供养制度的发展历程

1. 农村五保供养制度的建立阶段（1956—1958年）

农村五保供养制度出现在农业生产合作化阶段，是基于当时的集体经济建立的。该制度的建立过程以两个关键性的文件为标志：第一个文件是1956年的《1956年到1967年全国农业发展纲要》，具体内容包括合作社内无劳动能力、没有生活来源的鳏寡孤独社员，应该对他们进行统一规划，要求生产队或生产小组在生产上通过适当安排，帮助他们参加力所能及的劳动；在生活上要予以适当帮助，做到保吃、保穿、保烧、保教、保葬，使他们的生、养、死、葬都有依靠；第二个文件是同年的《高级农业生产合作社示范章程》，文件中也作出了类似的规定。这两个规范性文件，标志着我国农村五保供养制度初步形成，由农村集体组织承担赡养、供养和抚养的责任。

2. 农村五保供养制度的曲折发展阶段（1959—1982年）

在人民公社阶段，公社作为基层组织单位，社会救助工作都由公社全权安排，为五保对象安排适当劳动，适当照顾公分，提供补助补贴和实物。大

---

① 乔东平,邹文开编著.社会救助理论与实务[M].天津:天津大学出版社,2011:55.

跃进时期,全国范围内大规模建立敬老院,但由于经历了三年自然灾害,敬老院自顾不暇,大部分被解散。"文革"时期,农村五保供养制度遭受重大冲击,几乎处于停滞状态,没有进一步发展。

3. 农村五保供养制度的规范发展阶段(1982—2005年)

家庭联产承包责任制实施之后,人民公社的组织形式已经不适合社会经济发展需求。1984年,经过改革,人民公社基本解体,农村五保户陷入无人供养的尴尬境地。政府采取适当措施,颁布一系列政策文件,明确农村集体组织的供养责任以及供养资金的来源,乡统筹和公益金用于五保户供养。1994年,国务院发布《农村五保供养工作条例》,明确规定五保性质、五保对象、供养内容和标准、经费的来源和筹集方法。这是第一部规范性法规,对农村五保供养制度发展具有重要意义,标志着农村五保供养制度制度化。但是由于资金缺乏,特别是2000年开始实行税费改革,五保救助标准过低,许多符合五保条件的人员未被纳入供养制度之内。

4. 农村五保供养制度的社会救助阶段(2006年至今)

2006年以后,农村经济发展进入了新的时期,国务院颁布了新修订过的《农村五保供养工作条例》,这是一部具有社会救助性质的五保供养工作行政法规,由原来的救济制度转变为救助制度。修订后的《农村五保供养工作条例》有了新的变化,明确了各级政府实施五保供养制度的国家责任;增加了医疗救助的内容,使制度内容更加完善;提高了供养标准,还增添福利性质;明确了管理机构、资金来源、监督管理和法律责任等。

2014年,国务院颁布并施行的《社会救助暂行办法》规定,国家对无劳动能力、无生活来源且无法定赡养、抚养、扶养义务人,或者其法定赡养、抚养、扶养义务人无赡养、抚养、扶养能力的老年人、残疾人以及未满16周岁的未成年人,给予特困人员供养。2015年,民政部出台《关于在全国开展农村特困人员供养服务机构社会化改革试点工作的通知》,要求发挥社会力量在社会救助中的积极作用,进一步提升农村特困人员供养服务机构建设管理服务水平。2020年,中共中央办公厅、国务院办公厅印发《关于改革完善社会救助制度的意见》强调,完善特困家庭认定办法,给予特困人员救助供养。

（三）农村五保供养制度的内容

1. 五保供养的对象

从两个规范性条例中可以看出，我国农村五保供养的内容主要包括如下几条，1994年《农村五保供养工作条例》中规定提供符合国家卫生健康标准的粮油和燃料，提供必需的衣物、被褥等生活用品和资金补贴，提供可以满足供养对象基本居住条件的住房，对生活不能自理者提供日常生活照料，及时治疗疾病患者，妥善处理殡葬事宜；对于未满16周岁的未成年人要依法保障其接受义务教育的权利。2006年修订后的《农村五保供养工作条例》又增加几项内容：将医疗救助内容纳入其中，五保户的疾病治疗要与农村合作医疗制度和农村医疗救助制度相衔接；农村五保供养标准不得低于当地平均生活水平，明确"村委会可委托村民帮助分散供养的农村五保供养对象"。

2. 五保供养的资金来源

农村五保供养的资金，列入当地政府财政预算。对于有集体经济收入的地区，五保户的资金供养可以从集体经济收入中安排，用来维持和改善五保户的基本生活。此外，农村五保户对象还可以将自己的土地交给他人代为耕种，耕种土地获得的收益归五保供养对象。

3. 五保供养的形式

五保供养的形式可以分为集中供养和分散供养，农村五保户可以选择在农村五保供养机构集中供养，也可以选择在自己家中实行分散供养。具备条件的乡镇政府要建立敬老院等机构为五保供养对象提供集中供养场所，敬老院可以开展农副业生产，用于改善敬老院和供养对象的生活条件，五保供养对象入院自愿，出院自由。实行分散供养的由乡镇政府、村集体与受委托的供养人、供养对象三方签订五保供养协议。

（四）农村五保供养制度存在的问题

1. 农村五保供养标准较低

按照2006年《农村五保供养工作条例》，五保供养对象的供养标准应不低于当地平均生活水平，但是从实际情况来看，五保供养的供养标准要低于当地生活水平，主要原因是近年来物价水平持续增长，且增长速度逐渐加快。此外，还有一些地区因为财政资金紧张，错误地将五保供养纳入了低保范畴，进而推卸政府的责任，使五保供养标准降低。

2. 地区差异较大

农村五保供养制度作为一项社会保障制度，也存在地区差异较大的问题，突出表现为东部地区五保标准较高，中西部地区五保标准较低。主要原因在于，东部地区经济发展水平高，发展速度快，按照五保户的供养标准不得低于当地生活水平的规定，供养标准会相对较高，中西部欠发达地区则相对较低。

3. 农村五保供养的质量有待提高

农村五保供养的方式分为集中供养和分散供养两种。集中供养的场所在敬老院，但敬老院也分为不同类型和不同管理方式，导致不同的敬老院供养质量差别较大。例如，有的敬老院资金较为短缺，提供的日常饮食及住宿质量低；有的敬老院缺乏足够的娱乐活动，导致院内死气沉沉，缺乏生机与活力，五保户可能会出现心理健康问题；还有的敬老院管理体制较差，没有建立规范性的规章制度。分散供养的五保户居住在家中，他们的日常生活及住房质量等有待提高。

三、扶贫开发与精准扶贫

消除贫困，改善民生，逐步实现共同富裕是社会主义的本质要求。不管是为了使民众摆脱贫困的生活、提高生活质量、保障民众的人权，还是为了维护国家稳定、促进社会经济实现高质量发展扫清障碍，扶贫工作都是必须高度重视且尽快解决的工作，从而促进社会和谐、人民群众安居乐业。

（一）扶贫开发与精准扶贫的发展历程

1. 建国之前的扶贫工作（1921—1949年）

我国早在新中国成立之前就已开展扶贫工作。由于旧中国处于半殖民地半封建状态，据估计在1918年中国东部地区有50%的地方、西部地区有80%

的地方处于非常贫困的状态。因此，1921年中国共产党成立时，就提出了关注我国处于困难境地的劳动人民的贫困问题。1927—1937年进行的土地革命，废除封建的土地制度，在抗日期间我国也开展了相应的土地运动，为实现耕者有其田的目标而努力。

2. 新中国成立初期的扶贫工作（1949—1978年）

新中国成立初期，百废待兴，大部分农村地区都处于极度贫困的状态。为了给各项产业的发展扫除障碍、带领农民走出贫困，我国实施农业合作化的政策，进行了一系列制度性改革。第一，通过土地革命，消灭地主阶级，缓解阶级矛盾，让广大农民都能获得赖以生存的土地。第二，通过三大改造和人民生产合作社，实现了生产资料由私有制变为公有制，建立了农村集体经济，发挥集体的力量，有效提高了当时的农业生产产量，缓解了物质资料短缺的困境。第三，通过帮助农村改善基础设施建设、推广农业产业技术，为农村改革奠定了坚实的基础。

3. 改革开放后的扶贫工作（1978—2012年）

改革开放以后，国家的工作重心转移到经济建设上来，家庭联产承包责任制的建立为农村地区发挥巨大潜力创造了条件，农民拥有了土地生产经营自主权，生产经营的积极性大幅度提高。政府还发布了一揽子农业措施提高农民的收入，例如调整统销统购政策、提高农副产品的收购价格，从而满足农民的基本生活需求，解决最基本的吃穿问题。我国的扶贫工作越来越受到重视，国家成立了专门的扶贫机构帮助扶贫事业进一步发展，扶贫理念也有所改变，开发式扶贫成为新的扶贫方针。1986年，我国成立了国务院贫困地区经济开发领导小组，开始系统性地进行扶贫工作，重点监测贫困县。1994年，国务院召开全国扶贫开发工作会议，出台《国家八七扶贫攻坚计划（1994—2000年）》，明确到2000年底中国扶贫工作的目标与要求，加大对扶贫资金的投入。进入21世纪，我国又发布《中国农村扶贫开放纲要（2001—2010年）》，将重点监测对象由贫困县转为贫困村，实施整村推进扶贫模式。2012年末，全国农村贫困人口减少至9899万，贫困发生率下降到10.2%，扶贫工作取得了突出效果。

4. 党的十八大之后的扶贫工作（2012年至今）

党的十八大之后，党和政府更为重视扶贫工作，将扶贫治理纳入国家治理和社会治理的重要范畴。2013年11月，习近平总书记在湖南考察时首次提出"精准扶贫"概念。2015年，国务院印发《关于打赢脱贫攻坚战的决定》，正式把精准扶贫、精准脱贫作为扶贫开发的基本方略，并将突破点放在解决"四个问题"。首先要重点关注"帮扶谁"，将扶持对象精准匹配到具体贫困户，做好贫困户的建档立卡工作。其次要落实好"谁帮扶"的责任，将责任层层落实到个人，减少或避免管理交叉、责任不清的问题。再次是开展"五个一批"，实施发展生产、易地搬迁、生态补偿、发展教育、社会保障等措施，解决好"怎么扶"的问题。最后确立了严格、规范、透明的贫困退出机制和追踪监测机制，帮助贫困户稳定脱贫。党的十九届四中全会《决定》提出，坚决打赢脱贫攻坚战，巩固脱贫攻坚成果，建立解决相对贫困的长效机制。2021年2月25日，习近平总书记在全国脱贫攻坚总结表彰大会上宣布，现行标准下9899万农村贫困人口全部脱贫，832个贫困县全部摘帽，12.8万个贫困村全部出列，区域性整体贫困得到解决，我国完成了消除绝对贫困的艰巨任务。

（二）扶贫开发与精准扶贫取得的成效

消除贫困，是世界各国都要完成的任务，但也是极为艰难的一项工作，我国于2020年底全面完成脱贫攻坚任务，取得了突出的扶贫成就。

1. 我国的绝对贫困问题得到彻底解决

在新中国成立之时，国家处于极为艰难的状态，是世界上最贫困的国家之一，当时我国农村有九成人口处于极度贫困的状态。经过70多年的探索努力，尤其是党的十八大以来我国实行精准扶贫的战略，采取脱贫攻坚的一系列措施，到2020年底脱贫攻坚任务取得圆满成功，困扰我国几千年来的贫困问题得到了历史性解决。

2. 贫困地区农村居民收入得到进一步提高

在新中国成立初期，我国农村地区人均收入较低，可支配性收入少，且收入来源十分单一，基本只能依靠分得的部分土地。改革开放以后，我国农业产业进行改革，通过一系列措施提高农民收入，例如调整统销统购政策、提高农副产品收购价格等，收入来源渠道拓宽，农民可支配性收入增加。随后，我国的扶贫方式逐渐多样化，旅游扶贫、产业扶贫等使贫困地区农村居民收入得到进一步提高，生活条件不断改善，生活质量全面提高。

3. 形成符合中国国情的精准扶贫体系

我国脱贫攻坚事业能够顺利完成、绝对贫困问题能够彻底解决，离不开符合我国国情的精准扶贫体系。这是我国取得脱贫攻坚事业成功的制度保障，也是中国特色社会主义制度的重要组成部分。这套精准扶贫体系是责任体系、监督体系、考核体系、动员体系等集大成体系，是一种科学的制度组合，不仅帮助我国消除了贫困，也为世界各国的减贫事业贡献了中国经验和中国方案。

（三）新时期扶贫工作的主要任务

进入新发展阶段，我国贫困性质及贫困治理的主要内容均已发生变化，贫困治理面临一系列新难题、新任务，贫困治理重点也应做出相应调整。

1. 从脱贫转向巩固脱贫成果和防止规模性返贫

当前，我国农村地区虽已不存在绝对贫困人口，但仍存在脱贫能力、经济实力较弱的困难人群，其生活总体上仍处于低层次小康水平，脱贫与致富的基础尚不牢固。尤其是"三区三州"等地区，自然条件恶劣、致贫原因复杂以及产业吸纳就业能力弱，贫困人口脱贫后抵御自然风险、市场风险的能力依然不足，存在出现规模性返贫的可能。同时，要将巩固脱贫攻坚成果同乡村振兴有效衔接，对易返贫致贫人口加强监测，防止发生规模性返贫。

2. 从消除绝对贫困转向解决相对贫困

脱贫攻坚任务完成后，我国从解决绝对贫困群体生存性问题转向解决相对贫困群体公平性、发展性问题。相对贫困群体主要由脱贫户、贫困边缘户以及城市低收入者等构成，其突出特点是存在相对剥夺感和发展脆弱性。绝对贫困治理旨在解决贫困人口"两不愁、三保障"的基本生活需求以及"量"的问题，即生存性问题，相对贫困治理不仅内含着平等的发展机会、受保障的可行能力与发展权益等公平性问题，而且关注相对贫困群体美好生活向往以及"质"的提升等发展性问题。

3. 从消除农村绝对贫困转向破解农村发展不平衡不充分问题

同城市相比，农村地区目前仍存在脱贫群体收入偏低、基础设施建设滞后、公共服务供给不足、产业发展质量不高等一系列发展不平衡不充分问题，制约农村居民美好生活以及共同富裕的实现。为此，必须加快推进农业农村优先发展，从而有效破解农村发展不平衡不充分问题，逐步缩小城乡差距。

4. 从农村单向治理转向城乡融合治理

长期受城乡二元体制影响与限制，我国城乡采用了相对独立的贫困治理模式。进入新发展阶段，贫困的区域性特征不再明显，城乡之间的流动性贫困问题凸显，城乡二元贫困治理格局已难以应对新的贫困变化，亟须建立城乡融合的贫困治理体系。

进入新发展阶段，贫困性质和治理内容的变化以及到2035年基本实现现代化的目标对我国贫困治理提出更高要求。为此，必须加快调整贫困治理逻辑，推动我国贫困治理转型。

本章小结

贫困问题是全世界各国都普遍存在的问题，不管是发达国家还是发展中国家都有贫困人口存在。基本生活救助是指国家对生活在国家法定或当地法定最低生活保障标准之下的贫困人员进行现金和实物等救助的一项社会救助项目。基本生活救助制度是整个社会救助制度最主要、最基本的救助制度，起到了保底的作用。

目前我国的基本社会救助制度主要包括城镇居民最低生活保障制度、农村居民最低生活保障制度、农村五保供养制度。我国居民最低生活保障制度的建立和发展经历了一个由点到面、漫长的发展阶段。消除贫困，改善民生，逐步实现共同富裕是社会主义的本质要求。我国已经完成了消除绝对贫困的艰难任务，取得了突出的扶贫成就。新发展阶段，在实现共同富裕的进程中接续提升我国贫困治理能力，需要进一步优化贫困治理模式。

复习思考题

1. 简述基本生活救助的含义以及形式。

2. 简述我国居民最低生活保障制度的发展历程和未来发展方向。

3. 简述我国农村五保供养制度的主要内容和存在的问题。

4. 谈谈对我国扶贫开发与精准扶贫工作的理解。

扩展阅读

1. 民政部.民政事业发展统计公报［EB/OL］.

民政事业发展统计公报是反映一个国家或地区民政事业发展状况的重要文件，它涵盖了民政工作的各个方面，包括社会救助、养老服务、儿童福利、残疾人福利、婚姻登记服务、社会组织管理等，通过统计数据反映民政事业的发展趋势和成就。这份公报不仅为政策制定者提供决策依据，也为公众了解民政事业的发展提供了窗口。该报告每年公布一次。

2. 人力资源和社会保障部.人力资源和社会保障事业发展统计公报［EB/OL］.

人力资源和社会保障统计公报是各级人力资源和社会保障部门定期发布的重要文件，旨在向社会公众和政府部门提供关于人力资源和社会保障事业的发展情况、主要成绩、存在问题以及未来展望等方面的信息。这些公报通常包括就业、社会保险、人社帮扶等多个方面的统计数据和分析，为政策制定、社会管理和公共服务提供数据支持。

案例讨论

最低生活保障不再区分"城乡"

2021年7月28日上午，民政部举行2021年第三季度例行新闻发布会，对《最低生活保障审核确认办法》进行解读。民政部社会救助司副司长张再刚介绍，新出台的《最低生活保障审核确认办法》适度扩大了低保的保障范围，并对最低生活保障审核确认流程进行了优化和完善。

《审核确认办法》明确，低保边缘家庭中的重病、重残人员可以单独提出低保申请。张再刚表示，为适应户籍制度改革新要求，加快推进低保制度城乡统筹发展，《审核确认办法》还删除了有关城市低保、农村低保的概念，所有规定不再区分城乡，统一规范为"最低生活保障"。

为落实"放管服"改革相关要求，《审核确认办法》简化优化了部分审核确认流程。同时，为了进一步减轻基层工作负担，防止少数地区"以评代核""以评代认"，《审核确认办法》不再将民主评议作为必须环节，仅提出对公示有异议的低保申请对象，可以开展民主评议。此外，《审核确认办法》还新增"管理和监督"一章，对低保监督检查工作作出了明确规定，从而更好维护低保对象的合法权益，督促低保基层经办人员依规履职尽责，提高低保制度的公信力。

资料来源：《最低生活保障将不再区分"城乡"》，北京日报，2021年7月29日。

案例思考题：

1. 试分析我国为什么要加快最低生活保障制度改革的步伐？

2. 当前最低生活保障制度发生了怎样的变化？

◇ 学习目标

通过本章学习，掌握灾害和灾害社会救助的含义，把握灾害救助的特征，了解发达国家例如美国、日本等的灾害救助管理体系，熟悉我国灾害救助体系的演进、灾害救助的方针、灾害救助管理体制的现状以及灾害救助管理体制的发展成就。

中国共产党从诞生之日起就关注民生，致力于解决民生问题。新中国成立以来，中国共产党领导人民在无数次抗灾救灾实践中不断探索符合中国国情的灾害救助体系。改革开放以来，我国灾害救助工作经历了一系列改革、探索，灾害救助体系不断完善。"人民至上、生命至上"是习近平总书记对抗灾救灾的重要指示精神。在各种抗灾救灾中，我国始终坚持"尽最大努力保障人民群众生命财产安全"的救灾精神。

第一节 灾害和灾害社会救助

一、灾害和灾害社会救助的含义

人类从诞生之日起，便一直与各种灾害做斗争。在人类社会发展的早期，洪水、地震、旱灾等自然灾害阻碍社会发展，甚至危及生命。进入工业社会之后，各种自然灾害未曾减少，而且恐怖事件、爆炸、海难、空难等人为灾害也层出不穷，不仅造成巨大经济损失，也给人类带来不可磨灭的损伤。灾害贯穿人类社会发展的全过程，对人类经济社会发展带来重大影响，整个人类社会发展便是一部与灾害的斗争史。在无数次与灾害斗争之后，人类学会了观测灾害、预测灾害，逐渐掌握了灾害发生的规律，采取各种有效的防控措施，从而可以及时地躲避灾害。在灾害发生之后，迅速展开灾害救助活动，避免造成巨大的经济财产损失和人员伤亡。

灾害是指由自然变异、人为因素等原因所引发的对人类生命财产和生存条件造成的危害，是对人类社会造成经济财产损失和人员伤亡的各种自然现象和意外事故的总称。[①]因此，灾害可以分为自然灾害和人为灾害。自然灾害是指自然界所产生的破坏力对人类社会造成的损害，通常包括泥石流、地震、旱灾、洪水等灾害；人为灾害是指自然界以外的破坏力对人类社会造成的损害，一般包括战争、过度开采地下水和矿石等。[②]

灾害问题一直困扰着人类社会的发展，如何尽可能地减少灾害带来的损失，迫使人们思考建立灾害救助机制来应对灾害造成的后果。灾害救助是指国家和社会对在遭遇各种灾害事故袭击并因此陷入生活困难的社会成员给予一定的现金、实物或服务援助，以帮助其度过特殊困难的一种救助制度，它是社会

---

① 陈良瑾主编.社会救助与社会福利[M].北京:中国劳动社会保障出版社,2009:162-163.
② 廖益光主编.社会救助概论[M].北京:北京大学出版社,2009:218-219.

救助体系中不可缺少的重要组成部分，也是整个社会保障体系中的特殊保障制度安排。[①]灾害救助的目的是通过对灾民进行援助，帮助灾民恢复正常的生活状态，帮助灾区完成重建工作。灾害救助制度一方面可以保障灾民的日常基本生活，不至于让他们陷入困境；另一方面也稳定了灾区的经济社会发展。目前各国都已经采取了各种形式的抗灾救灾措施。

二、灾害社会救助的特征

灾害社会救助是对遭遇各种自然灾害和人为灾害而导致生活发生困难的个人及家庭给予现金、实物或服务援助，灾害具有突发性、破坏性、不可抗性且有一定规律可循，救助对象为遭受重大财产损失和人员伤亡的民众，因此作为社会救助制度之一的灾害救助有其独特的特点，主要包括应急性、临时性、无偿性、多样性和不确定性。

（一）应急性

无论是自然灾害还是人为灾害，都具有突发性的特征，虽然许多灾害存在规律性，但它们造成的经济损失和人员伤亡很大程度上无法阻止。灾害社会救助的目标就是帮助遭受灾害的社会成员维持基本生活，为他们提供生存所必需的物资、衣物和帐篷等。因为重大灾害过后当地灾民的生存条件、饮水条件、卫生条件得不到保障，还可能会发生因灾害导致的次生灾害，如果不及时提供灾害救助，灾民的生活很有可能会陷入绝境。因此，灾害救助具有应急性，通过及时为灾民输送各种物资和现金补贴以及医疗卫生服务，尽可能地降低灾害带来的损失，减少人员伤亡。

（二）临时性

灾害社会救助面对的是突发性灾害，发生时没有固定的日期和固定的时

---

① 郑功成主编.社会保障学［M］.北京:中国劳动社会保障出版社,2005:283.

间。虽然现代科学技术的进步已经可以很大程度上预测到灾害的发生，各国也建立起了一套较为完整的灾害预警、防范和应对系统，但是每一起灾害事故都具有它的特殊性，只能根据本次灾害的特点采取相应的措施，因此具有临时性的特征。它不像其他社会保障制度一样具有持续性、稳定性特点，它对灾民实行的是临时而非长期性的救助措施。

（三）无偿性

灾害社会救助是社会救助制度中最重要的组成部分，所以具有社会救助的特征——无偿性。在人民群众因遭受灾害而造成巨大财产损失和人员伤亡时，国家和政府无偿性对灾民提供现金、实物以及服务性的援助。此外，这种无偿性不仅指本国政府具有无偿性的义务，还包括国际化的援助。灾害是全人类必须共同关注的问题，在别人遭受灾难时伸出援手也会为自己种下善意的种子，全球化程度的提高以及人道主义精神使得全球范围内的无偿捐助发挥了重要作用。

（四）多样性

灾害社会救助具有多样性，具体表现为救助方式、救助内容以及救助主体的多样性。第一，救助方式具有多样性。在人民群众因遭受灾害而造成巨大财产损失和人员伤亡时，国家和政府无偿性对灾民提供现金、实物以及服务性援助，有些地区还会采取以工代赈的方式帮助灾民重新就业。第二，救助内容具有多样性，主要包括救助灾民的生命和抢救受灾财产，提供医疗卫生救助和精神救助等。第三，灾害救助的主体具有多样性。灾害救助的主体不仅仅包括国家和政府，而且还有大量的民间组织、非营利组织、企业甚至个人参与其中。

（五）不确定性

由于灾害发生的时间、地点不确定，灾害造成的损失程度也不确定，因此灾害救助的内容、形式也具有不确定性。灾害救助是一项必须根据具体情况随时进行调整的社会救助制度，具有较强的灵活性和不确定性，在实践中需要根据每一次灾害事故的具体损失程度和损失对象，采取有针对性的救助方式、救助形式和救助内容。[①]

第二节　国外的灾害社会救助

面对各种突如其来、不可预计的灾害，世界各国都非常重视，依托现代科学技术进步，建立了一套较为完整的灾害预警、防范和应对系统。以下是几个发达国家的灾害救助管理体系。

一、美国的灾害社会救助

美国的地理位置横跨大西洋和太平洋，部分地区位于环太平洋地震带上，是一个自然灾害频发的国家，洪水、飓风、海啸、地震等自然灾害经常到达美国，给美国民众带来巨大损失。此外，除了自然灾害以外，美国还经常爆发工业化导致的人为灾害，如放射性污染、有毒化学物质泄露等。因此，美国经过长时间的摸索，形成了独特的灾害救助管理体系。

（一）美国灾害救助体系的演进历程

美国的灾害救助体系经历了从非正式化到正式化的过程。早期的灾害救助是由地方教会、慈善组织等社会团体以及地方政府提供的，联邦政府基本不插手，因此未能形成国家层面的灾害救助制度。1803年，联邦政府第一次为特大火灾提供了经济支持，通过《反灾害法案》，但未形成系统的救灾减灾体系，只提供经济支持。罗斯福总统时期，联邦政府采取以工代赈的政策，通过减轻洪水灾害、修建各种防洪设施、提供赈灾贷款和补贴、修复受损的桥梁和

---

① 陈良瑾主编.社会救助与社会福利[M].北京:中国劳动社会保障出版社,2009:164-166.

道路等措施进行灾害救助，在这一时期，美国尚未建立起统一的法规体系。

1950年，美国颁布《联邦灾害救援法》，这是联邦政府第一次通过立法的方式来抵御自然灾害，但是这部法律也只初步规定了在遭受重大灾害时给予受灾州有限的援助。1968年，联邦政府通过《国家洪水保险法》，主张提高民众的自我保护意识，为政府和社会组织分担财政负担和成本。1974年，国会通过《灾害救助和紧急援助法》，又被称为斯坦福法案，这是美国最重要的灾害救助框架式法案。除了建立框架性法律之外，一些专项法律也逐渐建立，例如1974年的《联邦火灾预防与控制法》、1977年的《地震救灾法》等，经过较长时间的发展，美国灾害救助法规体系逐步建立起来并发展完善。

除了灾害救助的法规体系逐步建立与完善之外，美国还成立了专门的灾害救助部门，以保证各项灾害救助措施能顺利实施。1978年，全美州长提出要成立统一的联邦应急机构，以应对之前所出现过的职责混乱、分工不清、部门林立等问题，希望在各州之间建立亲切友好的伙伴关系。1979年，美国政府将国家消防管理局、联邦灾害援助局、防务民事准备局、联邦保险局、联邦准备局、联邦广播系统等机构合并在一起，成立了应急管理署，全权负责灾害救助的各项事宜。各个部门之间分工明确，在具体实施救援过程中相互配合，更好地发挥联盟的作用。但是在之后与苏联冷战时期，美国忽略了对应急管理署的管理和发展，在许多灾害面前，应急管理署并未发挥出应有的能力，引发了民众的不满。克林顿总统上任之后，对应急管理署进行了改革，参与多次自然灾害的救援。2003年，美国成立国土安全部，将应急管理署也纳入其中，但之后的国土安全部将精力集中在反恐项目之中，忽视了对自然灾害及其他灾害的管理与发展，存在较多问题。

（二）美国灾害社会救助的特点

1. 各级政府职能划分明确

美国是一个联邦制国家，各个州政府都有一定的自治权，各级政府之间也不是简单的管理与被管理、领导与被领导的关系，联邦政府往往是扮演指导者的角色。从传统做法来看，美国的灾害救援工作由当地州政府负责，主要是因为在辖区内地方政府对地理形势以及人员分布状况更为了解，救灾时也能及时快速地赶到救灾现场展开救援。联邦政府尊重各州政府指挥和协调权力，发挥各州政府在救灾时富有实效的优势。只有在面对严重程度较高的灾害，依靠本级政府没有能力解决时，才向上一级政府请求救援。地方政府首先向州政府提出救援申请，当州政府也无法提供支持时，再由州长向总统请求宣布为国家级重大灾害，联邦政府才能展开救援行动，但是联邦政府官员也不能直接领导、指挥州政府的工作人员，而是通过有关各方派出协调官或协调员组建联合现场办公室来指挥救灾工作。

2. 拥有唯一的统一协调机构

美国负责联邦救援工作的是国土安全部，国土安全部里的应急管理署主要担负灾害救援和灾后恢复重建工作。但是应急管理署只是国土安全部下设的一个部门，本身规模较小，人员短缺，无法完全担负起救援工作，因此其主要工作是对救援工作进行协调。在遭遇灾害后，应急管理署收到州政府的救援需求后，将各项工作分类分配不同的部门，例如卫生部、国防部、红十字会等机构，充当各部门之间的协调、联系者，并作为灾害发生时州和地方政府联系联邦政府的唯一部门，但是应急管理署自身并没有紧急救援所需要的大量关键设备和设施，如客车、卡车和救护车等。

3. 对军队参与灾害救助有严格限制

虽然美国实行两党制的政党制度，但美国的军队是由国家控制的，军队的职能是保卫国家的国土安全以及执行军事任务。因此美国的军队不会在灾害发生时进行救援，平时也不会有针对性地进行这方面的训练。《灾害救助和紧急援助法》第35条第三款"对国防部资源的使用"进行了规定："依据本法，当某个州遭受到灾害事故时，该州州长可以向总统请求，命令国防部长动用国防部的资源执行必要的拯救生命和保护财产的紧急任务。如果总统认为这个任务对于保护生命和财产有必要，那么他应当在其可行范围内答应州长的请求。执行这样的紧急任务不能超过10天。"州政府日常进行灾害救助时的主要救援力量是国民警卫队、警察以及相关州职能部门及志愿者，他们的基本职能是维护国家和当地政府的安全利益，维护社会稳定，参与抢灾救灾，保护公民的生命和财产安全。[1]

二、日本的灾害社会救助

日本属于一个岛国，位于环太平洋地震带上，非常容易遭受地震、火山爆发、海啸等自然灾害事故侵害，因此，日本从政府到民众都很重视灾害救援速度及救援程度，积累了一套丰富的灾害救助经验。虽然日本灾害发生的频率较高，但国家和民众的生命和财产损失程度较低，民众面对灾害事故时普遍具有较强的危机意识和处理危机的能力。

（一）日本的灾害社会救助法律体系

日本由于自然灾害频发，因此很早就建立起关于灾害救助方面的法律法规，形成了较为完备的防灾、减灾、抗灾、救灾等灾害救助系统。每当发生重大灾害后，日本根据当次救灾经验颁布一部重要法律。1946年，日本南海发生8.0级大地震，造成1443人死亡，1947年，日本建立了战后第一部应对灾害的法律《灾害救助法》。1959年，伊势湾台风到达日本，造成重大人员伤亡，5000多人死亡，80多万栋房屋倒塌，日本于1961年颁布了减灾救灾的基本大法《灾害对策基本法》。

经过较长时间的发展，日本已经根据不同内容和性质将日本的救灾法律体系分成不同的类型，具体可以分成灾害对策基本法、灾害预防和防灾规划相关法、灾害紧急应对相关法、灾后重建和复兴法以及灾害管理组织法等五类法律，共有53部法律，并且一直在不断修订和完善，以保障防灾救灾体系可以长期有效[2]。日本的防灾法律体系主要内容包括：明确防灾减灾的责任主体，防灾组织体系的防灾计划，开展防灾行动，提出防灾应急对策，进行灾后恢复和重建，实施相关的财政金融措施，加强灾害紧急状态管理等。

---

[1] 熊贵彬.美国灾害救助体制[J].湖北社会科学,2010(1):59-60.
[2] 张奇林主编.社会救助与社会福利[M].北京:人民出版社,2012:138-139.

（二）日本的灾害社会救助行政体系

在行政层面，日本政府制定了中央政府、都道府县地方政府及市町村自治体三级应急机制，以保障防灾、救灾行动的高效运转。中央政府设有中央防灾会议，首相亲自主持，指定有关行政机构和日本央行、日本红十字会、NHK广播电视台等独立行政法人，以及电力公司、煤气公司、电话运营商等多家公共事业机构参加，以推动计划落实。气象、消防等部门及时发布灾害预警，学校、公民会馆等设施被设定为救灾避难中心。

1995年阪神大地震后，日本政府吸取教训，强化了对大规模灾害及重大事故紧急事态的危机管理能力，通过设立内阁危机管理官以及创设内阁信息收集中心，强化内阁官房的体制，内阁府承担了协助首相、官房长官的主要任务。

（三）日本灾害社会救助教育机制

由于自然灾害频发，日本政府高度重视对日本国民的防灾减灾教育，帮助国民养成强烈的防灾意识和日常的防灾习惯，在保护好自己的同时也有利于日本政府更好地推行防灾减灾工作。

首先，日本对学生展开防灾意识教育。这种教育具有分段教育和内容细化的特点。分段教育是指日本根据年龄和心智，对不同年级的学生开展不同形式的教育。例如小学的灾害教育是编写一些图文并茂、生动有趣的教材，激发小学生的学习兴趣，引导小学生充分认识到灾害的巨大危险性，以及做好防灾减灾的准备。对于中高年级学生的教育则更偏向于从科学的角度传授灾害发生的原理，理解灾害形成的原因。防灾教育内容会具体细分为灾前预警、灾时与灾后自救、互救指导等，同时在教育过程中会更加重视案例的运用，从而增强教育的可信度及说服力。

其次，对其他社会成员的防灾意识教育。主要包括三部分：设立防灾日、积极开展防灾演练、加强社会宣传教育。一是日本把每年的9月1日设为"防灾日"，同时8月30日到9月5日为"救灾周"。除此以外，每年还会有"全国火灾预防运动""危险品安全周""雪崩防灾周"等，由此加强民众对灾害的警惕意识和防范能力。二是积极开展防灾演练，针对洪水、地震、台风等灾害，以工作演练的方式决定应急意见以及采取灾害对策。此外，日本在各地设有专门的应急教育培训中心，比如大阪防灾训练中心，馆内会设置体验型的防灾学习设施，为民众提供地震体验性训练、急救救护训练、灭火训练以及人员逃生演示等，从而让民众能够身临其境地感受到灾难的危急时刻，掌握防灾逃生的基本知识和应急技能。三是加强宣传教育，将防灾逃生地区、逃生技巧等相关知识发放到日本民众的家中以及各大公共场所。通过电视、广播、新闻媒体、互联网等媒介进行各种防灾宣传教育，提高居民的应急避灾意识。

第三节　我国的灾害社会救助

我国自然灾害多发、频发，是世界上受自然灾害影响最为严重的国家之一，几乎每年都发生多次重特大自然灾害。近20年来，我国因遭受各类自然灾害每年平均死亡约4300人，倒塌民房约300万间。特别是2008年汶川特大地震，死亡和失踪人数达8.8万余人。在不断与各种灾害斗争的过程中，我国逐渐建立起一整套完善的灾害救助管理体系。

一、我国灾害社会救助体系的演进

（一）灾害社会救助立法的演进

自古以来，我国就开始了与自然灾害进行抗争的历程。由于古代生产力落后，人们缺乏足够的科学知识和能够自保的能力，所以在遭遇重大灾害事故后往往会导致重大人员伤亡，百姓流离失所。为了维护自己的地位，古代皇帝实行"仁政治国"，颁布了一些关于自然灾害救助的相关法令，从而缓解阶级矛盾，维护社会稳定，形成了一套较为完整的救荒机制，称之为荒政。

新中国成立后，经济基础薄弱，国家需要建立和完善的体制较多，人民群众的生活也处于艰难困苦的状态。然而这个时期各种灾害频发，救灾工作十分艰难。虽然没有充足的资金可以投入到对灾民的救助上，但是国家也颁布了一系列有关灾害救助的法律法规，以帮助灾民尽快摆脱困境，恢复正常的生产生活状态。1949年，政务院颁布了《关于生产救灾的指示》，明确指出灾区的各级人民政府以及人民团体要把生产救灾作为工作的中心。这是我国政府颁布的第一部关于灾害救助的比较规范性的文件。随后，政府又推出了一揽子法律规范，例如，1952年由内务部颁发的《关于加强救灾工作的指示》，1957年由国务院发出的《关于进一步做好救灾工作的决定》，以及1963年由国务院颁布的《关于生产救灾工作的决定》等。颁布的一系列法律法规不仅体现了国家和政府对生产救灾工作的重视，也为我国日后灾害救助工作奠定了法律基础。

"文化大革命"时期，社会动荡不安，1969年内务部被撤销，灾害救助制度体系处于停滞状态，无法正常运行。十一届三中全会之后，我国进入了改革开放的新时期，各项事业重新焕发活力，灾害救助的立法工作也重新迈入正轨，1997年颁布的《关于加强抗灾救灾工作的通知》，1999年颁布的《关于进一步加强救灾款使用管理工作的通知》，以及2001年的《民政部关于进一步开展经营性社会捐助活动的意见》等，这些具有指导意义的规范性文件引导我国抗灾救灾工作的顺利进行，保护了国家和民众生命财产安全，有利于灾区民众开展生产自救、自力更生，发挥集体的力量，维护社会稳定和谐。除了中央政府颁布的规范性文件外，地方政府根据本地区的实际情况，依照宪法和法律，制定了适用于本地区的规章制度，根据本地区的特殊情况采取相应的防灾救灾措施。[①]2007年8月，我国出台《突发事件应对法》，标志着我国突发公共事件应对法律制度基本建立，确立了包括自然灾害在内的突发事件应对工作主要流程，包括预防和应急准备、监测与预警、应急处置与救援、事后恢复与重建等应对活动，形成一个集预防与应急于一体的突发事件应对工作体系。

2010年，国务院发布了《自然灾害救助条例》，该条例是第一个自然灾害救助的行政法规，对于全面做好灾害救助工作具有重要意义。该条例详细规定了救助准备、应急救助、灾后救助、救助款物管理、法律责任等几方面内容，明确了以人为本、政府主导、分级管理、社会互助、灾民自救的原则，确

---

① 陈良瑾主编.社会救助与社会福利[M].北京:中国劳动社会保障出版社,2009:175-176.

立了规范自然灾害救助工作，保障受灾人员基本生活的目标。

2024年，国务院办公厅发布《国家自然灾害救助应急预案》，该条例坚持人民至上、生命至上，切实把确保人民生命财产安全放在第一位落到实处；坚持统一指挥、综合协调、分级负责、属地管理为主；坚持党委领导、政府负责、社会参与、群众自救，充分发挥基层群众性自治组织和公益性社会组织的作用；坚持安全第一、预防为主，推动防范救援救灾一体化，实现高效有序衔接，强化灾害防抗救全过程管理的工作原则。①

随着灾害形式以及种类的不断增多，国家和政府需要建立更加完善的灾害救助体系，但是我国的灾害救助法律体系仍然滞后于灾害救助的现实工作，到目前为止尚未建立起一部体制健全、成形的灾害救助法律，因此政府要加快灾害救助的立法工作进程，对灾害救助的各方面工作进行详细规定。

（二）灾害社会救助行政管理的演进

除了灾害救助立法工作外，我国的灾害救助管理部门也经历了不断演变。新中国成立之后，国家的各项工作处于百废待兴的状态，生产力水平低，多次遭受洪水和旱灾的侵袭，为了稳定社会和谐，迅速恢复正常的生产生活状态，国家于1949年11月成立内务部，内务部中的社会司承担赈灾救灾的工作。1950年，政务院政治法律委员会召开会议，成立中央救灾委员会，中央救灾委员会的成员包括内务部、财政经济委员会、财政部、农业部、水利部、交通部、铁道部、贸易部、卫生部、中华全国妇联等多个部门，并且吸收各部门领导和社会各界人士参加。1978年，中华人民共和国民政部成立，由民政部的农村社会救济司主管全国灾害救助工作。1987年，第42届联合国大会将20世纪90年代确定为"国际减灾十年"。其主要目标是通过国际社会、特别是发展中国家的共同努力，削减因灾害造成的生命、财产损失和经济扰动。1988年11月，民政部、经贸部、外交部等十一个部门向国务院提交《关于成立中国

---

① 国务院办公厅关于印发《国家自然灾害救助应急预案》的通知［Z］.中国政府网.［2024-02-04］.https://www.gov.cn/zhengce/zhengceku/202402/content_6930039.htm.

"国际减灾十年"委员会的请示》。次年3月1日，国务院批复，同意中国"国际减灾十年"委员会成立。通过参加"国际减灾十年"计划，我国防灾减灾能力得到巨大提升，实现了救灾与减灾结合，并加强了与国际社会的减灾合作。2000年10月，我国将"中国国际减灾十年"委员会更名为"中国国际减灾委员会"，办公室设在民政部。2005年4月，国务院办公厅发文，将中国国际减灾委员会更名为"国家减灾委员会"。2018年，我国进行机构调整，组建应急管理部，推动形成统一指挥、专常兼备、反应灵敏、上下联动、平战结合的中国特色应急管理体制，提高防灾减灾救灾能力，确保人民群众生命财产安全和社会稳定。至此，我国的灾害救助管理工作职责更加明确化、组织更加完善化。

二、我国的灾害社会救助管理体制

灾害救助是社会救助体系中不可缺少的组成部分，目的是维护和保障灾民的基本生活，最大限度地减轻人员伤亡，减少国家和人民群众的财产损失，维护社会稳定。因此，我国政府建立灾害救助管理体制来进行救灾减灾工作，为灾民提供基本生活保障。

（一）我国灾害社会救助的方针

新中国成立以来，我国经历了不同的发展阶段，党和国家的方针、政策不断进行调整和完善，再加上灾害发展的情况越来越复杂，因此我国的灾害救助方针也经历了不同的发展时期，确立了不同内容的指导方针。

新中国成立初期，内务部于1949年确立了"节约防灾、生产自救、群众互助、以工代赈"的方针。随后在1950年召开的中央生产救灾委员会成立大会上，将救助方针扩充到"生产自救、节约渡荒、群众互助、以工代赈，并辅之以必要的救济"。1953年的第二次全国民政工作会议又进行了部分修改，确定为"生产自救，节约渡荒，群众互助，辅之以政府必要的救济"。

农业生产合作化时期，国家的生产力水平有所提高，经济基础有一定的积累，同时农村已完成了社会主义改造，村集体已经可以进行一些必要的救灾工作，这一时期的灾害救助方针是"依靠群众、依靠集体力量、生产自救为主，辅之以国家必要的救济"。

改革开放之后，农村家庭联产承包责任制实行，国家的综合国力提高，经过了十年动荡，各项工作开始重新步入正轨。1983年，第八次全国民政工作会议确定新的灾害救助方针为"依靠群众，依靠集体，生产自救，互助互济，辅之以国家必要的救济和扶持"。我国的救灾方针虽然在不同时期略有不同，但核心内容大致不变，核心精神是通过恢复和发展灾区生产来克服灾害带来的困难。这一核心精神符合我国国情和实际需求，为我国的灾害救助工作做出了指导，很大程度上减少人员伤亡和财产损失。

进入21世纪之后，国家把防灾减灾作为促进经济社会发展、维护社会稳定的重要环节，由原来的"辅之以国家必要的救济和扶持"转变为政府为主导。2006年，灾害救助工作方针调整为"政府主导、分级管理、社会互助、生产自救"。2010年《自然灾害条例》的发布，确立了政府主导、分级管理、灾民自救、社会互助等基本原则。2011年，《国家综合防灾减灾规划（2011—2015年）》印发，确立的基本原则包括"政府主导，社会参与；预防为主，综合减灾；统筹谋划，突出重点"等。

（二）我国灾害社会救助管理体制现状

经过较长时间的发展实践之后，我国的灾害救助已经形成了具有自己特色、符合我国国情的管理体制，具体可描述为统筹协调、属地管理、社会力量和市场参与、综合减灾、组织领导的管理模式。

1. 健全统筹协调体制

我国建立了完善统筹协调、分工负责的自然灾害管理体制，通过加强各种自然灾害管理全过程的综合协调，强化资源统筹和工作协调，充分发挥国家减灾委员会对防灾减灾救灾工作的统筹指导和综合协调作用，强化国家减灾委员会办公室在灾情信息管理、综合风险防范、群众生活救助、科普宣传教育、国际交流合作等方面的工作职能和能力建设。同时，统筹谋划城市和农村防灾减灾救灾工作。

2. 健全属地管理体制

我国救灾坚持以分级负责、属地管理为主的原则，进一步明确中央和地方应对自然灾害的事权划分。对达到国家启动响应等级的自然灾害，中央发挥统筹指导和支持作用，地方党委和政府在灾害应对中发挥主体作用，承担主体责任。省、市、县级政府建立健全统一的防灾减灾救灾领导机构，统筹防灾减灾救灾各项工作。地方党委和政府根据自然灾害应急预案，统一指挥人员搜救、伤员救治、卫生防疫、基础设施抢修、房屋安全应急评估、群众转移安置等应急处置工作。

3. 完善社会力量和市场参与机制

我国坚持鼓励支持、引导规范、效率优先、自愿自助原则，制定和完善社会力量参与防灾减灾救灾的相关政策法规、行业标准、行为准则，搭建社会组织、志愿者等社会力量参与的协调服务平台和信息导向平台。坚持政府推动、市场运作原则，强化保险等市场机制在风险防范、损失补偿、恢复重建等方面的积极作用，不断扩大保险覆盖面，完善应对灾害的金融支持体系。

4. 全面提升综合减灾能力

我国建立了全面提升综合减灾能力机制，强化灾害风险防范，建设各种灾害地面监测站网和国家民用空间基础设施，完善分工合理、职责清晰的自然灾害监测预报预警体系。完善信息共享机制，提升救灾物资和装备统筹保障能力，提高科技支撑水平，深化国际交流合作。

5. 切实加强组织领导

救灾工作中各地区各部门加强协调，统筹推进，对实施进度进行跟踪分析和督促检查，对实施过程中遇到的问题，及时沟通、科学应对、妥善解决。各地区发挥主动性和创造性，因地制宜，积极探索，开展试点示范，积累改革经验，推动防灾减灾救灾体制机制改革逐步有序深入。

三、我国灾害社会救助管理取得的成就

我国是世界上灾害发生频率较高的国家之一，改革开放以来我国重大灾

害频发，这些灾害给国家和政府以及人民带来了重大的生命财产损失，与此同时也增强了我国应急处理和防灾减灾的能力。在党和政府的领导下，我国的灾害救助管理体系取得了新的进展，科技水平大幅度提高提供了支撑能力，并且我国积极参与国际减灾合作，获得了突出的发展成就。

（一）防灾救灾机制建设获得新突破

我国合理划分中央政府与地方政府的事权，建立了四级救灾应急响应机制；构建了国家减灾委员会成员各单位参加的灾害会商和信息共享机制；完善了以抢险救灾、医疗救助、灾害救助和救灾捐赠为基本内容的灾害应急动员机制。地方各级政府及相关部门建立了应急响应机制，逐步形成了"党委领导、政府主导、军地协同、条块结合、全社会共同参与"的工作格局，防灾救灾的各项机制得到不断建设。

（二）应急预案体系建设取良好发展

经过较长时间的实践证明，应急预案是应对突发灾害的有效管理工具。2005年，国务院制定了《国家突发公共事件总体应急预案》，同年民政部编制的《国家自然灾害救助应急预案》颁布。2008年，民政部发布了《关于加强自然灾害救助应急预案体系建设的指导意见》，由此加强各地级市应急预案的建设，标志着自然灾害救助应急预案体系基本建立。随后，各级政府和机构加强了应急预案的演练，让灾害救助的相关人员可以更加了解预案的内容，熟悉预案的操作流程，同时也有利于提前发现灾害救援中可能出现的问题，并进行不断地改进。我国逐步形成"一案三制"应急管理体制，"一案"是指制定修订应急预案，"三制"是指建立健全应急体制、机制和法制。

（三）灾害救助水平不断提高

从中央到地方政府，各相关机构不断完善救灾物资储备网络，从科学的角度规划和建设救灾物资储备库，尽可能多地储备物资以应对突发情况，扩大储备库的覆盖范围，不断补充类型丰富、种类繁多、方便耐用的储备物资，提高物资的调配效率和资源利用水平，加强统筹能力，为有效应对自然灾害、保障受灾群众基本生活提供有力支持。

（四）灾后恢复工作更加科学有序

灾害恢复工作是必须重点关注的工作，不仅涉及灾民是否有生存发展的空间，也是经济增长发展的基础。民政部于2004年颁布了《灾区民房恢复重建管理工作规程》，2011年颁布《因灾倒塌损坏住房恢复重建补助资金管理工作规程》，按照科学指导、统筹进行、合理规划、协调发展的原则，进行灾害恢复重建工作，加强重建基金管理，提高重建进度的效率和资金使用效率。2008年汶川地震的恢复重建工作中，我国还创造性地采取了"对口救援"工作，并应用于之后的重大灾害事故当中。

本章小结

灾害是指由自然变异、人为因素等原因所引发的对人类生命财产和生存条件造成的危害。灾害可以分为自然灾害和人为灾害。作为社会救助制度之一的灾害救助具有应急性、临时性、无偿性、多样性和不确定性等特征。面对各种突如其来、不可预计的灾害，美国、日本等依托现代科学技术的进步，建立了一套较为完整的灾害预警、防范和应对系统。我国的灾害社会救助经历了不断发展和完善的过程，遵循"政府主导，社会参与；预防为主，综合减灾；统筹谋划，突出重点"的方针，形成了统筹协调、属地管理、社会力量和市场参与、综合减灾、组织领导的管理模式。我国灾害社会救助取得了不错的成效，防灾救灾机制建设获得新突破，应急预案体系建设取得良好发展，灾害救助水平不断提高，灾后恢复工作更加科学有序。

复习思考题

1. 什么是灾害及灾害社会救助？灾害社会救助有何特征？
2. 美国灾害社会救助体系的特点是什么？

3. 日本的灾害社会救助管理体系包括哪几部分？

4. 我国灾害社会救助方针的内容是什么？

5. 我国灾害社会救助管理体制的现状？

6. 试述我国灾害社会救助管理的发展成就。

拓展阅读

1. 国家自然灾害救助应急预案

2024年，国务院办公厅发布《国家自然灾害救助应急预案》，本预案根据突发事件总体应急预案、突发事件应对有关法律法规以及各种自然灾害应对法律法规编制，目的是建立健全自然灾害救助体系和运行机制，提升救灾救助工作法治化、规范化、现代化水平，提高防灾减灾救灾和灾害处置保障能力，最大程度减少人员伤亡和财产损失，保障受灾群众基本生活，维护受灾地区社会稳定。本预案适用于我国境内遭受重特大自然灾害时国家层面开展的灾害救助等工作。

2. 国家统计局.国民经济和社会发展统计公报［EB/OL］.

国民经济和社会发展统计公报是国家统计局发布的官方文件，用于总结和报告一个国家在一定时期内的经济和社会发展情况。这份公报包含了大量的统计数据，涵盖了社会保障、环境和应急管理、卫生健康和体育等多个方面的信息，为政府决策提供了重要的参考依据，同时也为国内外的研究者和公众提供了了解国家经济发展状况的窗口。

案例讨论

坚决打赢防汛抗洪救灾这场硬仗

2024年我国气候年景偏差，强降雨过程多、历时长，江河洪水发生早、发展快，一些地方反复遭受强降雨冲击，防汛抗洪形势严峻复杂。习近平总书记高度关注各地雨情、汛情、灾情，多次第一时间作出重要指示，强调"千方百计搜救失联被困人员，妥善安置受灾群众""细致排查周边安全隐患，严防次生灾害""加强巡堤查险，及时发现并第一时间处置险情"。总书记的重要指示精神，深刻体现了以人民为中心的发展思想。各地要排除一切困难、尽一切努力，最大限度减少灾害影响，切实保护好人民群众生命财产安全。

在我国"七下八上"防汛关键期，长江等流域防洪峰、防决堤、排内涝压力不减，黄河、淮河、海河、松辽流域有可能发生较重汛情，再叠加台风进入活跃期，防汛形势更加严峻复杂。各有关地区、部门和单位要切实落实好习近平总书记的重要指示要求，把"人民至上、生命至上"理念贯穿到工作的方方面面，始终绷紧防汛抗洪这根弦，牢牢把握工作主动权，坚决打赢防汛抗洪救灾这场硬仗。

资料来源：央视评论员《坚决打赢防汛抗洪救灾这场硬仗》，央视新闻，凤凰网，2024年7月27日。

思考题：结合案例谈谈社会力量在我国灾害社会救助工作中发挥了哪些作用？

第十一章

专项社会救助

◇ **学习目标**

通过本章学习，熟悉专项社会救助的含义、对象、形式，掌握医疗社会救助、教育社会救助、住房社会救助、法律社会救助、流浪乞讨人员救助等基本知识与理论。

党的二十大报告中指出："紧紧抓住人民最关心、最直接、最现实的利益问题""健全分层分类的社会救助体系"。习近平总书记强调，"人民对美好生活的向往就是我们的奋斗目标"，这一核心思想指明了社会救助工作的方向和目的，通过构建全面、公平、可持续的社会保障体系，确保每个人在遇到困难时都能得到必要的帮助和支持，使全体人民共享发展成果，我国各项专项救助制度则是这一发展目标的具体实践。

第一节　专项社会救助概述

一、专项社会救助的含义

专项社会救助是针对特定困难群体或特定问题而设立的专门性救助措施，包括医疗社会救助、教育社会救助、住房社会救助、法律社会救助、流浪乞讨人员救助等。专项社会救助具有明确的对象和针对性，旨在解决特定群体或个人面临的紧急和特殊困难。专项社会救助不仅包括经济援助，还包括物资支持、服务提供等多种形式，目的是帮助困难群体渡过难关，实现基本生活保障。专项社会救助在社会保障体系中占据重要地位，体现政府和社会对弱势群体的关爱和责任，能够有效缓解受助对象的困境，提高他们的生活质量。

二、专项社会救助的申请与实施

（一）专项社会救助申请流程

不同类型的专项社会救助有不同的申请流程。一般来说，申请人需要提交相关证明材料，如收入证明、疾病诊断书等，通过社区、街道办事处或相关部门审核和评估。评估标准包括申请人的经济状况、疾病严重程度、家庭结构等，审核过程通常包括现场核查、信息比对和社会公示等环节，确保每一笔救助资金都能发挥最大效益。审核通过后，救助资金或物资会发放给受助者。

（二）专项社会救助实施机构

专项社会救助的实施机构包括政府部门、非政府组织和社区等。政府部门负责政策制定和资金拨付，非政府组织和社区在政策实施中发挥辅助作用，确保救助措施落实到位。例如，民政部门负责低保家庭的救助工作，卫生部门负责医疗救助的实施，教育部门则负责助学金和奖学金的发放。此外，红十字会、慈善机构和社区服务中心等非政府组织和社区在专项救助中提供多种形式的援助服务。

三、专项社会救助的资金来源

（一）政府拨款

专项社会救助的主要资金来源是政府拨款。中央和地方政府每年会在预算中安排一定比例的资金用于专项救助，确保救助工作的持续开展。例如，国家财政每年会安排一定的医疗救助专项资金，用于帮助贫困患者支付医疗费用；地方政府也会根据实际需求，安排一定的专项资金用于教育、住房和就业救助。这些资金的合理使用和有效管理，是确保专项救助顺利开展的重要保障。

（二）社会捐助

社会各界的捐赠也是专项救助的重要资金来源。企业、个人、慈善机构等通过捐款、物资捐赠等方式支持专项救助，弥补政府资金的不足。例如，企业会向困难群体伸出援手，个人通过慈善基金会或公益组织，向贫困家庭和困难群体提供帮助。社会捐助不仅可以增加专项救助的资金来源，还能促进社会各界对困难群体的关注和支持，形成良好的社会氛围。

（三）国际援助

国际组织和外国政府也在专项救助中提供一定援助。通过国际合作，提升专项救助的水平和效果。例如，国际红十字会、联合国儿童基金会等国际组织，通过项目合作、资金支持和技术援助等方式，帮助各国开展医疗救助、教育救助和灾害救助等工作。此外，一些发达国家通过政府间合作或民间组织提供专项援助，支持各国的救助事业发展。

四、专项社会救助面临的挑战与未来发展方向

（一）专项社会救助面临的挑战

1. 专项救助资金难以充分满足救助需求

随着社会经济发展和人口老龄化加剧，困难群体的数量和救助需求不断增加，但政府和社会资金支持却难以跟上需求增长。政府预算中用于专项救助的资金虽然在逐年增加，但相对于实际需求仍显不足，尤其是在经济发展较为滞后的地区，救助资金的筹集更为困难。此外，资金使用效率也影响救助效果，一些地方存在资金使用不当、救助资金被挪用或浪费的现象，导致有限资源没有发挥应有作用。

2. 救助覆盖面有限难以覆盖部分困难群体

农村和边远地区的救助信息传播渠道不畅，许多困难群体甚至不知道如何申请救助或不知道自己有资格申请救助。这些地区的基础设施和公共服务相对落后，救助资源的分配和管理也存在诸多困难。此外，由于城乡发展不平衡，农村和城市的救助资源配置存在明显差距，农村地区的困难群体在享受救助待遇方面处于明显劣势。

3. 救助政策执行效果需要进一步提升

在一些经济发达地区，政府能够提供较为丰厚的救助资金和完善的救助服务，而在经济欠发达地区，救助标准较低，救助项目也较为单一。此外，由于各地在执行救助政策时实际操作细节不同，导致救助效果参差不齐。信息不对称的问题同样严重，由于救助对象信息不透明，救助资金的发放情况难以监督，导致一些不符合救助条件的人得到了救助，而真正有需要的人却被排除在外。

（二）专项社会救助的发展方向

1. 完善社会救助法律法规

通过完善法律法规，明确各类专项救助的实施细则，提高救助工作的规范性。例如，可以通过制定和修订相关法律法规，明确救助对象、救助标准和救助程序，确保各类救助工作有法可依、有章可循。

2. 拓宽救助资金筹集渠道

通过多渠道筹集资金，扩大救助覆盖面。政府可以通过财政预算安排更多的专项资金，同时积极吸引社会捐赠和国际援助，增加专项救助的资金来源。还要建立公开透明的救助信息平台，确保救助的公平和高效。例如，可以通过互联网和媒体公开救助信息，接受社会监督，确保救助资金都能透明、公正地使用。

3. 提高救助工作的专业性和服务质量

通过加强救助人员的培训和管理，提高救助工作的专业性和服务质量。建立健全救助评估和反馈机制，及时了解和解决救助过程中存在的问题，不断改进和完善救助措施。例如，可以通过定期开展救助效果评估，了解救助对象的实际需求和救助措施的效果，及时调整和优化救助政策。

第二节　医疗社会救助

一、医疗社会救助的含义

医疗社会救助是由政府从财政、政策和技术上，为贫困人群中的疾病患者提供某些或全部基本的医疗健康服务，以改善贫困人群健康状况的一种社会救助项目。医疗社会救助是医药卫生体制的重要组成部分，其本质是通过转移支付实现不同人群和地区之间卫生资源的公平分配，保障贫困人口卫生服务利用的机会公平和结果公平。医疗救助在我国基本医疗保障体系中承担着"托底"作用，能维持劳动力再生产，合理分配医疗卫生资源，维护社会稳定。

二、医疗社会救助的对象和方式

（一）医疗社会救助的对象

医疗社会救助水平一般以政府财力可承担的医疗救助费用确定，通常采用客观经济指标评估法和参与性评估法来确定医疗救助对象。前一种方法是依据经济收入或支出作为判断是否贫困以及贫困程度的标准。后一种方法考虑被救助者的意见和观点，使贫困者对自身医疗服务需求做出评价，加强医疗救助对象确定的客观性[①]。无论采用哪种方法，都应注意以下问题：第一，比例问题。经济条件相对较差的地区救助对象比例应该高一点；第二，性别公平性。对更具有脆弱性的妇女、女孩、女婴，应当考虑其特殊要求；第三，量入为出。应当以能够提供的财政能力及救助资金总量为基础和前提，确定救助对象数量。

（二）医疗社会救助的方式

医疗社会救助有以下几种形式：一是对医疗社会救助对象的医疗费用进行一定比例的减免或完全减免。二是设立一定资金，专款专用。三是行会、工会等社会组织对会员进行互济互助，经费来自该组织的储备金，或者是从单位福利费、工会经费、个人缴费提取一定比例。四是社会或慈善组织为病贫人员组织开展义诊、义捐和无偿医疗活动。

医疗费用减免是医疗社会救助的基本形式。符合医疗救助条件者，在公立医院看病时，凭救助证可享受一定比例的医疗费用减免。医疗服务的成本由公立医院和医疗社会救助资金分担。国家对公立医院有较大的资本投入且免税，因此公立医院应当承担部分社会责任来体现其公益性。

三、国外的医疗社会救助制度

（一）英国的医疗社会救助制度

英国的医疗救助制度以国家健康服务为核心，通过多种方式为经济困难和特定需求人群提供医疗援助，确保每个公民都能获得适当的医疗支持。

---

① 张锐智,任潇.论我国医疗救助托底功能的制度逻辑[J].辽宁师范大学学报(社会科学版),2024,47(1):52-56.

1. 免费和减免费用的医疗服务

国家健康服务的基础理念是为所有英国居民提供免费医疗服务。低收入家庭可以获得全面的免费医疗服务，包括全科医生就诊、住院治疗、手术和药品等。处方药费用在特定情况下也可以减免或豁免。此外，国家健康服务还为低收入家庭提供免费的牙科和眼科检查及相关治疗，确保他们能够得到全面的健康照护。

2. 针对特定疾病和特殊需求的医疗救助

国家健康服务设有专门的项目，为患有特定疾病或有特殊需求的患者提供额外的医疗救助。例如，癌症患者可以获得免费的治疗和护理支持，包括药物、心理支持和康复服务。长期慢性病患者能够享受持续的管理和支持，减轻经济负担并确保持续的医疗照护。

3. 社区和地方政府的医疗救助

英国的地方政府和社区组织作为国家健康服务的补充，为特定人群提供医疗救助。这些地方项目针对老年人、残疾人和无家可归者等，提供包括医疗检查、疫苗接种、心理咨询和康复治疗等服务。例如，地方政府为无家可归者设立专门的医疗中心，提供免费的医疗检查和紧急护理，帮助他们改善健康状况。

4. 紧急医疗救助和健康福利卡

紧急医疗服务由国家健康服务提供，任何人在紧急情况下都可以拨打紧急电话获得快速的医疗救助，包括救护车服务和急诊治疗。对于低收入和特定需求群体，国家健康服务发放健康福利卡，持卡人可以享受多项免费或减免费用的医疗服务，如免费处方药、牙科治疗和眼科检查。

（二）德国的医疗社会救助制度

德国的医疗社会救助制度结合法定医疗保险和社会福利系统，为经济困难和特定需求人群提供全面的医疗支持。

1. 法定医疗保险的救助功能

法定医疗保险覆盖大约90%的德国居民，为低收入家庭和经济困难人群提供多种医疗救助措施，包括免费或减免费用的门诊治疗、住院治疗、处方药和康复服务。对于无法支付医疗保险费用的人，社会福利办公室提供直接的医疗救助，确保他们能够获得必要的医疗服务。

2. 针对特定人群的医疗救助

德国为特定人群，如无家可归者、难民和申请庇护者提供专门的医疗救助服务。无家可归者可以通过社会福利办公室和慈善组织获得免费医疗检查、治疗和紧急护理服务。难民和申请庇护者在德国期间，通过社会福利系统获得必要的医疗支持，确保他们的健康需求得到满足。

3. 长期病患和残疾人的持续医疗支持

对于长期病患和残疾人，法定医疗保险和社会福利系统提供持续的医疗支持和护理服务，包括免费的药物、医疗设备和康复治疗。重度残疾人可以申请个人助理服务，帮助他们进行日常生活活动和医疗管理，确保他们的健康和生活质量。

4. 药品和医疗设备的补助及紧急医疗救助

德国政府为低收入家庭提供药品和医疗设备的补助，确保他们能够持续接受必要的治疗。例如，糖尿病患者可以免费获得胰岛素和血糖监测设备。紧急医疗服务体系确保所有居民在紧急情况下都能获得及时的医疗救助，包括现场急救和急诊治疗，所有费用由医疗保险或社会福利系统承担。

5. 儿童、青少年和老年人的医疗救助

德国为儿童、青少年和老年人提供一系列医疗救助服务，包括免费疫苗接种、健康检查、牙科护理和心理健康支持。对于患有严重疾病或残疾的儿童和老年人，法定医疗保险和社会福利系统提供专门的治疗和康复服务，确保他们的健康和发展得到全面保障。

四、我国医疗社会救助制度存在的问题及优化对策

（一）我国医疗社会救助制度存在的问题

1. "支出型贫困"成为制度新"盲区"

支出型贫困是指家庭成员出现重大疾病、突发事件等意外情况，导致家庭支出远远超过承受能力而造成的绝对生活贫困。这类家庭人均收入往往略高

于当地最低生活保障线，因此无法享受低保，处于社会救助的"夹心层"。

2. 无力看病群体凸显制度"短板"

我国现行的大病医疗救助，是"先保险、后救助"方式，实际是在基本医疗保险基础上的"二次报销"，那些没有参保或无力就医的困难群体，无法做到"先出钱看病，再申请救助"，使得这些最需要救助的群体可能得不到救助。

3. "医疗救助保险化"问题突出

现行医疗救助制度参照医疗保险制度设计，规定了起付线、封顶线和救助比例，在实施中存在封顶线过低、救助病种范围较窄、用药目录范围窄、异地就医限制多等问题，层层限制将一些困难群众卡在了救助大门之外。

4. 资金来源严重不足

目前，我国符合医疗救助条件的救助人数已近亿人，而救助对象人均筹资却不足200元，只够一次门诊医疗费用，医疗救助筹资总量和贫困人群实际需求之间的缺口在未来几年内将更为明显。

5. 救急难问题突出

当前我国流动人口数量极为庞大，许多打工者不愿意回原籍申请救助，而是在当地向新闻媒体和社会请求"求助"，如何使流动困难群众"求助有门、受助及时"，成为"救急难"的新课题。

6. 重特大疾病患者基数大

按照现行政策，医疗救助对象包括低保、五保对象、低收入重病患者、重度残疾人以及低收入家庭老年人等，这些群体的人口数量庞大，患病家庭的经济负担较重。

（二）优化我国医疗社会救助制度的对策

1. 建立灵活的救助机制

针对支出型贫困家庭，应建立更加灵活的救助机制，不仅依据家庭收入判断其是否符合救助条件，应综合考虑家庭支出、债务负担和突发事件等因素。通过建立动态评估机制，及时调整救助政策，确保真正有需要的家庭能够得到救助。对于因重大疾病或意外事件导致的支出型贫困，政府可以推出专项救助计划，提供临时性财务援助或医疗费用减免，帮助这些家庭渡过难关。

2. 扩大基本医疗保险覆盖范围

通过政策调整，降低参保门槛，扩大基本医疗保险的覆盖范围，尤其是对于边远地区和贫困人口，确保他们能够得到基本的医疗保障①。适当提高医疗救助的封顶线，扩大救助病种范围及用药目录范围，使更多的困难群众能够从中受益。同时，对于重大疾病的救助比例应有所提高，减轻患者家庭的经济压力。

3. 简化异地就医救助流程

简化异地就医的救助申请流程，提高审批效率，确保困难群众在异地就医时也能及时得到救助。对于异地就医的救助政策应实现全国范围内的互认互通。增设急难救助通道，对于突发重病或重大意外的困难群体，应增设急难救助通道，实行快速审批流程，确保患者能够在最短时间内获得必要的救助。

第三节　教育社会救助

一、教育社会救助概述

（一）教育社会救助的含义

教育社会救助是指国家、社会团体和个人为保障适龄人口获得接受教育的机会，从物质和资金上对贫困地区和贫困学生在不同阶段所提供的援助。

关于教育社会救助对象有"教育弱势群体""教育困境者"等不同说法。相较而言，教育困境者揭示了教育救助对象的身份和属性，无论是残障学

---

① 宋云鹏著.政策试点机制研究：基于医药卫生领域的考察[M].北京：社会科学文献出版社，2023：95.

生、贫困家庭学生、女性学生、流动人口子女、少数民族地区学生，以及其他可能在教育方面处于困境的成年人都属于教育困境者，都有权利享受教育救助。

（二）教育社会救助的特点

1. 间接性

教育社会救助的间接性主要体现在两个方面，一是教育社会救助往往不是直接对困难学生进行救助，而是对这些困难学生的家庭进行补贴或学费减免。二是教育社会救助往往是间接进行经济援助，包括书杂费的减免，提供勤工助学的机会以及提供贷款等。

2. 连续性

教育救助往往不是一次就能完成，因为学生的受教育是一个持续过程，困难学生的家庭经济状况在短期内也不可能出现根本好转，因此教育救助常常是一个持续过程，对困难学生的援助是分阶段进行的。

3. 多样性

教育救助的多样性体现在形式方面。从不同阶段来看，可以分为初等教育和高等教育社会救助；从救助的不同程度来看，可以分为直接救助和间接救助，直接救助包括学费直接减免和提供助学金，间接救助主要体现在高等教育救助中提供勤工助学机会及申请贷学金。

二、国外的教育社会救助制度

（一）美国的教育救助计划

美国的教育救助制度主要由联邦学生资助办公室负责，这是美国教育部的一个机构，也是美国最大的学生财政援助提供者，援助形式包括助学金、助学贷款和勤工俭学的工作机会。

美国的助学金来源极为广泛，许多政府部门、学院、大学或公共和私人信托基金都会为无力支付学费的学生提供助学金。其申请流程和审核标准也根据提供资金的机构不同而各有差异，一般依赖于学生通过资助办公室提交的数据，基于学生的经济需求、学业成本和入学状态而定。助学金是学生不需偿还的财政援助，主要针对本科生。

教育贷款是学生（或家长）为支付教育费用而发放的贷款，包括联邦学生贷款、联邦家长贷款、私人贷款和合并贷款，其中以联邦学生贷款为主体。联邦学生贷款直接面向学生，学生直接作为贷款主体和责任人，通常利率较低，不需要信用检查或任何其他类型的抵押品。学生贷款提供各种各样的延期计划，以及延长还款期限。美联邦还允许学生父母为子女申请学生贷款以覆盖学业费用，并负责贷款偿还。

勤工俭学计划是经济援助的一种形式，帮助学生在通过工作获得学业资金的前提下尽可能寻找校内的工作岗位。

由于通货膨胀、高等受教育者比重不断增加等原因，美国的教育财政援助系统存在债务负担过重、财政援助的复杂性和可及性问题，可能导致一些符合条件的学生未能申请或利用可用的资源。

（二）日本的免费教育制度

日本的教育制度以免费、高质量为发展目标，在进入老龄化社会后进行了多次改革，形成了当前的教育体系。

日本于2020年以年收入未满590万日元的家庭为对象，实施私立高中学费实施减免措施。该政策对于家庭收入未达到最低纳税标准家庭的子女，实施上学免费。对相对低收入家庭按家庭情况发放教育补贴。

日本于2020年4月开始，对于家庭条件较差的子女，依据其本人的学习意愿而不是高中成绩作为判断标准，减免其学费并发放奖学金。入学后会要求学生的学习表现（如GPA等平均成绩），若未能达到标准，则将停止补助奖学金。就读于国立大学的减免对象无需向学校缴纳学费。就读于私立大学的减免对象，则参考一般标准学费金额作为减免上限。另外设立给付型奖学金，由学校财政部门直接将奖学金汇给各补助对象，以应对日常生活开销。同时要求各学校设置贫困学生救济部门，根据学生诉求和实际情况进行灵活救助。

三、我国的教育社会救助制度

（一）我国教育社会救助制度的内容

1. 义务教育阶段贫困学生的"两免一补"

义务教育"两免一补"是指对农村义务教育阶段家庭经济困难学生和城市低保家庭学生免费提供教科书、免杂费并逐步补助寄宿生生活费的一项政策。近年来，"两免一补"对象不断扩大，突破了原来贫困家庭的范围，一些地方所有农村和城市中小学生免除书费并全面实施"两免一补"。

2. 高校和中职贫困学生的"奖、贷、助、补、减"

国家奖学金是中央政府对家庭经济困难、品学兼优的全国普通高等学校全日制在校本专科生提供无偿资助，目的在于帮助家庭经济困难学生顺利完成学业。助学贷款是由政府主导、财政补息、财政和高校共同给予银行一定风险补偿金，银行、教育行政部门与高校共同操作，专门帮助高校贫困家庭学生的银行贷款。勤工助学是高校组织学生参加校内外的助教、助研等生产活动和后勤服务及各项公益劳动，学生从中取得相应报酬的助学活动。特别困难学生补助是国家为保证经济特别困难学生顺利完成学业而给予学生的专项补助。普通高等学校中部分学生因经济条件所限，缴纳全部学费有困难，为使这部分学生不因此影响学业，在收取学费的普通高等院校中，对困难学生实行减免政策。

3. 经常性补助政策

2003年我国颁布相关政策文件，动员全社会开展多种形式的经常性助学活动，充分发挥各类基金会以及"希望工程""春蕾计划""山区女童助学计划"和"西部开发助学工程"等社会公益项目在经常性助学活动中的作用。经常性助学活动捐助资金优先资助家庭经济困难学生和残疾学生，适当兼顾其他困难学生。

（二）我国教育社会救助存在的问题

1. 救助资金短缺

虽然教育社会救助的财政支出总规模不断增加，但仍存在相对规模不足、结构失衡的状况，尤其体现为农村教育救助资金不足，阻碍着我国教育事业的发展。

2. 救助程序缺乏规范

教育救助措施缺乏长远规划，临时性资助色彩浓厚，也没有上升到法规层面，对救助教育弱势人群作用有限。此外，缺乏强有力的教育救助保障机制，很难确保救助政策落实到位。

3. 救助对象界定不清

由于缺乏非常明确而统一的救助对象界定标准，一些地方仅凭借个人感情或关系随意确定救助对象，导致"应救未救"现象发生，还有一些救助对象的认定不真实。

4. 救助方式较为单一

当前的救助方式主要集中在经济救助方面，忽略了对救助对象心理、教育和设施方面的综合援助。经济救助虽然能在一定程度上缓解家庭经济困难，但单一的经济支持无法全面解决救助对象面临的问题。

（三）完善我国教育社会救助的对策

1. 建立教育救助资金来源的长效机制

在逐步加大财政投入的同时，应拓宽资金渠道，建立稳定、可靠的救助资金保障机制。为此，可通过提高教育救助财政预算比例、征收教育税、发行教育彩票、发展民间救助等方式来实现这一目标。

2. 建立良好的教育救助运行机制

建立教育救助信息网络平台，对救助对象的基本情况及领取教育救助金的实际情况进行动态管理。此外，财政、教育、民政等相关教育救助政府部门应建立顺畅的信息沟通渠道，实现多部门分工与协作，使教育救助的效益达到最大化[①]。

---

① 王桑成，刘宝臣.构建更加积极的教育救助:社会投资理论的启示[J].社会保障研究，2019(01):44-50.

3. 合理确定教育救助对象

出台相应政策规定不同阶段教育救助对象的资格，在受救助资格认定之后通过网络信息平台对教育救助对象实行动态跟踪，确保教育救助资金不沦为大锅饭。

4. 实行多样化的教育救助方式

救助不仅限于经济救助，应根据不同地区、不同救助对象采用不同的救助形式，包括心理或行为救助、教育师资援助、教学设施援助等。

第四节　住房社会救助

一、住房社会救助的含义

（一）住房社会救助的概念

住房社会救助是政府向低收入家庭和其他需要保障的特殊家庭提供现金补贴或直接提供住房的一种社会救助项目。住房救助与住房保障既有联系又有区别，二者是"兜底线"与"保基本"的关系：住房保障是"保基本"，覆盖面相对较宽；住房救助是"兜底线"，覆盖面比住房保障范围小，需要住房救助的人较少。因此，住房救助可以看作住房保障的一种特殊类型。住房救助不仅能避免低收入家庭陷入弱势循环，还是体现社会公平、维持社会稳定的重要因素。

（二）住房社会救助的对象

住房社会救助对象主要是住房弱势群体。住房弱势群体主要有以下特征：第一，他们的居住水平处于社会居住水平以下，生活水平在当地最低生活保障线以下，不足以支撑他们在购房甚至租房上进行正常消费。第二，他们无法在一定时间内依靠自己的力量改变无房、危房、拥挤、共用等住房弱势状况。第三，他们在社会、政治生活中也往往会处于弱势地位，无法动用自己掌握的资源去提高自身竞争力、创造经济利益。

二、住房社会救助的方式

（一）廉租房

廉租房是由国家出资建设规格适当、设备齐全的住房，以低廉的、可以被接受的方式向住房困难个体或家庭提供，保障其住房达到社会最低生活标准。廉租房资金来源以财政预算为主，遵循多种渠道筹资的原则，包括地方财政年度预算、住房公积金增值收益、土地出让净收益等。

廉租房政策在供应、准入和控制机制方面，面临过于依赖政府主导、房源紧张、保障对象狭窄、分配不公平、资金来源不确定、监管机制相对滞后等问题。为此，可以明确各级政府责任、引入市场机制、扩大对象覆盖面、扩大房源供应渠道、完善公众参与监督机制等来完善我国廉租房制度。

（二）经济适用房

经济适用房是以行政划拨土地，享受政府优惠政策，以保本微利为原则，面向中低收入职工家庭的普通商品房。经济适用房是住房制度改革的产物，具有经济性和适用性的特点，经济性是指住房的售价能够适应中低收入家庭的经济承受能力；适用性是指住房设计标准和建设质量标准适应居住发展要求。

经济适用房政策存在供给短缺、政策对象认定困难、监管机制不完善等问题，为此，应当设置专门机构独立运作，统筹资金、土地规划等。

（三）公共租赁房

公共租赁房是在廉租房和经济适用房模式基础上创建的一种政策性的、保障性的住房，其目的是解决城市中那些没有能力购买商品房、又不够条件购买经济适用房和租廉租房的中低收入家庭住房难题。它是政府提供政策支持，通过专业机构采用市场机制运营，根据基本居住要求限定住房面积和条件，按略低于市场水平的租赁价格向规定对象供应的保障性租赁住房。

三、国外的住房社会救助制度

（一）新加坡的住房社会救助

20世纪60年代，为解决住房短缺问题，新加坡政府成立房屋发展局，标志着公共住房政策的开始。房屋发展局成立的目标是通过大规模的住房建设项目，在短时间内提供大量负担得起的住房，以满足日益增长的需求。

新加坡作为多民族融合的国家，其住房救助制度着重考虑各民族和不同阶层国民的住房需求，其住房救助措施较为丰富多样。房屋发展局为符合条件的低收入家庭提供各种财政补贴，以降低购买或租赁公共住房的成本。对于那些无法负担购房成本的低收入家庭和个人，房屋发展局提供租赁援助计划，为他们提供低租金的住房选项。对于急需住房但正在等待公共住房分配的家庭，新加坡政府提供临时住房援助，为家庭提供短期住房解决方案，帮助他们渡过难关。房屋发展局还为无家可归者、家庭暴力受害者或其他紧急情况下需要住房援助的人提供特殊支持和快速通道。

（二）德国的住房社会救助

德国的住房补贴制度旨在通过财政援助支持低收入家庭和个人，以确保他们能够负担得起安全且适宜的居住环境。该制度反映了德国通过国家干预来缓解市场失灵，特别是在住房市场中。德国住房补贴的形式包括住房补贴和取暖费用补贴，分别针对不同受益群体，并在不同的法律和行政规章下实施。

德国政府针对低收入家庭和个人提供的住房补贴，目的是降低他们的住房成本负担，其受益群体包括低收入全职工作者、退休者、学生和失业者，资格审核基于申请者的收入水平、家庭规模以及居住地区的标准租金。此外，申请者的住房成本也会被考虑进补贴范围内。申请者还必须拥有在德国的合法居住权，并且未接受某些类型的社会福利补助。住房和取暖费用补贴是德国社会保障体系中另一个关键组成部分，旨在为接受社会救助的低收入人群提供住房和取暖费用的支持，其核心目标是确保所有人，尤其是社会最脆弱的成员都能够负担得起适宜的居住条件。

四、我国的住房社会救助制度

（一）我国住房社会救助制度的发展

我国的住房社会救助制度起源于20世纪90年代初，随着住房市场化改革的深入，住房分配由原来的福利分配逐步转向市场分配。在这一转变过程中，政府逐渐意识到需要通过一系列政策来解决低收入家庭的住房问题，以确保社会的稳定和谐。1994年，国务院发布《关于深化城市住房制度改革的决定》，标志着我国住房制度改革进入一个新阶段。此后，我国陆续出台一系列住房救助政策，包括经济适用房、廉租房和公共租赁房政策等，这些政策在不同程度上缓解了低收入群体的住房压力。随着改革的推进，住房救助政策逐渐完善，政府在政策设计和实施上不断进行创新。2007年，国务院发布《关于解决城市低收入家庭住房困难的若干意见》，提出"保基本、广覆盖、多层次、可持续"的住房保障方针。随着城市化进程加快和经济发展水平提高，政府更加重视住房保障的多样化和精准化。2010年，《国务院办公厅关于加快保障性安居工程建设的若干意见》提出，大力推进保障性住房建设，特别是加快经济适用房、廉租房、公共租赁房和棚户区改造的步伐，满足不同收入阶层的住房需求。2013年，国务院发布《关于进一步加强城市和国有工矿棚户区改造工作的意见》，明确提出通过多渠道筹集资金，加大对棚户区改造的支持力度。近年来，随着国家对乡村振兴战略的推进，农村危房改造政策也逐步实施，帮助农村低收入家庭改善居住条件。

（二）我国住房社会救助制度存在的问题

当前，我国住房社会救助制度存在以下问题：一是住房保障立法层次低，缺乏统领和协调不同住房救助制度的法律。二是管理不到位，导致保障房目标定位错位、保障房资源浪费。政府没有成立专门的机构负责管理，导致违规现象时有发生。三是进入和退出机制尚不完善。在住房救助制度的进入和退出机制以家庭收入来衡量的情况下，一个家庭的收入难以精确计算，而且又是动态的，因此造成一定的衡量困难。四是保障性房源供应不足，主要原因在于地方政府缺乏积极性和建设资金来源不稳定。

第五节　法律社会救助

一、法律社会救助的含义

（一）法律社会救助的概念

法律社会救助是对因贫困及其他因素导致难以通过一般意义上的法律手段保障自身基本权利的社会弱者，通过减免收费、提供法律帮助的方式，实现其司法权益的一项法律保障制度。法律社会救助为世界各国普遍采用，该项制度能保障基本人权，体现法律平等和公正的原则，对实现社会公平、稳定社会起到重要作用。

（二）法律社会救助的对象与条件

关于法律社会救助的主体，尽管世界各国的规定不同，但从大体范围划分，主要包括对诉讼自然人救助和诉讼当事人的法人、企业等团体组织的救助。在我国，主要是对经济困难的自然人、当事人进行法律社会救助。个人是否具备申请并获得法律援助的条件包括三个方面：第一，经济条件。申请人的经济条件是否低到需要法律援助的程度，这是最基本的条件；第二，案情条件。要考虑申请人胜诉的概率高低是否值得援助；第三，国籍条件。一般国家都规定，除本国公民外，在境内居住时间超过一定期限的外国人也可以获得法律援助。

二、法律社会救助的主要形式

（一）司法救助

司法救助是人民法院对于民事、行政案件中有充分理由证明自己合法权益受到侵害但经济确有困难的当事人，实行诉讼费用缓交、减交、免交。原则上来说，司法救助费用应当由财政支出，政府成立司法救助专项基金，而不是由实施救助的法院来承担费用。我国现行司法救助制度具有以下特征：第一，司法救助的法律依据具有双重性，既有行政法规的规定，又有司法解释的规定；第二，司法救助的主体是各级人民法院；第三，司法救助的对象是民事、行政案件的当事人，其中缓交、减交诉讼费用的对象既可以是法人，也可以是自然人，而免交诉讼费用的对象只能是自然人；第四，缓交、减交诉讼费用分别适用于不同的情形；第五，适用司法救助需按照法律规定的程序进行。

（二）法律援助

法律援助是国家为贫困人员、残疾人等提供减费、免费的法律帮助，以保障其合法权益的社会公益性的法律制度。法律援助的资金来源主要有三种：一是政府财政拨款；二是法律援助基金，即接受国内外社会各界的赞助和捐助；三是专项提取，即从律师管理费或者公证管理费中适当提取。我国法律援助的三个专业实施主体是律师、公证员和基层法律工作者。

法律援助和司法救助的区别体现在以下几个方面：一是适用范围不同，司法救助仅适用于民事、行政案件的诉讼救助，而法律援助的适用范围更大，不仅包括民事、行政案件，还可适用于刑事案件；二是制度内容和形式不同，司法救助仅是实行诉讼费用的缓、减、免，而法律援助提供法律咨询、代刑事辩护等无偿法律服务，形式更加多样化；三是实施主体不同，司法救助只能由法院实行，而法律援助则需要组建专门的机构来实施，并由当地司法行政机构进行监督；四是接受主体不同，司法救助的接受主体是有充分理由证明自己合法权益受到侵害且经济确有困难的当事人，而法律援助的主体是经济困难或有特殊案件的当事人，后者的主体范围更大。

三、国外的法律社会救助制度

（一）英国的法律社会救助制度

英国的法律救助制度源于1949年颁布的《法律救助和咨询法》，该法案的通过标志着法律救助服务的制度化。这一制度的主要目标是确保经济条件不佳的人士能够获得法律服务，进而保障社会正义和公平。

英国法律救助的对象主要是经济条件较差的个人和家庭。为了确定是否有资格获得法律救助，英国设立了一套复杂的资格审查标准，主要包括申请人的收入和资产水平。此外，法律救助的范围也会根据案件的性质和复杂度进行调整。

英国法律救助服务主要由法律援助署负责管理和提供。法律援助署是隶属于司法部的一个机构，通过与各地律师事务所和法律服务提供者合作，为符合条件的申请人提供包括咨询、代理和诉讼支持在内的服务。英国还有许多非政府组织和慈善机构提供针对特定群体或案件类型的法律救助服务，如为儿童、难民、受家庭暴力影响的人士等特定弱势群体提供帮助，通过公共资金、私人捐赠和志愿服务等多元化资源，补充官方法律救助服务的不足。

近年来，英国法律救助制度面临诸多挑战，包括资金削减、服务需求增加和公众对法律救助可及性的担忧。为此，英国政府和相关机构采取一系列措施，如优化资源分配、推广在线法律服务、鼓励法律行业内的志愿服务等。此外，英国也在探索更有效的法律救助服务模式，如通过法律技术创新来降低服务成本和提高服务效率。同时，政府和非政府组织之间的合作也日益增强，共同致力于提高法律救助的质量和覆盖范围。

（二）美国的法律社会救助制度

美国的法律救助制度结合政府资助和私人慈善的力量，旨在为低收入群体提供必要的法律服务。这一制度不仅关注法律服务的可及性，还强调通过法律救助维护社会正义和平等的重要性。

美国法律救助的对象主要是低收入和弱势群体，包括但不限于贫困家庭、老年人、残疾人士、受家庭暴力影响的人士以及移民和难民。法律救助服务的提供者包括政府机构、非营利组织、律师协会以及众多志愿者律师。法律服务公司作为一个独立的非营利组织，由联邦政府资助，负责向全国各地的法律救助提供者分配资金。

此外，美国律师协会和无家可归者项目、各州和地方的法律援助办公室、专门从事特定法律问题（如移民法、家庭法）的非营利组织等在法律救助领域也发挥着重要作用。这些机构通过提供免费或低成本的法律服务，满足不同社区和人群的特定需求。

美国法律救助体系也存在资金不足、服务需求增加以及服务覆盖范围有限等问题。为此，许多法律救助机构正在探索新的服务模式和资金筹集途径，如利用技术开发在线法律咨询平台、增加志愿律师的参与、与私营部门合作开展法律救助项目等。此外，为了扩大服务的覆盖范围，美国法律救助机构也在努力提高其服务效率和可及性，通过社区教育和法律意识提升活动，增强公众对法律权利的认识和对法律救助资源的利用。

四、我国法律社会救助制度

（一）我国法律社会救助制度的发展

我国法律社会救助制度的发展历程反映了国家对保障公民基本权利、维护社会公平正义的不断努力。法律社会救助制度旨在为经济困难和特殊案件当事人提供法律帮助，确保其合法权益得到有效保护。我国的法律社会救助制度经过以下发展阶段：

1. 起步阶段（20世纪90年代）

我国的法律社会救助制度起步于20世纪90年代。1994年，司法部在北京、上海等地试点法律社会救助工作，初步建立法律社会救助的基本框架。这一时期的法律社会救助主要依靠法律援助中心和律师事务所，帮助经济困难的公民获得法律服务。1996年，《中华人民共和国律师法》颁布，明确规定律师在刑事案件中的法律社会救助义务，为法律社会救助制度的发展奠定了法律基础。

2. 立法和制度建设阶段（2000—2009年）

进入21世纪，法律社会救助制度逐步规范和完善。2003年，国务院颁布《法律援助条例》，标志着中国法律社会救助制度进入规范化、制度化的发展阶段。该条例明确了法律社会救助的对象、范围、程序和保障措施，规定政府应当建立健全法律社会救助机构，并确保法律社会救助工作的经费。法律社会救助的范围不仅限于刑事案件，还包括民事、行政等领域，涵盖婚姻家庭、劳动争议、侵权赔偿等各类案件。

3. 扩展和深化阶段（2010—2019年）

2015年，《中共中央关于全面推进依法治国若干重大问题的决定》提出，要完善法律社会救助制度，扩大法律社会救助覆盖面，降低援助门槛，确保困难群众都能获得及时有效的法律社会救助。此后，法律社会救助的对象范围不断扩大，包括农民工、老年人、残疾人、未成年人等特殊群体。2017年，全国人大常委会审议通过《关于加强和完善法律社会救助工作的决定》，进一步明确法律社会救助的地位和作用，强调政府对法律社会救助工作的领导和保障。

4. 现代法律社会救助制度的完善阶段（2020年至今）

2020年以来，中国法律社会救助制度不断完善和创新，形成覆盖城乡、惠及全民的法律社会救助网络。2021年，司法部发布《关于进一步完善法律社会救助制度的意见》，提出要优化法律社会救助服务流程，提高法律社会救助服务质量，推动法律社会救助信息化建设，实现法律社会救助工作的信息共享和业务协同。各地积极探索法律社会救助新模式，如建立法律社会救助热线、开展巡回法律社会救助、推进互联网+法律社会救助等，为广大群众提供更加便捷、高效的法律社会救助服务。

（二）我国法律社会救助制度存在的问题

1. 认知上存在偏差

法律社会救助的根本定位在于服务，但在实践中，救助人员往往存在观念上的偏差。他们需要以平等的身份、态度和思想去提供司法服务，并视之为应尽的社会义务，而不是以高姿态俯视贫弱群体。目前，一些救助人员尚未完全树立起这一观念，导致救助工作缺乏应有的同理心和尊重。这种观念上的偏差不仅影响法律社会救助的效果，也在一定程度上阻碍社会对法律救助工作的认同和支持。

2. 救助制度不完善

我国的法律社会救助制度在设计和实施上仍然存在诸多不完善之处。首先，救助标准不具体、不规范，使得实际操作中存在较大的随意性和不确定性。其次，外部配合保障机制不完善，司法救助与法律援助制度之间缺乏有效的协调与配合，导致救助资源不能得到充分利用。例如，在一些地方，法律援助机构和法院之间沟通不畅，导致法律援助申请和诉讼费减免申请处理效率低下，影响救助工作的及时性和有效性。

3. 运作管理不规范

法律社会救助的运作管理存在不少问题，首先，救助门槛被随意提高。法院为了自身利益，不愿意实行诉讼费减免，因此在可裁量的合法情况下提高救助门槛，使本应得到救助的当事人失去机会。其次，救助权利被滥用。一些不符合条件的人通过"人情救助"或地方保护获得救助，甚至有当事人通过非正当手段获取经济困难证明或通过上访、闹访迫使法院同意减免诉讼费用。再次，区域差距也是一个突出问题。经济较发达地区的救助范围和标准较高，而不发达地区则仅针对符合最低生活标准的当事人。最后，法律社会救助人才短缺问题尤为严重。现有救助队伍的数量和专业水平远不能满足需求，尤其是高层次法律社会救助工作者稀缺。这不仅导致大量需要救助的群体得不到及时有效的帮助，也使得现有的救助工作者超负荷工作，影响救助工作的质量和效果。

第六节　流浪乞讨人员社会救助

一、流浪乞讨人员社会救助的含义

（一）救助对象

流浪乞讨人员救助对象为因自身无力解决食宿、无亲友投靠，又不享受居民最低生活保障或者农村五保供养、正在城市流浪乞讨度日的人员。根据流浪乞讨者的主观意志，可分为被动行乞群体与主动行乞群体：被动行乞群体包含丧失基本谋生手段的人群和家乡遭遇灾害的难民人群；主动行乞群体则是由幕后人员操纵性组织的被迫行乞群体，以及本着经济效益最大化目标而主动行乞的群体。被动行乞群体是我国实施《救助管理办法》的主要服务对象，国家应制定相应的社会保障制度和救助制度，并在工作中确保其落实实施。对于谋求经济效益最大化而兴起的群体则应进行社会层面的道德谴责，同时对该群体背后可能存在的带有黑社会性质的集团进行剿灭。新的管理办法大致可以排除在城市中以经济效益最大化为目标，以及组织、利用他人行乞的主动行乞群体。

（二）受助人员的权利与义务

受助人员的权利表现为：一是获得协助救助的权利。流浪乞讨人员在获得正式救助前，享有获得公安机关以及其他有关行政机关协助予以救助的权利。二是获得救助的权利，内容包括获得基本生活条件、健康保障、免费获取救助、妥善安置等权利。三是人身自由不受限制的权利。对于受助人员，救助站实行的是来去自由的开放式管理。四是受助人员的财产权利不受侵害。五是受助人员的人格尊严不受侵犯。

受助人员在享受权利的同时，也需要承担相应的义务，分为救助前义务、救助中义务和救助结束义务。救助前义务主要是向救助站求助的流浪乞讨人员应当如实提供本人的姓名等基本情况，并将随身携带物品在救助站登记。救助中义务主要是受助人员应当遵守法律法规，对违反法律法规的受助人员将追究责任。救助结束义务主要体现在实施细则中，救助站已经实施救助或救助期满，受助人员应当离开救助站，对无正当理由不离站的人员应终止救助。

（三）流浪乞讨人员救助的原则

流浪乞讨人员救助遵循自愿、自主原则，他们可以自主选择去或者不去救助站求助，在救助站受助未达时限的情况下，可自愿选择是否离开救助站；在已经达到救助时限的情况下，求助者可以选择是否回到原住所地。

二、流浪乞讨人员救助的内容

（一）为受助人员提供能够满足基本健康和安全需要的食物

救助站应为受助人员提供营养均衡且安全的食物，确保他们的基本健康需求得到满足。特别是对于身体虚弱或有特殊营养需求的人员，救助站应提供适合其健康状况的食物。例如，为患有糖尿病的受助人员提供低糖食品，为老年人和儿童提供易于消化的食物。此外，食品的卫生安全也至关重要，所有食品应符合国家食品卫生标准，避免食物中毒或其他健康问题。

（二）为受助人员提供符合基本条件的住处

救助站应为受助人员提供安全、干净、温暖的居住环境，确保他们在站内的基本生活条件。居住环境应包括床铺、被褥、洗漱用品等基本生活必需品，并定期进行清洁和消毒，防止疾病传播。对于特殊人群，如孕妇、残疾人和老年人，救助站应提供符合其特殊需求的设施，如无障碍通道、特殊床位和卫生间等。此外，居住环境应有适当的隐私保护措施，避免人员之间的冲突和骚扰，营造一个安全和谐的居住氛围。

（三）受助人员在站内突发急病的应当及时送到医疗机构治疗

救助站应建立与当地医疗机构的紧密联系，确保在受助人员突发急病时能够及时获得医疗救助。救助站应配备基本的医疗设备和药品，如急救箱、消毒用品和常用药物，以便在第一时间进行简单急救处理。在紧急情况下，应迅速安排车辆或联系急救中心，将病患送往最近的医疗机构接受治疗。同时，救助站应建立受助人员的健康档案，记录其既往病史和当前健康状况，便于医疗机构及时准确进行诊治。

（四）帮助受助人员与其亲友和所在单位联系

救助站应积极协助受助人员与其亲友和所在单位取得联系，帮助他们尽快回归正常生活。对于没有通信工具的受助人员，救助站应提供电话或网络服务，方便他们联系外界。对于无法找到亲友或单位的受助人员,救助站应利用政府资源和社会网络,尽力帮助他们寻找亲人和社会支持系统。此外,救助站应提供必要的心理支持和辅导,帮助受助人员情感和心理恢复,增强他们的社会适应能力。

(五)对没有交通费返回其住所地或所在单位的提供乘车凭证

对于无力支付交通费用返回住所地或所在单位的受助人员,救助站应提供免费的乘车凭证,帮助他们安全回家。救助站应与交通部门和运输企业合作,确保这些乘车凭证可以顺利使用,并且覆盖常见的交通方式,如火车、汽车和飞机等。在提供乘车凭证前,救助站应核实受助人员的身份和目的地,确保其能够顺利返回。此外,救助站应提供必要的旅行指导和帮助,如路线规划和行李安置等,确保受助人员的旅程安全顺利。

(六)对确实无家可归的残疾人、未成年人、老年人政府要给予妥善安置

对于确实无家可归的特殊群体,如残疾人、未成年人和老年人,政府应采取更加全面和持久的安置措施。对于残疾人,应提供适合其身体状况的专门护理和生活设施,确保他们的生活质量。对于未成年人,应提供教育和心理辅导,帮助他们健康成长,并尽力安排他们进入合适的家庭或福利机构。对于老年人,应提供长期护理和生活保障,确保他们在晚年得到应有的照顾和尊重。政府应通过多种渠道和资源,为特殊群体提供持续的支持和关怀,确保他们能够有尊严的生活。

三、国外的流浪乞讨人员救助制度

(一)美国的流浪乞讨人员救助制度

美国的流浪乞讨人员救助体系较为完善和多样化,各级政府和非政府组织共同参与,为流浪乞讨人员提供综合性的救助和支持服务。

1. 联邦和地方政府合作

美国联邦政府通过住房和城市发展部设立多个计划,如应急住房计划和

持续护理计划。应急住房计划主要为无家可归者提供临时庇护所，确保他们在短期内能够获得基本的生活保障；持续护理计划则侧重于长期支持服务，包括住房、健康护理和就业支持。这些计划的实施，不仅依赖于联邦政府的资助和政策指导，也需要地方政府的积极参与。各地方政府根据本地的实际情况，制定和实施具体的救助措施，如提供本地化的庇护所、建立健康服务中心、开展就业培训项目等，以满足本地无家可归者的多样化需求。

2. 多样化的非政府组织服务

许多非政府组织，如救世军、全美城市联盟和本地无家可归者服务组织，提供广泛而多样化的服务。这些服务不仅包括紧急庇护和食物援助，还涵盖心理辅导、职业培训、法律援助等方面。例如，救世军在全国范围内运营庇护所和食物援助项目，帮助无家可归者获得基本生活保障，同时提供心理咨询和就业培训，帮助他们重新融入社会。全美城市联盟则通过其网络，为无家可归者提供住房和就业支持，推动社区经济发展。本地无家可归者服务组织因地制宜，提供针对性的支持服务，确保救助工作更加贴近实际需求。

3. "Housing First"政策

这是一种创新且有效的无家可归者救助模式，主张先为无家可归者提供稳定的住房，然后再提供其他支持服务，如心理健康治疗和就业辅导。这一政策的核心理念是，住房是基本人权，只有在确保无家可归者拥有安全、稳定的居所后，其他问题才能得到有效解决。实践证明，"Housing First"政策在减少无家可归率和提高受助者的生活质量方面非常有效。研究显示，实施该政策的城市，无家可归者的复发率显著下降，受助者的健康状况和就业率大幅提升，社会整体成本也得到有效控制。

（二）日本的流浪乞讨人员救助制度

日本在流浪乞讨人员救助方面，注重通过综合社会援助和再就业支持，帮助受助者重返社会，体现其独特的救助模式。

1. 综合社会援助体系

日本的流浪乞讨人员救助体系由国家、地方政府和非政府组织共同组成。

政府设有专门的救助中心，为流浪乞讨人员提供紧急庇护、食品和医疗服务。救助中心通常提供24小时开放的庇护所，并为受助者提供三餐、洗浴设施和医疗护理。此外，地方政府根据具体情况，实施灵活的救助措施，如提供临时住所和紧急援助资金，确保流浪乞讨人员的基本生活需求得到满足。

2. 再就业支持与职业培训

日本政府和非政府组织高度重视流浪乞讨人员的再就业问题。通过专门的职业培训项目，提供技能培训和就业指导，帮助他们获得就业机会。例如，东京的一些救助中心设有职业培训设施，提供计算机技能、烹饪和手工艺等多种课程。此外，政府与企业合作，为流浪乞讨人员提供就业机会，帮助他们重返工作岗位，实现自立。政府还通过就业辅导和心理支持，帮助他们建立积极的就业观念，增强自信心和社会适应能力。

3. 社区支持与社会融合

为了促进流浪乞讨人员社会融合，日本实施一系列社区支持计划。社区组织和志愿者积极参与救助工作，通过定期组织社区活动和社会服务，帮助流浪乞讨人员融入社区生活。例如，一些社区定期举办"生活支援课堂"，教授生活技能和健康知识，帮助受助者改善生活质量。此外，社区志愿者定期探访救助中心，为受助者提供心理辅导和情感支持，促进他们的社会融合。

四、我国的流浪乞讨人员救助制度

（一）我国流浪乞讨人员救助制度的发展

2003年以前，我国实施《收容遣送办法》，其原则是强行收容、强行遣送，用限制人身自由的手段来实现救济、教育和安置目的。这种简单粗暴的方式在实践中出现了乱收费、滥用执法权力、打骂体罚收容人员等问题，侵犯了收容人员的人身权益，丑化了政府形象，恶化了城乡关系，造成了极其不良的社会后果。2003年，我国出台《救助管理办法》，制定了基于自愿、自助的新救助原则与办法，由强制管制转变为人性化服务，是我国在社会救助工作机制上的重大完善。其进步之处主要体现在以下几个方面：一是立法目的发生转变，体现以人为本的思想；二是突出救助管理以流浪乞讨人员自愿为原则，淡化行政强制性色彩；三是强调无偿救助原则，杜绝滥用权力而谋求经济利益的问题；四是明确救助站的工作职责以及违法违规后的惩处，进一步保障受助人员的权利。

（二）我国流浪乞讨人员救助制度的完善对策

1. 加强政府各部门间的配合，建立高效的管理体制和运行机制

首先，需要各级政府部门加强协作，明确各自的职责和任务，避免责任交叉和推诿。建立一个统一、高效的救助工作领导小组，负责统筹协调各部门的工作，确保救助政策的实施和执行。推进救助工作的动态化、属地化、信息化和网络化管理，通过大数据和信息技术实时监测和管理救助对象，确保救助工作及时有效。其次，制定科学的评估和反馈机制，定期对救助工作效果进行评估，及时发现和解决问题，提高救助工作的透明度和公信力。

2. 加强救助地与流出地政府的信息交流与合作

加强救助地与流出地政府的信息交流与合作，是确保流浪乞讨人员救助工作顺利进行的重要措施。救助地政府应及时将救助对象的相关信息反馈给流出地政府，以便流出地政府能够采取相应的措施，防止流浪乞讨现象再次发生。两地民政部门应建立定期联络机制，定期召开联席会议，交流经验，探讨问题，共同研究解决方案。通过信息共享和资源整合，实现救助工作无缝衔接，保障救助体系有效运作。

3. 区分不同救助对象实施分类救助

流浪乞讨人员情况各异，需根据其具体情况实施分类救助。例如，对于因失业、家庭变故等原因流浪乞讨的人员，应重点提供就业指导和技能培训，帮助他们重新融入社会。对于无家可归的老人、残疾人和未成年人，应提供长期安置和护理服务，确保他们的基本生活得到保障。此外，对于那些有严重心理问题或成瘾行为的流浪乞讨人员，应提供专业心理辅导和康复治疗，帮助他们恢复健康生活。通过分类救助，提高救助工作的针对性和有效性。

4. 注重对流浪乞讨人员进行教育

教育是预防和减少流浪乞讨现象的重要手段。救助站应注重对流浪乞讨人员进行思想教育和职业培训，帮助他们树立正确的劳动观念，掌握一定的职业技能。通过开设职业技能培训班、提供就业机会，促使他们成为自食其力的劳动者。同时，应加强对未成年流浪乞讨人员的教育，确保他们接受义务教育，培养他们的自立意识和社会责任感。通过教育，使流浪乞讨人员增强自我发展能力，减少对救助的依赖，促进社会和谐稳定。

5. 建立救助资金增长机制，拓宽救助资金来源

救助工作顺利开展离不开充足的资金支持。政府应建立救助资金增长机制，确保救助资金随经济发展和救助需求的增加而增长。此外，应积极拓宽救助资金的来源，鼓励和倡导社会力量参与救助工作。通过设立救助基金、接受社会捐赠、引入企业赞助等方式，多渠道筹集救助资金。同时，应加强对救助资金管理和使用，确保资金使用公开透明，切实用于救助工作，提高资金使用效益和效率。

本章小结

各项专项社会救助制度共同维护了公民的基本人权，确保公民能够得到生存和发展的基本保障。医疗救助在我国基本医疗保障体系中承担着"托底"作用，旨在通过政府和社会提供的财政、政策和技术支持，保障贫困人口获得基本的医疗健康服务，从而实现卫生资源的公平分配和改善贫困人群的健康状况。教育社会救助是指国家、社会团体和个人为保障适龄人口获得接受教育的机会，从物质和资金上对贫困地区和贫困学生在不同阶段所提供的援助，具有间接性、连续性、多样性等特征，涵盖从初等教育到高等教育的不同阶段，各国教育救助的形式一般都包括学费减免、提供助学金、勤工助学机会及贷款等。住房社会救助是政府向低收入家庭和其他需要保障的特殊家庭提供的一种社会救助项目，旨在通过现金补贴或直接提供住房来维持人们的基本生活需求和社会稳定，包括政府提供的保障性租赁住房等。法律社会救助是指在司法制度运行的各个环节、层次上，对

因贫困及其他因素导致的难以通过一般意义上的法律手段保障自身基本权利的社会弱者，通过减免收费、提供法律帮助的方式，实现其司法权益的一项法律保障制度，对实现社会公平、稳定社会起到重要作用。流浪乞讨人员救助对象为因自身无力解决食宿、无亲友投靠，又不享受居民最低生活保障或者农村五保供养、正在城市流浪乞讨度日的人员。流浪乞讨人员救助遵循自愿、自主原则。

复习思考题

1. 医疗救助的含义是什么？并简述医疗救助的内容与形式。
2. 阐述中国的教育救助变迁历史。
3. 住房救助的基本内容有哪些？
4. 简述我国法律社会救助的发展与改革。
5. 简述我国流浪乞讨人员救助的制度变迁过程的基本逻辑。

扩展阅读

1. 中国发展研究基金会

中国发展研究基金会成立于1997年11月，是由国务院发展研究中心发起设立并领导的、在民政部注册的全国性、公募型基金会。基金会的宗旨是支持政策研究、促进科学决策、服务中国发展。基金会的资金主要来源于国内外企业、机构、个人的捐赠和赞助。资金的主要用途是国际交流活动、人员培训和政策试验研究，其中儿童发展是重要的研究主题和试验项目。

2. 国家医疗保障局.全国医疗保障事业发展统计公报[EB/OL].

全国医疗保障事业发展统计公报是反映一个国家医疗保障事业发展状况的重要文件，它涵盖医疗保险工作的各个方面，包括基本医疗保险、生育保险、医疗救助、"三医"协同发展、异地就医就诊、医保基金监管、长期护理保险试点等，通过统计数据反映全国医疗保障事业的发展趋势和成就。这份公报不仅为政策制定者提供决策依据，也为公众了解全国医疗保障事业的发展提供了窗口。该公报每年公布一次。

案例讨论

杭州市创新打造"最佳应用"实现社会救助领域改革突破

近年来,杭州市积极探索潜在相对贫困对象精准救助,创新打造"低收入人口动态监测帮扶"应用,获评全国2022年度社会救助领域创新实践优秀案例、浙江省数字化改革"最佳应用",其经验向全国推广。

杭州市基于救助对象需求进行精准救助,强化社会救助兜底保障力度、破解困难群众主动发现难、破解社会救助合力不够强等需要,创新性地开展社会救助工作。

一是高效协同,构建"多维度一体化"指标体系。杭州市政府建立低收入家庭抗风险能力赋分体系,由弱到强划分为一级、二级、三级抗风险对象,当发生重大疾病、残疾等级变更等动态变化时,随即触发预警信息,实时发送至属地镇街处置。

二是精准配置,搭建"全方位智能化"分析网络。杭州市建立低收入家庭算法模型,为每一户低收入家庭精准画像,分析测算每一户家庭的困难程度、致困原因和需求类型,将社会救助政策、资源、服务项目与困难群众需求精准匹配。

三是多方联动,打造"共享型多元化"服务模式。杭州市对符合低保、低边、特困人员等救助标准的预警对象提供社会救助"一件事"线上联办。在办理基本生活救助的同时,可一次申请、协同联办各类专项救助。对不符合救助标准但有帮扶需求的预警对象转介区县、镇街、村社三级"助联体",开展多元化帮扶。

资料来源:杭州市民政局,《杭州市创新打造"最佳应用"实现社会救助领域改革突破》,2023年4月7日,https://mzt.zj.gov.cn/art/2023/4/7/art_1229569130_58932564.html。

案例思考:

1. 如何理解社会救助对象精准化?其意义如何?

2. 结合案例,谈谈如何促进社会救助对象精准化?

第十二章

慈善事业

◇ 学习目标

　　通过对本章学习，从多个角度掌握慈善、慈善事业、慈善救助的含义、内容和特征等基本内容，了解我国慈善事业的发展历程和影响因素，思考我国慈善事业当前存在的问题和未来的发展方向。

慈善事业是社会保障体系的重要组成部分，在保障和改善民生中发挥着重要作用。党的二十大报告明确指出，要"引导、支持有意愿有能力的企业、社会组织和个人积极参与公益慈善事业"，"建设人人有责、人人尽责、人人享有的社会治理共同体"，为新时代我国公益慈善事业的发展指明了方向。

第一节　慈善事业概述

一、慈善的含义

（一）慈善的概念

慈善是指本着人道主义精神，在民间开展的扶贫济困、帮助社会中不幸的个人和团体的社会救助活动。慈善的核心是爱，人类之爱，爱天下之人。慈善包含着两方面含义：慈，指自上而下的施恩；善，即平等的好意、善心。①

（二）慈善的由来与发展

慈善最早在西方社会事业化、规范化。早在古希腊、罗马时代起西方就有社会救助传统。1896年，英国伦敦成立世界上第一个慈善组织——组织慈善救济与抑制行乞协会。19世纪末20世纪初，各类慈善组织在欧美各国不断涌现。美国的慈善事业于独立战争后空前兴盛，如组织美国反奴协会，提供纽约劳工受教育的机会，创立儿童救助协会，成立全美收容所、医院、文化组织等；二战后，个人捐赠免税入法，富豪纷纷热心于慈善事业。如洛克菲勒家族四代连续捐款超10亿美元；比尔·盖茨为慈善事业已投入260亿美元，占全部财产的54％，甚至早早立下遗嘱，死后99％的财富捐献给慈善事业。

长期以来，在我国人们以为慈善事业是舶来品，总是对其心存疑虑。其实，慈善观念在我国古已有之，可追溯到西周的民本主义以及后来的儒家仁义学说。长辈对晚辈的爱是"慈"，人与人之间的友爱互助是"善"。但慈与善联系起来产生的概念以及对其科学认知，则是近代的事情。我国历史上慈善事业不发达，仅限于灾荒之年官府开仓放粮或绅士地主对穷人的施舍等。至民国时期，国人才开始有自己开办的慈善机构，如北洋政府的熊希龄在北京开办的香山慈幼院，

---

① 蒋月著.社会保障法［M］.北京:法律出版社,1999:76.

当时的实业家张謇就是近代我国慈善企业家的代表人物。当时在我国举办这类机构以外国人居多，与欧美典型的慈善事业相比我国在这方面还很落后。新中国成立后，慈善事业在我国大陆匿迹了40多年。在一个社会成员普遍贫穷的国度里，没有人敢于、也没有人有能力帮助人，因此惧怕谈论慈善事业和没有慈善事业也就是必然的事情。这时期政府虽然也举办了许多社会福利事业，但毕竟能力有限。随着精神文明的发展、思想观念的拨乱反正以及市场经济的发展，人们意识到，由政府包办福利事业和人为地禁锢慈善事业的发展都是行不通的。同时，随着国民收入差距拉大，生活富裕的人也有了帮助生活贫困者的物质条件，这些都成为恢复发展慈善事业的基础。1992年，我国首次出现重新以慈善名义开展的活动。1994年4月，中华慈善总会成立，我国慈善事业终于获得了新生。

二、慈善事业

（一）慈善事业的概念

慈善事业是指众多的社会成员建立在自愿基础上所从事的一种无偿的、对不幸无助人群的救助行为。它通过合法的社会中介组织，以社会捐献的方式，按特定的需要，把可汇聚的财富集中起来，再通过合法途径，用于无力自行摆脱危难的受助者。慈善事业以社会成员的慈爱之心为道德基础，以人道主义为思想基础，以社会捐助为经济基础，以民间公益团体为组织基础，以社会成员的广泛参与为发展基础。著名经济学家厉以宁教授认为，社会有三种分配：以竞争为动力的分配，根据能力大小决定收入；以公平为原则的分配，通过社会保障、社会福利的再分配；以道德为动力的分配，有钱人自愿把钱分给穷人，这就是慈善事业。慈善事业属于社会第三次分配的一种形式，是社会保障体系的必要补充。

（二）慈善事业的活动领域[①]

慈善事业主要涉及以下几个方面：

---

① 陈良瑾主编.社会救助与社会福利[M].北京:中国劳动社会保障出版社,2009:428-429.

1. 扶贫济困

扶贫济困包括组织各种社会救助活动，扶助弱势群体，协助政府开展扶贫项目和社会救济、抚恤工作。具体包括对贫困群众的救助和对弱势群体的救助。贫困群众由于不可抗力的社会、经济和自然灾害等导致生活陷入窘迫，通过慈善事业为其开展教育救助、医疗救助、生活救助等。弱势群体一般是由于地理或生理原因导致在获得社会资源方面能力较弱，如老年人、妇女、儿童等因年龄、性别导致处于弱势地位，移民、进城打工的农民工因地域或迁移导致处于弱势处境。扶贫济困是慈善事业的传统项目，在许多发展中国家，慈善事业通常被认为是扶贫济困事业。

2. 紧急救助

当灾害或事故发生时，慈善组织根据灾害和事故严重程度与物资需求程度，接收、分配、调拨国内外捐助的资产和物资，开展救灾赈济活动。慈善组织具有信息优势，反应速度更快。

3. 社会公益活动

社会公益活动是服务于公共目的、为公共利益奉献的涉及教育、文化、卫生、环境等多个领域的活动。慈善组织在从事公益活动中提供的服务、物品具有显著的外部经济性、非竞争性和非排他性，被认为是准公共物品。

4. 其他领域

在一些第三世界国家，慈善组织有时会帮助政府解决国际金融债务问题。有时一些NGO也代表某一群体的利益积极反映民意，提出具体项目要求，间接参政议政。

（三）慈善事业的特点[①]

从国内外慈善事业的发展实践来看，现代意义上的慈善事业具有以下特点：

---

① 赵映诚,王春霞,杨平主编.社会福利与社会救助(第三版)[M].大连:东北财经大学出版社,2019:245.

1. 组织性

现代慈善事业是一种有组织的社会活动，不是个别人的自发活动。慈善事业由各种慈善组织承担具体的组织实施工作，现代慈善组织的主要形式是基金会，这是慈善事业成为一项有益的公益事业而非单个施舍行为的组织基础，也是与官办社会救助的重要区别所在。

2. 自愿性

现代慈善事业完全以捐献者的意愿为基础，具有自愿性。首先，慈善事业的经费主要来源于社会成员的自愿捐献。慈善捐款出于自愿，任何人不能强迫别人捐款。其次，慈善组织在实施慈善项目时，必须以捐献者的意愿为实施基础。只要捐献者的意愿不违背现行的法规及社会公德，捐献者有权指定慈善组织将资金用于其指定的慈善项目甚至具体的救助对象，按其意愿实施。

3. 民办性

现代慈善事业本质属于民间事业，民办性是其本质属性。虽然社会中存在官办的慈善事业，但是民办性是其本质要求。如果将其变为官办事业或政府职能部门的附属物，就会损害民间的积极性与主动性，并在无形中加重政府职能部门的工作负担与财政压力。因此，要坚持慈善事业的民办本色，让慈善事业由单纯的富人事业变为全体社会成员的共同事业。

4. 规范性

民办性并不排斥现代慈善事业的规范运作，在慈善组织的基础上，慈善事业虽然在具体运作中排斥政府权力的干预，但可以接受政府的财政帮助并要服从其纪律监督，要按照相应的制度规范来运行。并且，慈善事业的发展很大程度上取决于其规范性程度，没有健全的规范，慈善事业就不会有所发展。

（四）慈善事业的功能①

中国式现代化坚持以人民为中心的发展思想，以实现全体人民共同富裕

---

① 傅昌波,董培,陈凯.中国式现代化进程中慈善事业的功能定位与发展路径[J].行政管理改革,2022,11(11):79-87.

为目标，要更好地发挥第三次分配作用，促进慈善事业高质量发展，必须充分认识新时代慈善事业的社会功能。

1. 慈善事业可以促进社会正义

改革开放以来，我国经济高速发展的同时，分配不公问题日益突显。国家强调正确处理效率与公平之间的关系，构建初次分配、再分配、三次分配协调配套的基础性制度安排。法定的社会保障制度属于第二次分配，是强制性保障制度。但法定社会保障制度尤其是社会救助与社会福利事业的发展，离不开慈善事业的有力配合，慈善事业与社会保险、社会救助、社会福利同属于社会保障体系的重要组成部分。慈善事业作为第三次分配的基础性制度安排，通过自愿性的社会机制，以人性温暖和社会共济促进社会资源在不同群体之间充分流动，以其主体多元、形式多样、机制灵活、对象广泛等独特优势，成为弥补初次分配和再次分配的有益补充。因此，慈善事业与法定社会保障制度在功能发挥上存在一致性和互补性，能够在健全社会保障体系方面发挥重要作用，促进社会公平正义。

2. 慈善事业可以协同社会治理

慈善事业是我国社会治理体系的重要组成部分。公益慈善可以为社会力量参与社会治理、建构社会治理共同体搭建桥梁和渠道。中央层面提出发挥群团组织和社会组织在社会治理中的作用，畅通和规范市场主体、新社会阶层、社会工作者和志愿者等参与社会治理的途径，全面激发基层社会治理活力。企业、慈善组织、社会服务机构等通过慈善渠道建立彼此之间的互动与联结，与党和政府协同形成人人有责、人人尽责、人人享有的社会治理共同体，对于健全共建共治共享的社会治理制度、提升社会治理效能非常重要。同时，需要引导社区慈善和基层政权建设、基层群众自治有机结合，实现政府治理和社会调节、居民自治良性互动。

3. 慈善事业促进和谐社会的构建

发展慈善事业与构建和谐社会两者间有着内在联系和共同出发点。构建和谐社会的基本任务之一就是要缩小贫富差距，减少乃至最终消灭贫困。慈善事业则是在扶困济贫的基础上发展起来的，已经成为一种特殊的社会凝聚力，搭起富裕阶层回报社会的平台，在关爱社会弱势群体、体恤贫困人群方面具有独到和特殊功能。发展慈善事业鼓励一部分人先富起来的有觉悟的社会成员，带动和帮助后富，缩小贫富两极分化，实现社会公平；通过慈善机构组织募捐或倡导社会志愿者活动，将民间人力、物力、财力等资源聚集起来，重新组合分配到最需要的地方，用来扶危济困、安老助孤、赈灾救贫，与构建和谐社会的目的是一致的。

4. 慈善事业有助于塑造核心价值

积极支持和参与慈善活动，有助于提高个人和组织的社会责任感及公众形象，有助于增强社会凝聚力和向心力，更好地弘扬社会主义荣辱观，提高社会的道德水平和文明程度。2011年发布的《中国慈善事业发展指导纲要》提出，在社会主义核心价值体系引领下，加强慈善文化的普及和慈善理念的传播，使慈善逐渐成为社会风尚和人民生活方式。2018年，民政部要求在社会组织章程中增加社会主义核心价值观相关内容。因此，慈善事业能够在塑造良好社会风气、促进社会和谐、提升社会文明方面发挥重要作用。同时，慈善事业有助于提升公民的文明素养，培育公民的社会责任感和实现自我价值，帮助个体实现自利与利他之间的平衡，促进实现人的全面发展。

三、慈善组织[①]

慈善组织是慈善事业发展的载体和慈善活动的中坚力量。因此需要明确慈善组织的内涵、外延以及我国《慈善法》对慈善组织的规定。

(一)慈善组织的概念

各国对慈善组织的内涵有不同的界定。英国的《慈善法》规定，慈善组织是为慈善目的而建立，在司法权方面接受高等法院管辖的组织，包括法人组织

---

① 杨思斌,李佩瑶.慈善组织的概念界定、制度创新与实施前瞻[J].河北大学学报(哲学社会科学版),2016,41(5):18-24.

和非法人组织两种形态。美国的慈善组织与免税组织基本是同一个概念，可以以公司或信托形式存在，分为公共慈善组织和私人基金会。

我国现代慈善组织于20世纪90年代开始发展，1994年中华慈善总会的成立是重要标志，随后以慈善会、基金会为主体的慈善组织迅速成长起来。1996年，民政部颁布《关于在社会救助工作中充分发挥慈善组织作用的通知》，将慈善组织界定为"帮助社会上不幸的个人和困难群体，开展多种形式的社会救助工作的社会团体"。1999年，《公益事业捐赠法》将慈善组织和基金会并列作为公益性社会团体。2016年我国《慈善法》颁布之前，对于慈善组织并没有国家层面的统一界定。《慈善法》颁布之后，慈善组织成为一个法律概念，慈善组织的内涵与外延有了具体规定。

根据《慈善法》第八条的规定，慈善组织的内涵有以下几个方面：一是慈善组织是一种特殊的非营利性组织。意味着慈善组织承担独特的社会公益功能，体现利他主义，慈善组织即使从事经营性活动，其收入和利润必须用于慈善事业，这也是慈善组织区别于企业、公司等营利性组织的重要标志。二是慈善组织以面向社会开展慈善活动为宗旨。开展募捐、捐赠和慈善服务等慈善活动是慈善组织存在的意义和价值，通过开展活动，慈善组织为社会公众提供金钱、实物和服务，体现其公益性。同时，慈善组织开展慈善活动要"面向社会"，不以特定的社会公众为受益对象，具有公共性。三是慈善组织必须依法成立，符合《慈善法》的规定。慈善组织的设立必须依法向民政部门提出申请，由民政部门依法审查，符合法律规定条件的方可准予登记和认定。

慈善组织的内涵侧重从组织属性界定慈善组织，其外延则侧重从组织形式描述慈善组织的具体形态。我国慈善组织包括基金会、慈善公益类社会团体和社会服务机构三类形态。基金会是慈善组织的基本形态，以从事公益事业为目的。公益类社会团体以开展公益活动为目的，这是慈善组织的重要形态。社会服务机构是慈善法规定的一种慈善组织形式，其突出特点是公益性，遵守非营利性原则，可以弥补政府公共服务不足并带动更多社会资源参与公共服务提供。

（二）慈善组织的登记和管理

我国《慈善法》对慈善组织的登记和管理进行了创新，具体体现在以下几个方面：

1. 统一的慈善组织登记认定制度

《慈善法》将慈善组织登记或认定的机关统一规定为民政部门，对慈善组织的增量实行登记制度，对慈善组织的存量实行认定制度。社会组织只需按照法定条件和程序登记或认定取得慈善组织合法资格，就可以以慈善组织的名义从事慈善活动。这种统一的慈善组织登记认定制度，突破了原有的业务主管机构和民政部门的双重管理体制，降低了设立慈善组织的门槛，大大激活了慈善组织的活力。

2. 明确的慈善组织内部治理结构

依法设立的慈善组织具有独立的法律主体资格，内部治理结构是实现其自治的基本载体，也是保障慈善组织正常开展活动的关键。内部治理结构设置科学合理可以保障慈善组织规范、有效运行。慈善组织建立内部治理结构的核心在于明确决策、执行、监督等方面的职责权限，决策、执行、监督机构应在合理分工的基础上相互协调，共同实现慈善组织的目标。我国《慈善法》关于慈善组织章程、关联交易、行为边界、负责人负面清单等规定从不同方面为慈善组织建立健全内部治理结构、实现依法自治提供了制度规范。对于慈善组织内部治理结构的法律规定有利于解决慈善组织的行政化和官僚化问题，实现慈善组织治理的现代化。

3. 建立慈善组织年报制度监管方式

按照简政放权、放管结合的要求，以及吸收地方立法经验，我国慈善法取消了对慈善组织的年检制度，建立了慈善组织年报制度。慈善组织每年要向民政部门报送年度工作报告和财务会计报告，包括年度开展募捐和接受捐赠情况，慈善组织工作人员工资福利情况，以及慈善组织的财务会计报告等。慈善组织年报制度可以使登记管理机关了解慈善组织的基础信息，有利于监管机关精准执法提高监管水平，有利于慈善组织通过依法自治提升其公信力。

第二节　国外的慈善事业

国外慈善事业起步较早，发展基础较好，对国外代表国家的慈善事业进行介绍，有助于为我国慈善事业发展提供可参考的经验。

一、美国的慈善事业

美国可以说是世界上慈善事业最发达的国家。美国慈善事业发展历史悠久，早在1657年殖民时期，美国成立了第一个全国性的慈善组织—苏格兰人慈善协会。18世纪美国又成立了关于火灾、扶贫等不同的慈善组织。19世纪上半叶，随着大量移民涌入美国及本土农业人口流入城市，美国有些济贫院不堪重负被迫关闭，民间社会出现一些贫困救济社团，弥补了政府的不足。时至今日，美国的慈善组织机构量多面广、资金雄厚，美国民众积极参与慈善事业，基金会更是挑起慈善事业的大梁。美国慈善事业发展主要有以下几个方面可以借鉴。

（一）具有激励作用的税收政策[①]

美国针对慈善事业设计了优良的税收优惠政策，鼓励公民积极参与慈善活动，是推动慈善事业发展的动力之源。美国的联邦税法和州税法都对慈善组织和慈善捐赠行为进行了全方位规制。美国慈善税法最显著的特点之一就是鼓励个人和组织向慈善组织捐赠，主要是通过减免税收的形式保证捐助者的经济利益，保证非营利部门将各种资产用于公益事业，美国高额的遗产税使富人将财富投入基金会，不用交税金还可以获得良好的社会声誉，鼓励美国富人拿出

---

① 陈成文,谭娟.税收政策与慈善事业:美国经验及其启示[J].湖南师范大学社会科学学报,2007(6):77-82.

自己的财产做公益。此外，美国对基金会的运作还有免税减税优惠，美国所有慈善组织都可以免除销售税、财产税、增值税、关税和其他直接的税收形式，这实际是对非营利部门的补贴，慈善基金会可以获得高出企业很多的回报。美国人捐款减免税非常方便，只需要在年底的报税单上附上慈善机构的抵税发票，就可以收到税务局寄来的退税支票。当然，具有签发抵扣发票权利的慈善机构会受到税务局严格监管。

（二）全方位的监管机制[1]

美国对慈善组织的监管机制是内外结合的全方位监管。内部监管为组织内部治理，包括组织章程规定的机构宗旨、董事会选举、部门设置、工作程序等。外部监管有政府监管、行业监督和社会监督三个层次，涉及的监管内容各不相同。政府监管分为联邦监管和州监管两个层次，主要涉及税收控制和法律监督。美国慈善组织每年通过990表和990-PF两张报表向税务部门呈送组织的财务和活动状况。其中990表是一种指标化的评估工具，包含组织资产、员工报酬、收支记录等。行业监督是美国慈善机构自愿联合的产物，如美国基金会联合会、美国独立部门等都承担着行业监督职能。行业监督的主要功能是信息沟通和评估，增进组织的公开性和透明度，保证慈善组织健康发展。社会监督主要来自第三方评估机构和新闻媒体。第三评估机构属于非营利性组织，通过向公众募集资金进行评估，目的是保证评估的公平性。评估等级向社会公布，公众可以根据等级判断机构资质，决定是否向其进行捐赠。新闻媒体与公众互动满足公众的问责诉求。美国这种内外结合的监督机制，使慈善事业成为透明、公开的公益事业。

（三）浓厚的慈善文化

欧美的慈善文化源于宗教文化。早期的慈善家在慈善文化建设中发挥了

---

① 潘旦，徐永祥.国际比较视野下的慈善组织监管机制研究[J].华东理工大学学报（社会科学版），2015，30（1）：94-101.

很大作用，他们的"投资性慈善"成为美国慈善的成功典范，也是美国慈善文化的奠基者，在美国慈善事业发展中形成示范效应。

美国很多公民获得个人发展机会源于慈善组织或慈善家的投资性捐赠。美国文化中通过慈善赋予受助者机会的方式给社会和个体带来意想不到的发展空间和无限可能。这种机会和希望是一个社会繁荣发展的生命力象征，美国社会的繁荣激励着后代愿意将慈善文化发扬光大。美国传统文化思想的积淀促进慈善文化内涵的深化及整个社会公众对于慈善事业的认知，社会财富的积累促使一大批富豪开始反思财富的意义及其二次分配对于社会发展的意义。如著名的"与巴菲特共进午餐"慈善拍卖活动是美国投资家沃伦·巴菲特的善款来源之一，他将很多善款捐给基金会。2010年，世界首富比尔·盖茨和股神巴菲特再度掀起慈善风暴，共同倡议亿万富豪们能够拿出一半家产来做慈善以弘扬美国的慈善文化，这成为美国慈善事业发展的又一个里程碑。超级富豪进行股权捐赠在美国已成为一种普遍做法，这是美国慈善文化沉淀的另一种具体体现，他们主要是向慈善基金会捐赠或者成立基金会，通过运作基金使资产不断增长，推进人类社会公益事业的发展。

二、英国的慈善事业

英国慈善活动历史悠久，慈善事业发达。英国有良好的慈善捐赠氛围，这源于英国有完善的慈善制度体系。

（一）全面而多样的慈善捐赠税收政策[①]

英国政府对慈善捐赠活动制定了细致而全面的税收政策，具有较强的激励力度和很强的操作性，捐赠者及慈善组织不仅能得到政策支持，也能得到规范指引。英国实施"赠与援助"捐赠方式，捐赠者捐款后，接受捐赠的慈善机

---

① 许建标.英国慈善捐赠的税收激励政策及其对我国的启示[J].财政科学,2022(6):83-92.

构可向税务部门要求获得捐赠人已纳税款的部分返还，满足条件的捐赠者也可以获得部分税款返还。这种捐赠方式目前已成为英国慈善组织一项重要的收入来源，对慈善机构与捐赠者具有双向激励作用。

英国的非货币性慈善捐赠税收政策规定，个人和公司向慈善机构捐赠股票、有价证券等非货币性资产，捐赠者不仅可以免除遗产税、资本利得税、印花税等纳税义务，而且可以从个人的应税收入或公司的应税利润中扣除规定的捐赠价值额，减轻所得税或公司税的税负，充分体现激励性，而且规范性和操作性较强。对于获得利益回报的捐赠，只要通过两项限额检验仍可获得税收优惠。工资单捐赠计划在员工自愿前提下由雇主定期从员工工资中扣除一定金额进行捐赠，方便捐赠者多次捐赠，并能从中获得税收优惠。

（二）专业监管与司法监管并重

随着公益慈善事务增多，英国在《慈善信托法案》和《慈善专员管辖法》的基础上，出现了专门监督公益慈善的慈善委员会，公益慈善监督呈现出慈善委员会专业监管和司法监管并重的格局，《慈善法》对这种监管体系进行强化。慈善委员会作为专门的公益慈善监管机构，主要的职能在于：一是对公益慈善组织的准入进行监督，负责按照统一标准审核一个组织是否为公益慈善组织；二是对完成注册的公益慈善组织进行日常活动监督，当慈善委员会发现公益慈善组织存在重大违法行为或风险时，可以依法启动调查程序，并且可以根据调查结果依法采取限制活动、查封财产甚至取缔该组织等措施。

英国法院也承担对公益慈善行为进行监督的职能，一是梳理公益慈善目的形成监督判例；二是当公益信托对慈善法院或慈善委员会决定不服时，法院可以行使具有权威性的判决权；三是首席检察官也承担着监管者职责，可以依法提起诉讼，保护和监督公益慈善信托的实施。

三、日本的慈善事业

日本与我国传统文化与习俗较为相似，日本于1896年在《民法》中确立公益法人制度，将西方慈善制度引入日本法典。日本的慈善事业在税收政策和慈善监管方面具有一定的特点。

（一）慈善捐赠所得税政策

日本对于慈善捐赠的企业所得税，根据捐赠对象分为普通捐赠和特殊捐赠。普通捐赠是除了向中央和地方政府、财政机关指定机构及特殊公益慈善组织之外的捐赠，普通捐赠不享受税收优惠，企业进行普通捐赠可以享受所得税扣除。特殊捐赠依据接受捐赠的主体分为两种类型：一种是向中央和地方政府或财政机关指定机构进行捐赠，不受额度限制，可享受全额免税待遇；另一种是向特殊公益慈善组织进行捐赠，实行限额扣除，企业对特殊公益慈善组织的捐赠，扣除额度远高于普通捐赠的扣除额度。

对于慈善捐赠的个人所得税，日本实行退税与政府匹配两种慈善捐赠的个人所得税优惠政策。2011年，日本允许个人捐赠者从"税前扣除"或"税收抵免"两者中自行选择个人所得税优惠方式，在累进个人所得税税率下高收入群体更加倾向选择税前扣除。政府匹配则是政府以一定比例匹配捐赠者的捐赠资金，由慈善机构或第三方负责慈善捐赠过程，采取政府匹配捐赠者的心理和实际成本比退税政策要小很多。

除此之外，日本还实施慈善捐赠的财产税类政策，对遗产继承人或受赠人分得遗产净值而不是遗产总额进行征税，即"先分后税"。对于个人或企业捐赠给非营利组织的继承或遗赠所获财产，可以享受全额免除高额遗产税的待遇。

（二）主管部门与第三方合力监管机制

在长期探索过程中，日本逐步形成政府与社会合力监管机制。日本于2006年出台公益法人制度改革关联三法案，即《关于一般社团法人和一般财团法人之法律》《关于公益社团法人和公益财团法人的认定等法律》等，新法案规定公益法人向首相或都道府县知事提交认定申请，受理部门进行形式审查，公益认定被授权给由民间专家组成的第三方合议制机构，由第三方合议制度机构进行实质审查。第三方合议制度机构在法律授权下有权直接向公益法人征调报告或实施现场检查。

第三节　我国的慈善事业发展现状和发展趋势

一、我国慈善事业发展历程

（一）新中国成立之前的慈善事业

我国慈善事业发展与传统文化息息相关。我国传统的慈善文化包括赈穷、恤贫的"仁爱"思想、重在社会控制的"仁政"思想、主张社会性互助的"济贫"思想、彰"善"使命的伦理思想。我国传统的慈善与民间的行善举动紧密相连，如施舍行为称为"义善"，慈善粮储称为"义库"，劝善集会称为"义聚"，捐学助教称为"义学"等。

两汉时期我国慈善事业有一定发展。除受儒家思想影响外，佛教对慈善发展也起到一定的推动作用。在官方慈善救助行为外，宗族内部开始出现以亲缘关系为纽带的具有民间慈善性质的救助行为。宋朝是我国慈善事业发展史上一个非常重要的时期，据史料记载，这一时期是我国慈善事业真正形成时期。北宋中期开始建立恤老、慈幼、宽疾等慈善机构，规模大、设施全、内容广是当时慈善机构的特点。同时，民间社会也时常出现私人性质的慈善活动。清末民初我国慈善事业发展迅速，形成完备的赈灾安置制度，养老慈幼在全国不断得到推广，个人慈善活动增加。民国时期，我国出现规模庞大且名目繁多的慈善团体和机构，成为慈善事业的主体，出现大批慈善家。在此期间，民间慈善团体在数量、资源和社会影响力方面均超过官办慈善机构，成为我国近代慈善事业的主力。

（二）新中国成立以来慈善事业的发展

新中国成立初期，因意识形成对慈善事业的污名化和当时贫困的经济状况，我国慈善事业失去了存在的政治条件和社会基础。一直到20世纪80年代初，我国没有真正意义的民间慈善组织，原有的慈善机构完全由政府管理，慈善事业的性质发生了根本改变。改革开放以来，我国慈善事业发展经历了探索期、正名期、发展期和转型期。[①]

慈善事业的探索期（1978—1993年）。改革开放初期，我国慈善组织主要是以官办基金会的形式存在，政府扮演参与主体的角色，出台与慈善事业相关的政策以限制慈善发展为特征。基金会既可以对外募捐也可以获得政府拨款，管理人员和办事人员均具有国家公务员身份。1988年，我国颁布《基金会管理办法》，明确基金会准入的"三重管理体制"，基金会的成立需要获得业务主管部门同意，要在民政部门登记，还需要接受人民银行审批和管理。1989年出台《社会团体登记管理条例》，明确"双重管理体制"，基金会成为民间组织中唯一同时接受两部行政法规"管制"的社会组织。这一时期慈善事业发展没有税收优惠政策支持。

慈善事业的正名期（1994—2003年）。20世纪90年代中期，《人民日报》发表"为慈善正名"的社论，1994年我国成立中华慈善总会，意味着慈善事业开始复苏。这一时期，慈善会/协会从民政部门分化出来，很多地方是作为民政部门下属的一个职能部门，是具有官方背景的组织形态。尽管慈善的正面价值开始获得政治认同，但整个社会对慈善的认识和接纳还处在恢复中，大陆地区的企业和个人捐赠热情并不高。海外力量成为捐赠主体，是各大慈善组织善款来源的主要渠道。个别官办慈善组织开始享受税收优惠，如2000年到2003年，国家税务总局明确企业或个人等社会力量向中华慈善总会、中国红十字会等11家慈善组织捐款可以享受税前扣除优惠。

慈善事业的发展期（2004—2015年）。随着《基金会管理条例》颁布以及相关政策放宽，国家允许企业和个人设立非公募基金会，民间慈善组织逐渐增多。本土企业，尤其是民营企业取代政府和海外力量，成为慈善捐赠的主导

---

① 陈斌.改革开放以来慈善事业的发展与转型研究[J].社会保障评论,2018,2（3）:148-159.

者，企业捐赠占历年慈善捐赠总额的比重基本维持在50%—70%。各种网络慈善组织和"草根"慈善组织也开始蓬勃发展。此时，官方背景慈善组织与民间慈善组织共同发展。政府在税收优惠、新型捐赠形态等方面对慈善事业的支持力度逐步增强，但由于政策体系不健全、可操作性不强，对慈善事业的支持作用比较有限。

慈善事业的转型期（2016年至今）。2016年，《中华人民共和国慈善法》颁布，现代慈善事业的价值与观念得到重塑，我国传统慈善事业开始向现代转型。法律明确了慈善组织的独立主体地位，慈善组织属于非营利性组织，具有组织性、民间性、自治性、志愿性、利润非分配性等基本特征。慈善法明确慈善组织直接向民政部门登记、实行行业自律、慈善组织具有募捐资格等规定，预示着我国慈善组织成为真正独立自主的现代慈善组织。慈善法倡导人人行善，目的是促进慈善事业从精英化真正走向大众化。

纵观我国慈善事业发展历程，慈善事业的演进逐渐从传统慈善向现代慈善转型，组织形态呈现出从官办基金会、慈善会向官民慈善组织共生、再到民间化演进的过程；参与主体从政府、海外、企业为主向大众化转型；政策体系从限制发展、个案优待、有限支持再到全面鼓励转变。

二、我国慈善事业发展存在的问题

我国慈善事业在发展过程中实现了从传统到现代的转型，然而现代慈善事业在发展中还存在一些问题。

（一）民众慈善观念滞后

从某种意义上讲，发展慈善事业的原动力来源于崇高的慈善价值观。但客观来说，我国许多人对慈善事业还存在着认识误区和观念障碍，整个社会因处于转型时期也存在着道德滑坡的现象。慈善事业是一项道德事业，既需要民众具有强烈的慈善意识，也需要社会舆论的支持和民间文化价值的肯定。西方国家的慈善意识与宗教信仰结合在一起，因而具有牢固的基础。我国在建立市场经济的过程中，过多地强调市场经济的个人利益观，这在市场经济发展初期是必要的，但同时弱化了社会成员之间互助友爱的价值观。此外，慈善组织及从事慈善工作的人员也存在观念滞后问题，多数慈善机构只是将慈善事业看成单纯的道德事业，未能将其作为社会分工产物并不断发展的社会事业来对待，从而与发达国家慈善事业理念存在较大差距。这也导致公众参与捐赠的人数和数量在不断增长，但参与深度有限。

（二）慈善制度建设不健全

2016年颁布的《慈善法》为我国慈善事业发展提供了法律依据。民政部、财政部等部门陆续出台关于慈善组织认定登记、慈善信托管理、慈善活动支出、志愿服务、免税资格认定管理等规章制度或政策性文件，各地也都制定了地方性法规和规章，均为促进慈善事业发展提供更细化的规范，减少了长期存在的无序募捐现象。然而，在实际运行中，《慈善法》及相关法律法规存在规制不足或过于概括无法操作等现象，网络慈善与社区慈善等新兴慈善业态因缺少规制面临风险与挑战，现有法律、政策根本不足以规范和保护慈善事业的发展。如，《慈善法》规定扶贫济困可以享受税收优惠，但税务部门的优惠政策往往是临时性的，缺乏稳定性；慈善信托与慈善服务由于缺乏具体政策规范没有取得良好效果；依据《慈善法》认定的慈善组织发展缓慢，慈善制度之外的网络大病个人求助发展迅速却处于监管真空。这些都不利于慈善事业健康持续发展。

（三）慈善组织资源动员能力有限[①]

慈善组织是实施慈善事业的主要载体。按照现行法律规定，慈善组织需要经过民政部门认可才能具有合法身份。民政部数据显示，我国社会组织转换成慈善组织的积极性不高，慈善组织增长数量有限，这说明法定慈善组织并不

---

① 郑功成,王海漪.扎实推动共同富裕与慈善事业高质量发展[J].学术研究,2022(9):99-106.

具有吸引力。这种情况会影响我国慈善事业发展的可持续性。此外，现有慈善组织质量不高。除了与政府部门紧密关联或具有半官方身份的慈善组织具有较强的动员能力外，纯粹民间的慈善组织大多体量小、资源不足，可持续发展面临困难。从治理结构来看，慈善组织多数缺乏自主性，慈善活动往往会受到统一规制和严格约束，这导致有组织的慈善资源动员能力无法得到快速提升。

（四）对弱势群体的帮扶功能具有局限性

扶助弱势群体是各国慈善事业发展的基本目标，也是我国慈善组织开展的主要项目，教育、扶贫、医疗是慈善捐赠的主要领域。在教育和医疗健康领域，对弱势群体的教育和疾病救助、为患者赠药是主要项目。我国慈善事业对弱势群体的帮扶在脱贫攻坚和网络大病个人求助方面发挥了很好的作用。然而，我国慈善服务发展却严重不足。这体现在我国直接提供社会服务的慈善组织数量不足，与发达国家及我国港澳台地区提供社会公益服务的慈善组织占比较大相差甚远。同时，我国对养老服务、儿童福利、残疾人服务等需求持续加大，但现有慈善组织的社会服务功能不足，满足不了少子高龄化时代日益增长的需求。

三、我国慈善事业的发展路径[①]

发展慈善事业是推动共同富裕的重要途径。共同富裕是全体人民的富裕，不仅包含生活富裕，也包含精神自强、社会和谐等社会价值。因此，应通过完善慈善事业发展，为实现共同富裕作出应有贡献。

（一）树立具有中国特色的慈善事业发展理念

慈善事业是社会事业，西方慈善以宗教教义为根源，强调平等、博爱。

---

① 郑功成,王海漪.扎实推动共同富裕与慈善事业高质量发展[J].学术研究,2022(9):99-106.

中国传统的慈善注重邻里互助、亲友相济，强调恻隐之心，现代慈善组织作为当代社会领域一个新的组织形式，需要动员社会成员和社会各界广泛参与。自愿性是慈善事业的本质属性，在社会力量参与不足的情况下，需要政府建构多元参与的助力机制，但政府需要适度而为，不要过度干预。慈善事业是一项道德事业，这就需要一方面加强对民众进行慈善自觉的培养，将弘扬社会主义核心价值观作为公民道德教育和慈善自觉养成的思想基础和价值取向。另一方面，需要处理好自愿与强制的关系，利用我国梯次接续的组织动员机制，通过宣传和引导增强民众参与慈善的自律性和自主性，将我国社会主义制度优势转化为慈善事业治理效能。因此，我国慈善事业在尊重我国伦理道德和文化传统的基础上，要遵循志愿、公益、共享、平等、法治与自治相结合的规律，将慈善制度融入社会主义制度和治理体系中，将慈善事业纳入国家发展全局和共同富裕大局。通过建立健全慈善法规政策体系和高效的管理体制和运行机制，形成全民参与的慈善事业发展格局。

（二）健全与慈善相关的政策法规

慈善制度体系是包含慈善及与慈善相关的法律、法规、部门规章、各级政策性文件以及行业、组织自治制度的总和。首先，进一步修订《慈善法》。《慈善法》是慈善事业的基本法律，但更倾向于对慈善组织进行认定，很多公众认知的慈善活动却不受慈善法规制，因此需要将网络平台个人救助等实践中公众认知的慈善行为纳入慈善法规制范围，突出适度监管原则，重在引导慈善组织完善内部治理机制并接受行业自律与社会监督；增加对网络慈善、枢纽型慈善组织发展和慈善应急机制的法律规制；将社区慈善纳入法律规范。其次，要进一步完善慈善促进政策。通过健全的"褒奖"制度激发全社会的慈善理念，健全对大众慈善的表彰制度和对慈善组织和慈善从业者的正向激励，提供慈善的吸引力。同时要赋予慈善组织更多的自主权，探索慈善组织和慈善行为的分层分类管理机制，合理减少政府购买服务项目限制，取消主管部门对慈善组织内部事务的干预等，助力慈善组织自主发展。再次，完善有利于慈善事业发展的财税制度，将税收制度与慈善制度有机结合。同时有必要出台有关慈善组织政府购买服务的专门政策，将慈善事业与法定社会保障制度有机结合。最后，完善慈善监管制度。可以将慈善监管制度划分为行政监管制度和社会监督制度，既要加强政府对负面慈善行为的规制，也要发挥社会力量对慈善行为的监督，同时也要通过相关政策和服务对慈善组织和民众进行正面牵引。

（三）培育和大力发展民间慈善组织

慈善组织是慈善事业发展的载体。当前，我国的慈善组织不仅规模小、资源不足，而且多数慈善组织仅仅是政府职能部门的附属物，有的甚至只是由政府部门的工作人员兼任，从而使之成为官办事业。慈善活动本身是一种自愿的爱心活动和民间事业，捐赠人所追求的是一种道德层面的需求，慈善组织强烈的政府背景会给慈善活动涂上较浓的行政色彩。慈善法规定慈善组织主要有基金会、社会团体、社会服务机构等几种形式，随着慈善事业发展和慈善领域不断创新，将来还有可能出现其他组织形式，因此需要有完善的登记管理办法予以明确。另外，慈善事业的成败从根本上取决于慈善组织自身的建设及能否取得社会公众的信任，慈善组织公信力取决于慈善组织内部治理好坏，不同类型慈善组织内部治理结构有不同要求，因此需要出台慈善组织法人治理结构的国家标准，健全现代法人治理结构，规范慈善组织发展，增强其依法自治能力。同时，要对接慈善组织的年报制度与监管体系，对慈善组织与活动进行有效监管。总之，对我国而言，承认慈善组织的独立社会地位，扶持诸如慈善基金会之类的社会公益组织或团体，并让其沿着民营组织的规范化道路发展下去是发展壮大我国慈善组织的必要之路和发展方向。

本章小结

慈善的核心是爱，慈善事业是众多的社会成员建立在自愿基础上所从事的一种无偿的、对不幸无助人群的救助行为，主要涉及扶贫济困、紧急救助、社会公益活动等。慈善事业具有组织性、自愿性、民办性和规范性等特点，可以发挥促进社会正义、协调社会治理、促进和谐社会构建和塑造核心价值等功能。慈善组织是慈善事业发展的载体和慈善活动的中坚力量，我国《慈善法》对慈善组织的登记认定、内部治理结构和监管方式有明确规定。我国慈善事业发展实现了从传统到现代的转型，然而现代慈善事业存在观念、制度等方面的不足，借鉴美国、英国、日本等国家在税收政策、监管制度等方面的经验，我国的慈善事业发展可以在观念更新、政策完善和发展民间慈善组织方面进行完善。

复习思考题

1. 慈善事业的含义和特点是什么？
2. 慈善事业的功能是什么？
3. 我国《慈善法》对慈善组织的相关规定有哪些？
4. 国外慈善事业发展可以为我国完善慈善事业提供哪些经验？

拓展阅读

1. 中华慈善总会

中华慈善总会成立于1994年，是在民政部注册登记的全国性非营利社会组织。其宗旨为发扬人道主义精神，弘扬中华民族传统美德，为发展慈善事业，传播慈善文化，帮助困难群众和个人，开展多种形式的慈善活动。中华慈善总会成立以来，广泛动员社会各界爱心力量，多方筹措慈善款物，实施慈善项目，在紧急救援、扶贫济困、安老助孤、医疗救助、助学支教等多个领域取得卓著成效，已形成一个遍布全国、规模庞大的慈善援助网络，同时也是联系海内外华人和国际友人的一个枢纽型慈善组织。

2. 中华慈善总会.中华慈善年鉴[M].

《中华慈善年鉴》是由中华慈善总会主办、《中华慈善年鉴》编辑部编纂出版的唯一一部公开、全面、客观、详实地反映我国慈善系统每一年度慈善事业发展变化情况的大型资料性工具书，对各级慈善组织展示成绩，总结工作经验，对中外各界人士及时了解中国慈善事业情况、促进对外宣传、扩大知名度，历来发挥着非常重要的作用。

案例讨论

善淘慈善超市

"善淘"作为中国第一家O2O（Online to Offline）慈善超市，其电子商务平台设计和运营经验为我国慈善超市运营创新提供了启示。

善淘成立于2011年3月，是中国第一家O2O慈善超市，采用"互联网＋慈善"的运营模式，其性质属于上海市民政局认证的、正式登记的民办非企业。善淘的使命是让有温度的慈善超市走进中国的每一个社区，始终坚持盈利不用于分红的社会价值导向。同时，善淘也是一个助残就业平台，其线上与线下门店中40%以上员工为残障人士，善淘通过提供就业机会并进行培训，使他们能够平等融入社会，实现人生价值。善淘将"电子商务"与"慈善超市"相结合，通过在线售卖所得捐赠物品、各种公益商品等，协助慈善组织和公益机构进行在线筹资。通过调配仓库来进行物资分拣、消毒，运输至各超市分布处，最终将一部分所得收益投入公益项目中，另一部分用于善淘的自身运营，由此实现善淘整个组织的自我造血。2021年，善淘开启社长（社区营造店长）双轨管理制，逐步从组织结构上把店铺治理与社区营造放在并重的位置。

这种"互联网＋慈善"的运营模式得到了人们的认可，它将市场的消费行为与公益行为相结合，激励全社会参与公益，将慈善落到人们的日常行为中。同时通过透明的信息通道增强人们的信任，这是善淘模式取得成功的重要原因。

资料来源：杜莹，杨柳：《中国慈善超市运作模式研究——以善淘慈善超市为例》，公关世界，2022年第11期。

案例思考题：

1. 善淘慈善超市有哪些创新点？

2. 试分析善淘慈善超市运营模式对慈善事业有哪些推动作用？

参考文献

［1］陈斌.改革开放以来慈善事业的发展与转型研究［J］.社会保障评论，
2018年第3期。

［2］陈成文，谭娟.税收政策与慈善事业：美国经验及其启示［J］.湖南师范大
学社会科学学报，2007年第6期。

［3］陈良瑾主编.社会救助与社会福利［M］.北京：中国劳动社会保障出版社
2009年版。

［4］陈伟.英国社区照顾之于我国"居家养老服务"本土化进程及服务模式的
构建［J］.南京工业大学学报（社会科学版），2012年第1期。

［5］陈银娥，潘胜文主编.社会福利［M］.北京：中国人民大学出版社2009
年版。

［6］褚宏启.光荣与梦想：建立公平高效的教育新秩序——中国教育政策30年
述评（1978—2008）［J］.中国教育学刊，2008年第10期。

［7］丁建定，魏科科著.社会福利思想［M］.武汉：华中科技大学出版社2005
年版。

［8］杜鹏，韦煜堃.积极老龄化视角下欧洲老龄社会政策应对及启示［J］.国外
社会科学，2022年第6期。

［9］傅昌波，董培，陈凯.中国式现代化进程中慈善事业的功能定位与发展路
径［J］.行政管理改革，2022年第11期。

［10］高春兰.老年长期护理保险中政府与市场的责任分担机制研究——以日
本和韩国经验为例［J］.学习与实践，2012年第8期。

［11］关信平.完善我国社会救助制度的多层瞄准机制［J］.内蒙古社会科学，
2022年第2期。

［12］郭鹏.日本共济年金与厚生年金的"并轨"及对中国的启示［J］.甘肃社
会科学，2017年第3期。

〔13〕郭如良,叶晔.乡村振兴进程中农村社会救助的现实困境和优化向度〔J〕.内蒙古电大学刊,2022年第4期。

〔14〕何芳.新时代我国儿童福利政策的基本特征、发展逻辑与未来走向——基于《中国儿童发展纲要(2021-2030年)》的分析〔J〕.学前教育研究,2023年第5期。

〔15〕何玲.瑞典儿童福利模式及发展趋势研议〔J〕.中国青年研究,2009年第2期。

〔16〕胡务主编.社会福利概论(第三版)》〔M〕.成都:西南财经大学出版社2022年版。

〔17〕黄晨熹著.社会福利(第二版)〔M〕.上海:格致出版社·上海人民出版社2020年版。

〔18〕黄桂霞.共享发展:中国妇女社会保障百年发展回顾与前瞻〔J〕.杭州师范大学学报(社会科学版),2022年第6期。

〔19〕江夏.儿童福利视角下瑞典学前教育公共支出政策内容、特征及启示〔J〕.学前教育研究,2018年第3期。

〔20〕蒋月著.社会保障法〔M〕.北京:法律出版社1999年版。

〔21〕景天魁,毕天云,高和荣等著.当代中国社会福利思想与制度——从小福利迈向大福利〔M〕.北京:中国社会出版社2011年版。

〔22〕匡亚林.国家福利与福利国家——美、瑞、法老年人福利比较与借鉴〔J〕.中国民政,2017年第11期。

〔23〕李珍主编.社会保障理论(第三版)〔M〕.北京:中国劳动社会保障出版社2013年版。

〔24〕廉婷婷,乔东平.儿童早期福利的国外政策实践与中国路径选择〔J〕.社会政策研究,2023年第4期。

〔25〕廖益光主编.社会救助概论〔M〕.北京大学出版社2009年版。

〔26〕林闽钢,梁誉.我国社会福利70年发展历程与总体趋势〔J〕.行政管理改革,2019年第7期。

〔27〕林闽钢.东亚福利体制与社会政策发展〔J〕.浙江学刊,2008年第2期。

［28］林闽钢主编.中国社会政策［M］.武汉:武汉大学出版社2011年版。

［29］林闽钢著.现代西方社会福利思想——流派与名家［M］.北京:中国劳动社会保障出版社2012年版。

［30］刘欢,向运华.基于共同富裕的社会保障体系改革:内在机理、存在问题及实践路径［J］.社会保障研究,2022年第4期。

［31］刘继同.当代中国的儿童福利政策框架与儿童福利服务体系(上)［J］.青少年犯罪问题,2008年第5期。

［32］刘继同.当代中国妇女工作的历史经验、结构转型与发展方向［J］.中共中央党校学报,2017年第6期。

［33］刘继同.改革开放30年来中国儿童福利研究历史回顾与研究模式战略转型［J］.青少年犯罪问题,2012年第1期。

［34］刘继同.美好生活需要满足与现代社会需要理论体系——现代社会福利制度化目标与原理［J］.南开学报(哲学社会科学版),2022年第4期。

［35］陆士桢.简论中国儿童福利［J］.华东师范大学学报(哲学社会科学版),1997年第6期。

［36］陆士桢.中国儿童社会福利需求探析［J］.中国青年政治学院学报,2001年第6期。

［37］陆士桢,常晶晶.简论儿童福利和儿童福利政策［J］.中国青年政治学院学报,2003年第1期。

［38］潘旦,徐永祥.国际比较视野下的慈善组织监管机制研究［J］.华东理工大学学报(社会科学版),2015年第1期。

［39］彭华民.中国组合式普惠型社会福利制度的构建［J］.学术月刊,2011年第10期。

［40］钱宁主编.现代社会福利思想［M］.北京:高等教育出版社2006年版。

［41］乔东平,邹文开编著.社会救助理论与实务［M］.天津:天津大学出版社2011年版。

［42］尚晓援."社会福利"与"社会保障"再认识［J］.中国社会科学,2001年第3期。

［43］尚晓援.中国儿童福利政策的重大突破与发展方向［J］.社会福利,2011年第6期。

［44］宋云鹏著.政策试点机制研究:基于医药卫生领域的考察［M］.北京:社会科学文献出版社2023年版。

［45］覃诚.儿童家庭厅成立背景下日本儿童福利政策的经验与启示［J］.现代日本经济,2023年第6期。

［46］唐丽娜编著.社会福利与社会救助［M］.北京:清华大学出版社2020年版。

［47］万国威,刘梦云.“东亚福利体制”的内在统一性——以东亚六个国家和地区为例［J］.人口与经济,2011年第1期。

［48］万国威.我国城市流动儿童关爱保护研究［R］.民政部社会福利与社会进步研究所2022年委托课题。

［49］汪波,梁晓雯.邻避事件治理的定性比较研究——基于动机－能力框架［J］.东北大学学报(社会科学版),2023年第1期。

［50］王齐彦主编.中国新时期社会福利发展研究［M］.北京:人民出版社2011年版。

［51］王燊成,刘宝臣.构建更加积极的教育救助:社会投资理论的启示［J］.社会保障研究,2019年第1期。

［52］王雯,朱又妮,叶银.老年人社区整合型照护服务:国际经验与治理借鉴［J］.西安财经大学学报,2022年第2期。

［53］王小兰.东亚“生产主义福利体制”:学术争论与内容流变［J］.中国社会科学院研究生院学报,2020年第5期。

［54］王雪梅著.儿童福利论［M］.北京:社会科学文献出版社2014年版。

［55］王云斌.中国社会福利制度的历史考察与发展方向［J］.社会福利,2020年第7期。

［56］邬沧萍,姜向群.“健康老龄化”战略刍议［J］.中国社会科学,1996年第5期。

［57］熊贵彬.美国灾害救助体制［J］.湖北社会科学,2010年第1期。

［58］徐倩,陈友华.典型福利体制下社会养老服务国际比较与启示［J］.山东

社会科学,2019年第2期。

［59］许建标.英国慈善捐赠的税收激励政策及其对我国的启示［J］.财政科学,2022年第6期。

［60］杨立雄.从兜底保障到分配正义:面向共同富裕的社会救助改革研究［J］.社会保障评论,2022年第6期。

［61］杨立雄.美国、英国和日本残疾人福利制度比较研究［J］.黑龙江社会科学,2014年第3期。

［62］杨琳琳,周进萍.德国、瑞典、日本和英国普惠托育支持模式探析［J］.成都师范学院学报,2023年第10期。

［63］杨爽.儿童照顾的“家庭化”与“去家庭化”——日本育儿支援政策分析与启示［J］.社会建设,2021年第2期。

［64］杨爽.国际比较视角下我国社会救助制度内容与体系研究［J］.理论月刊,2018年第12期。

［65］杨思斌,李佩瑶.慈善组织的概念界定、制度创新与实施前瞻［J］.河北大学学报(哲学社会科学版),2016年第5期。

［66］杨雄主编.儿童福利政策［M］.上海:上海人民出版社2012年版。

［67］杨一帆,张雪永,陈杰等著.健康老龄化蓝皮书:中国大中城市健康老龄化指数报告(2019－2020)［M］.北京:社会科学文献出版社2020年版。

［68］杨志超.北欧老年就业政策对我国延迟退休制度的启示［J］.学术界,2013年第7期。

［69］姚建平.我国社会救助标准体系建设研究:以最低生活保障制度为中心的分析［J］.社会科学辑刊,2021年第2期。

［70］尹吉东.从适度普惠走向全面普惠:中国儿童福利发展的必由之路［J］.社会保障评论,2022年第2期。

［71］岳卫,陈昊泽.公平性视角下的日本国民年金制度研究［J］.保险研究,2023年第2期。

［72］张福顺.养老服务发展的国际经验比较与借鉴［J］.兰州学刊,2023年第6期。

［73］张剑,赵宝爱主编.社会福利思想［M］.济南:山东人民出版社2014年版。

［74］张京萍,冯文芸.2022年以来各国(地区)个人所得税改革的特点及趋势［J］.国际税收,2024年第7期。

［75］张奇林主编.社会救助与社会福利［M］.北京:人民出版社2012年版。

［76］张锐智,任潇.论我国医疗救助托底功能的制度逻辑［J］.辽宁师范大学学报(社会科学版),2024年第1期。

［77］赵映诚,王春霞,杨平主编.社会福利与社会救助(第三版)［M］.大连:东北财经大学出版社2019年版。

［78］郑功成,王海漪.扎实推动共同富裕与慈善事业高质量发展［J］.学术研究,2022年第9期。

［79］郑功成.民政事业在新发展阶段必定更有作为［J］.中国民政,2020年第21期。

［80］郑功成主编.社会保障学［M］.北京:中国劳动社会保障出版社2005年版。

［81］郑功成等著.中国社会保障制度变迁与评估［M］.北京:中国人民大学出版社2002年版。

［82］钟仁耀主编.社会救助与社会福利(第四版)［M］.上海:上海财经大学出版社2019年版。

［83］邹明明.英国的儿童福利制度［J］.社会福利,2009年第11期。